【アレクサンドル2世像】

ヘルシンキ市中央にある元老院広場の中央に立つのが、ロシア皇帝アレクサンドル2世。身分制議会を再開したり、フィンランド語を公用語として認めるなど善政をしいた。1894年に設置。

【ポルボー教会】
1809年ロシア皇帝アレクサンドル１世は、この教会で初めての身分制議会を開き、ロシア統治下に入ったフィンランドに自治を認めた。
ポルボー市は、南海岸に位置しヘルシンキから東へ車で約１時間。

【トゥルク城】
13世紀に建設が始まる。フィンランドの南西部に位置し、長らくフィンランドの中心都市であった。言わば「フィンランドの京都」。

【トゥルク城での結婚式】
筆者の娘の友人がトゥルク城で式を挙げ、招待されて参加した。
右後列4番目のカメラを下げているのが筆者。

【フェリーから見たヘルシンキ】
並んでいる建物の右側が大統領官邸、その左どなりの少しピンクがかっているのがスウェーデン大使館。さらにその左どなりの白っぽい建物がヘルシンキ市庁舎。

【ヘルシンキの冬】
市の中心部にある最大デパート、ストックマンの前の街路樹が霧氷となる。

【ヘルシンキの夏】
市内の街路樹（名前は不明）

【ヘルシンキの秋】
筆者宅の庭に現れたキジ。
「カーン」と鳴く。

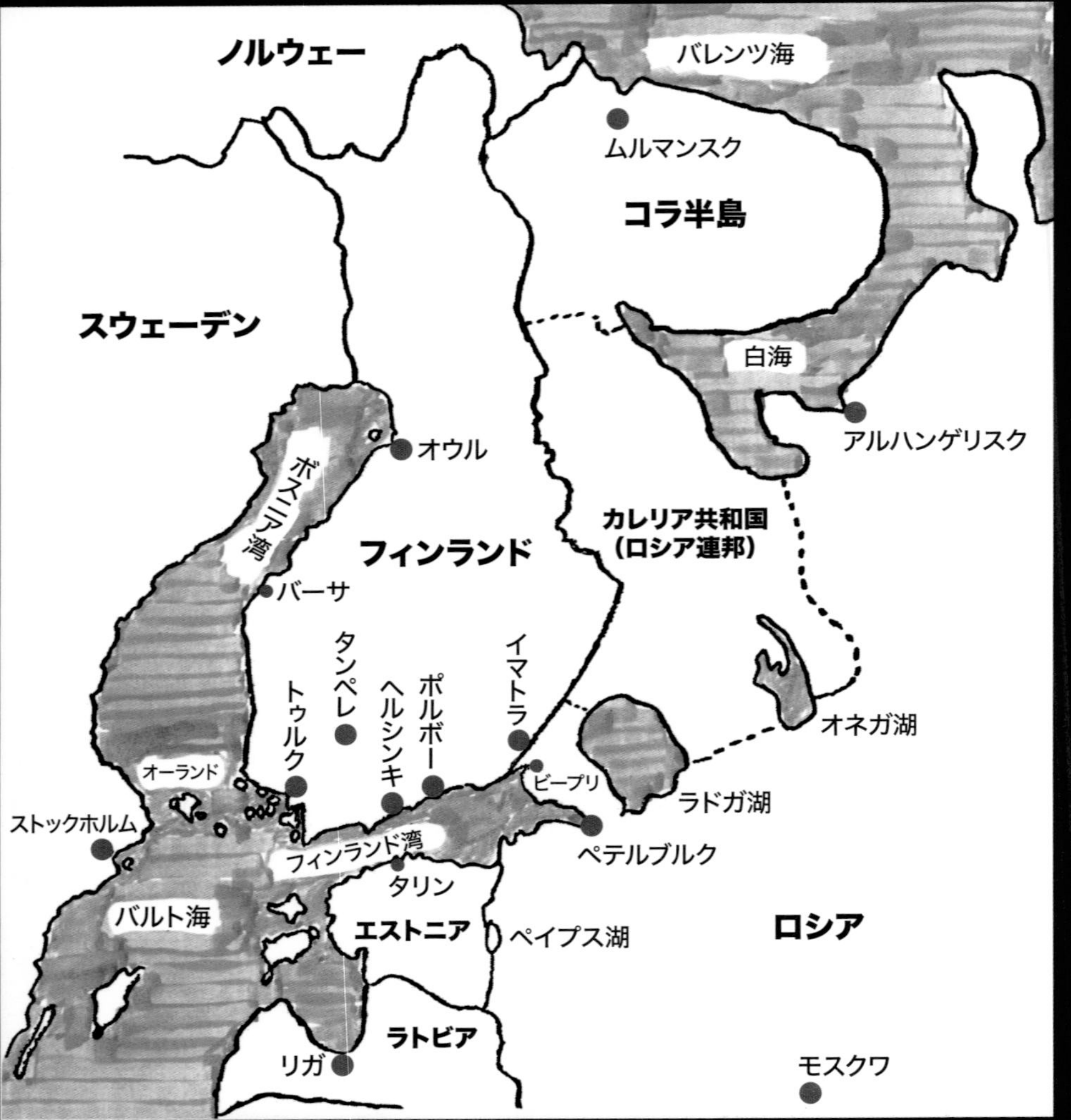
ノルウェー
バレンツ海
ムルマンスク
コラ半島
スウェーデン
白海
アルハンゲリスク
オウル
ボスニア湾
カレリア共和国
（ロシア連邦）
フィンランド
バーサ
タンペレ
トゥルク
ヘルシンキ
ポルボー
イマトラ
オネガ湖
オーランド
ビープリ
ラドガ湖
ストックホルム
フィンランド湾
ペテルブルク
タリン
バルト海
エストニア
ペイプス湖
ロシア
ラトビア
リガ
モスクワ

フィンランド人の物語

バルト海ドラマ

はじめに

　近年、日本において、北欧諸国、中でもその一角を占めるフィンランドの認知度と好感度が高まっているのは、フィンランドに関わってきた者として嬉しい限りである。本題の歴史に入る前に、導入として、フィンランドという国柄について、長年同国に滞在した者として、肌感覚の理解を、適宜日本とも比較しながら、述べたい。ちなみに、フィンランドとの関わりは、留学および大使館勤務を併せて二十年余りであった。

　なお、ロシアとの関係に関心のある方は第十四章（196頁）から、あるいは、言語・民族に関心のある方は第十三章（168頁）から先に読んでいただきたい。

1．フィンランドとはどんな国か

「男女平等」の進んだ国

まず、他の北欧諸国同様、民主主義の進んだ先進工業国であるということ。一九七〇年代初め、筆者がフィンランドで暮らし始めて最初に感じたのは、日本的「良識」で行動すれば、全く問題ないということであった。宗教的なタブーもほとんどない。治安も日本レベルなので安心して滞在できる。留意すべきと感じたのは、「男女平等」への強い意識がある点であった。女性に対して、酔っ払いが失礼な態度を取ると、まわりの女性から総攻撃を食らうのを何度か目撃した。たとえ、侮辱的な行動でなくても、「男尊女卑」的な言動は反発を食らう。ある日本人男性が、フィンランド人女性の失敗談を聞いたとき、うっかり「やっぱり女はダメだな」と口をすべらしてしまい、批判されたことがあった。二十一世紀に入り、日本人の意識もかなり変わってきているので、こうした心配はないとは思うが。他方で、後でいろいろ分かったことだが、女性に負けるのは屈辱と考えるフィンランド人男性も、当時は一定数いた。フィンランドの役所や企業も管理職はほとんどが男性であった。つまり、フィンランドにも男性優位の世界があった。今は、だいぶ様変わりしたが。

働く者優先の国

日本で一般的に理解されているのは、北欧諸国は税金は高いが福祉が充実している、というものである。これはこれで間違いではない。分かりやすく単純化すると、日本は「お客様は神様です」という国で、フィンランドは「勤労者第一」の国である。フィンランドでも日本でも、誰しもが勤労者であり同時に消費者でもあるのだが、フィンランドでは、企業が提供するサービスの質よりも、働く人の環境が優先されるのである。例えば、土曜日は、通常、午後六時頃に、レストランなど一部の例外を除き、ほぼすべての店屋が閉まる。これは、週末に、勤労者が家族と夕食の団欒の時を持てるようにするためである。同じように、クリスマスには多くのレストランも閉まり、休業するホテルもある。筆者が留学していた一九七〇年代は、地方都市では、バスも運行を止めていた。消費者としての立場からすると、不便きわまりない。また、その後、飲食店などでの喫煙を禁止する法律が制定された際、その理由は、そこで働く従業員が受動喫煙の被害を受けなくするためであった。

平等・対等という考え方が徹底している特徴の具体例として、何よりも、就職のやり直しの効く国であるということがある。一度社会に働きに出て、その後、大学に入り直し学位を取れば、評価される。やり直し、つまり、別のステップアップができるのである。東大卒でも、新卒での就職を逃すと、せっかくのプラチナカードが使えなくなる日本とは、大きな違いである。終身雇用という考え方もない（もっとも、日本でもこれは、戦後の人手不足を補う便法、つまり、伝統でもなんでもなく、戦後の一時的現象で、近年、大きく変化しつつあるが）。

労働者の立場が強いという点で、日本と大きく違うのは、日本では、ほとんど死語となってしまった「ストライキ」が頻発することである。驚きは、筆者が留学していた一九七五年に警察がストライキをしたことである。また、一九八六年には公務員がストライキに入り、大統領は自分で乗用車を運転するに至った。その後は、大統領府の職員はストライキが禁止された。そして二〇二二年には、看護師の長期のストライキ、二〇二三年には、福祉施設の介護士、保育所の保育士によるストライキと、日本では「あり得ない」職種の人達が、実行しているのである。これに対する世論は、批判もあるが、「労働者の権利」ということで理解もある。保守系の政党は制限をかけたいようであるが。

労働者の権利の尊重は、当然、非常に重要ではあるが、なかには制度の乱用（悪用？）ではないかと思われるケースもある。いくつか例を挙げてみたい。一九九〇年代から二〇一〇年代にかけての話である。あるフィンランドの運送会社の役員に聞いたところによると、職員がいつ出勤するのかしないのかを把握するのが極めて難しく、シフトを組むのに苦労しているとのことであった。また、別の職場では、就職してからすぐに産休に入り、二人ほど子供をもうけたが、育休明けに退職した。つまり、その数年間、ほとんど勤務実績がなかった。別のケースでは、ある中年女性が一週間の休暇願を医師の診断書を添えて申請してきた。理由は「にきび」の治療であった。フィンランドには、患者の希望で簡単に要病欠の診断書を出す医者が、一定数いる。そのため、大企業では職場内にクリニックを設置し、「ずる休み」と思われる従業員には休みの診断書を安易に出さないようにしているところもある。なお、フィンランド人の名誉のために付け加えると、大多数は、真面目で勤勉である。一例だが、大使館に、定年退職までの数十年間、一度も病欠のなかった職員がいた。彼は、現地職員のリーダーでもあり、日本人外交官からも質の高い仕事ぶりで厚い信頼を得ており、惜しまれて退職した。他方、従業員の解雇やレイオフは、意外と「簡単」である。景気の後退などで企業が事業を縮小するときはスムーズに行われる。ただし、単なる人の入れ替えのための首切りはできない。知り合いの新聞記者二人が、それぞれ時期は違うが、会社の経営難を理由に余剰人員として解雇された。また、定年退職間近の大学教授が大学の経営合理化の一環で、学生の成績を上げる業績が芳しくない、つまり学位がとれていない、として解雇された。

お金のかからない、ゆとりの教育システム

福祉に話を戻すと、医療に関しては、日本のほうが遙かに国民にとって負担が少なく、質も高いものが受けられる。しかし、他方で、老人を薬《くすり》漬けにするのが、日本の医療との印象もある。フィンランドの福祉は、単なる弱者救済ではなく、生まれてから死ぬまで、国民全体に行き渡っているセーフティー・ネットワークである。なかでも特筆すべきは教育で、学費は原則タダである。つまり親の負担が少なくて済む。外国人である筆者もその恩恵を受けた。現在では、EU（欧州連合）加盟国外などからの留学生は、授業料が有料になりつつあるようである。筆者も「目撃」したのであるが、厳しくなってきた理由として、フィンランドの制度を利用して、本当は勉強する気がないのに学生資格を取り、次に、現地人の結婚相手を見つけ、さらには永住権を狙うような、ある種の「経済難民」が増えてきたことも理由の一つと言える。

近年、フィンランドの教育の成果が国際的に評価されているので、印象に残ったいくつかの例を見てみたい。一つには、語学教育が充実している。日本では、高校までの教育では足らず、民間の英会話学校に通うことがあるが、その授業料は高額である。フィンランドでは、公営の成人学校で安く英会話などが学べる。そもそも、現在では、高校を卒業した若者は、ほとんどが英語に堪能である（フィ

ンランド語は非ヨーロッパ語なので、英語習得は、日本人ほどではないが、スウェーデン人のように簡単ではない。日本人の「英語下手」の原因は、実生活での必要性の少なさもあるが、教育方法にも大いに問題があると思われる)。

次に教育の仕方に本物の「ゆとり」がある。一九九〇年代の半ば頃、大使館の日本人同僚の奥さんの話である。彼女は日本で声楽を勉強していた。しかし、指導が厳しすぎて萎縮し、声が出なくなってしまった。夫のフィンランド赴任に同行し、日本とは違ったフィンランドというわゆる「スパルタ式」ではない教育環境の中で、フィンランド人の先生について、改めて歌うことを始めた。すると、出なかった声が次第に出るようになり、最後には、リサイタルを開くほどに上達したのである。そして何年か後、夫が、今度はアメリカに赴任した。彼女は、同地でもリサイタルを開くまでになったのである。夫のフィンランド勤務という偶然が彼女の人生を劇的に変えたのである。なお、このような穏やかできめ細かな教授法の恩恵は、筆者の子供達も被った。

なお、もう一つ付け加えると、フィンランドには、東京のような「お受験」はない。そして親が豊かでなくても、自力で高等教育を受けることができる。ただし、在学期間が十年近くになる学生もおり、奨学金の返済には苦労しているようである。ドロップアウトも多い。定期試験は厳しく、日本の一部の大学のように、授業料を収めていれば卒業できるということはない。また、大学間にランクはなく、原則、対等である。他方、例えば、同じ経済学部でも、大学により評価に優劣はある。ヘルシンキ大学は最も伝統があり、受験生の一番人気でもあるが、日本における東大ではない。ヘルシンキ大学卒という肩書きが、プラチナカードになるわけではない。

人間関係〜平等社会の光と影〜

男女関係についていえば、離婚は望ましいものではないものの、「バツイチ」などと言われることがない。やり直しが比較的容易である。何よりも、完璧ではないものの、男女が対等である。ただ、逆に「専業主婦」は、女性間ではどうも評価されないようである。経済的に夫に依存するのは、「不名誉」との意識があるのかもしれない。本当は家で家事と育児に専念したいのだがまわりの目があるので難しい、という話を、筆者は何人かの女性から聞いた。一例として、二〇〇〇年代に入ってからだが、ラジオを聞いていたら、外国で活躍し超高収入を得ているアイスホッケーのスーパースターの奥さんがインタビューを受けていた。で、その奥さんが「自分達の子供には、裕福であることは自明のことではない、と教えている」というような発言をしたところ、ラジオの女性パーソナリティーが、「でも、自分のお金ではない（つまり、夫人が自分で稼いだお金ではないから、裕福を自慢するな、との趣旨）」とのコメントで締めくくっていた。家計の財布を全く別にしている夫婦も多い。他方、日本でよくあるように、給料を全部奥さんに預けて、小遣いをもらっているという旦那さんの存在は聞いたことがない。お互いが人格的・経済的に独立しているからといえなくもないが、いつ別れるか分からないから（「嫌いでもないし、特に問題もないが、愛がなくなった」という理由で別れる夫婦やカップルを何組も見た。二〇一三年に離婚した女性の元首相もそのように見える）、つまり、お互いを信用していないからではないか、と日本人としては勘ぐってしまう（ごめんなさい）。

一般的な人間関係でも、平等・対等が徹底している。日本のような先輩後輩は原則ない。能力が高いもの、つまり、高学歴者が指導的立場に若くしてなれる。日本のような「雑巾がけ」はない。三十代でも首相になれる（二〇一九年には三十四歳の女性が首相になった）。閣僚は、大体四十代が多い。能力がないと、一生下積みとなる（貧乏というわけではない）。逆にいうと、日本の「年長者への敬意」という儒教的システム、つまり、誰でも先輩になれれば「威張れる」という仕組みは、社会の不安定化を和らげる効果があるのかもしれない。フィンランドでは、学歴による階級意識と団結意識が強いように思われる。労働者は労働者の労働組合があり、高学歴者は高学歴者の労働組合がある。学歴別に集まるレストランがある。フィンランドのレストランは、単なる食事処ではなく、ダンスをしてパートナーを見つける出会いの場でもある。話のあう相手を見つけやすいのかもしれない。ただし、近年のインターネットの普及が男女関係にどう影響しているかは、よく分からない。

2．どんな民族か～国民性など～

フィンランドには、歴史的に三つの「民族」がいることになっている。国民の大多数が、フィンランド語を母語（つまり、家庭語）とするフィンランド人、それとスウェーデン語を母語とするフィンランド・スウェーデン人、そして北部のサーメ人（ラップ人）。

まず、国民性であるが、フィンランド人は、初対面では、若干取っつきにくいが、きわめて親切である。頼めば手伝ってくれるが、あまりお節介はしない。なお、日本的な「義理」「人情」は通用しない。日本人にとっては、時々「寂しく」感じることもある。

容貌については、フィンランド語系フィンランド人とスウェーデン語系フィンランド人は、異なった民族とされているが、外見に違いはない。長身で金髪、青い目で、筆者からすると、イタリア人やギリシャ人などより、よほど「典型的な白人」である。フィンランド人の八十％くらいが金髪である。青い目といったが、実際は、緑色が多い。民族としてのフィンランド語系フィンランド人の詳細については、章を改めて見てみたい。なお、フィンランド北部に住むサーメ人は、隣国スウェーデン、ノルウェーそしてロシアにも居住する、いわゆる「先住民」で、言語はフィンランド語と同系統である。体格は、相対的に小柄である。歴史的にみると、先住民ということで、日本のアイヌ民族の立場に似ている。

3．ヨーロッパの北の「僻地」

フィンランドは、日本に比べて遙か北に位置しており、緯度は、カムチャッカ半島の付け根あたりになる。メキシコ暖流のおかげで、高い緯度の割には暖かい。首都ヘルシンキは、北緯六十度近辺であるが、ロシアのサンクト・ペテルブルク、スウェーデンのストックホルム、ノルウェーのオスロも、ほぼ同じラインに位置している。

面積は、日本より少し小さい。ちなみに日本は、ロシアや中国の隣にあるので、地図上小さく見えるが、ドイツより大きい。ロシアを除くと、ヨーロッパ各国は意外と小さい。

気候は冬が長く厳しい。高緯度であるので、夏はいわゆる白夜、つまり、ヘルシンキではほとんど夜がなく、逆に、冬は夜が長く、北海道の旭川レベルの寒さになる。雪は、日本の豪雪地帯である北陸地方と比べて、意外と少ない。四季は、フィンランド語でも春夏秋冬と四つの単語があるが、生活した実感では、東京と比較すると、一年の四分の三が winter で、四分の一が nonwinter である。日本のような湿気の多い暑い夏はなく、快適である。筆者が学生の頃は、雨の多い年の夏（七月）には、年配者がセーター、ときには薄手のコートを着ているのを見かけた。ただし、近年の温暖化で、本当に暑いフィンランドが出現しつつある。

4．日本史とフィンランド史の違い

フィンランドの大学でフィンランド史を勉強し始めて、最初に感じたこと記しておきたい。それは、日本史との大きな違いである。日本の高校で習った歴史では、日本史も西洋史も、古代、中世、近代と「発展」してきたことになっている。しかし、フィンランド史をこの概念でたどるのには無理がある。日本は、国としてまとまってから千数百年の歴史があり、アメリカとの戦争に負け、短期間米軍に占領された経験があるものの、外国、あるいは異民族による過酷な支配を受けたことがなく、一貫して日本という枠組みを維持してきた（一時期、領土が膨らみ、多民族の「帝国」となったことはあるが）。

しかし、フィンランドは、独立国家としての歴史は、わずか百年余りであり、十九世紀の初めにロシアに併合されるまでは、フィンランド人という、独自のアイデンティティーはほとんどなかった。つまり、フィンランド人が誕生したのは二百年ほど前である。歴史の時代区分でいえば、古代や中世がなく、ほとんど近現代しかない（地理的な意味でのフィンランドの地には、考古学的遺跡・遺物は出ている）。ロシア支配の前はスウェーデン王国の東半分であった。歴史のほとんどが「異民族」の支配下にあった。ただし、アフリカやアメリカの先住民のような仕打ちを受けていたわけではない。スウェーデン時代のフィンランド人は、対等なスウェーデン王国の臣民であった。ロシアに併合されてできた、帝国の一部をなす「フィンランド大公国」は、初めは、社会制度的、文化的意味で、もうひとつの「スウェーデン」であった（本土スウェーデンでは、このように理解する向きが多いようである）。ここから、徐々にフィンランド人というアイデンティティーが育っていく。

日本人にとって、国と地理は区別がつかず、日本という「国」は地理と同じように「自然に」できあがり、「未来永劫」存在するものとの感覚がある。しかし、フィンランド人にとっては、国家は、自然にできあがったものでもなければ、「永久に」存在することが自明なわけでもない。その建設は艱難辛苦の賜物であり、これからも、軍事的にも文化的にも、守り続けていかなければならないものである。

5．本書執筆の際の資料について

執筆の資料としたのは、これまでに読んだフィンランド史関連の書籍のほかに、フィンランドのテレビや新聞などのメディアで取り上げられた特集、フィンランド人との会話・議論、そして生活実感などである。それらについては、逐一出典を記さなかったが、場合により、筆者の意見を「後押し」してもらうために、出典を記したところもある。これには、特に一貫性はない。また、用語も、「フィンランド・スウェーデン人」あるいは「スウェーデン語系」、また、「フィンランド語の親戚民族」あるいは「フィン・ウゴル語族」、そして「ロシア」、「ソ連」、「ロシア（ソ連）」、など同じ内容を、状況によって、いくつか使い分けているが、了知願いたい。

本書の最後に、執筆に際して特に参考にしたフィンランド語やスウェーデン語の書籍を、筆者のコメントを付して挙げておいた。なお、リストに挙げたのは、原則、ソ連崩壊後に出版されたものとした。

序章　時代区分

歴史を語るときは、時代区分をするのが普通である。本著で筆者は独自の基準を考えてみた。

フィンランドという地域が本格的に「歴史」に登場するのは、十二・三世紀にスウェーデンによる十字軍の実施で同国の一部となり、ローマ・カトリック世界に組み込まれたときからである。つまり、西洋史では、中世中期にあたる。しかし、フィンランド人としての自覚が芽生えるのは、十九世紀の「言語ナショナリズム」の時代になってからである。それ以前のスウェーデン時代には、スウェーデン王国の臣民であるとの認識を持っていた。つまり、十九世紀ヨーロッパの時代の流れの中で生まれたのが「フィンランド人」である。

ちなみに、フィンランド語では、国名を「スオミ」という。沼を表す「スオ」から来たのではないか、などの説もあるが、近年では、バルト語の「ゼメ zeme（国）」から来たとされている。

フィンランド史に関しては、古代・中世・近代ではなく、キリスト教の大変動に沿って時代区分するのが分かりやすい。

「ヨーロッパ」は、西ローマ帝国がゲルマン人により滅ぼされ、その後ローマ・カトリック教会がネットワークを広げて、宗教的一体感の中から徐々に形成されてきた、というのが通説と、筆者は理解している。そして、ローマ・カトリック教会との関わりがヨーロッパ各地域での大変動の大きな要因であると理解している。フィンランドもその動きと常に連動している。いや、引きずり込まれたといった方が正確かと思う。

「Ⅰ　キリスト教以前〜神話の時代〜」
「Ⅱ　十字軍の時代」
「Ⅲ　宗教改革の時代」
「Ⅳ　フランス革命以降の時代〜宗教の世俗化〜」

以上の四つの時代に分けて考えてみたい。

二十一世紀の現代世界は、いまだフランス革命の延長線上にあると考える。フランス革命によって、まずヨーロッパに普及したナショナリズム（民族主義・国民主義）は、その後、全世界に広がりを見せている。二十一世紀の現在も、このナショナリズムは勢いを失っていない。なぜ、ナショナリズムがキリスト教変遷の一段階であると考えるかというと、それは、「脱キリスト教」あるいは「キリスト教の変態」であると見ているからである。

なお、「キリスト教」ではなく、「ローマ・カトリック（教会）」としたのは、多様なキリスト教諸派が、ヨーロッパ以外、特にその発生の地である中東でも今なお「生きている」からであり、ヨーロッパのキリスト教が唯一のキリスト教ではなく、その「一派」であるローマ・カトリック教会のネットワークを「さなぎ」として、ヨーロッパという「蝶」、つまり文明圏が形成されてきたことを強調したいからである。

日本では、カトリック（旧教）とプロテスタント（新教）だけがキリスト教のように扱われているように思われるが（場合により、ギリシャ・ロシア正教が入ることもある）、筆者には、中東のクウェート国に赴任する機会があり、中東というと、イラン人、トルコ人そしてイスラエル人以外は皆アラブ人でイスラム教徒であるかのような先入観（無知？）があったが、現地に暮らしてみて、多くのアラビア語を母語とするキリスト教徒が存在することを知った。

では、どのフィンランド人の歴史をたどるのか。フィンランド共和国に居住し、国籍を持っているのがフィンランド人であるが、現在では、何語を母語とするかで、民族分けされている。まず、国民の圧倒的多数を占める、フィンランド語を母語とするフィンランド人がいる。そして、次に、スウェーデン語を母語とし、「フィンランドのスウェーデン人」と呼ばれる人達がいる。人口の六％弱である。おもに、フィンランドの西部海岸と南部海岸沿いに多く居住している。三番目に、北極圏に住むサーメ人（ラップ人）がいる。さらには、近年増加しつつある、国際結婚あるいは、エストニアなどからのＥＵ加盟国からの移住者である

十九世紀にフィンランド語のナショナリズムが興隆するまでは、国の上層部は、スウェーデン語系

が占めており、歴史を動かす中核であった。スウェーデン語系フィンランド人とは、十二世紀以降、スウェーデンから移住してきた貴族・農漁民、あるいは、スウェーデン語化した土着のフィンランド人豪族、さらには、他のヨーロッパから移住した兵士・商人などである。フィンランド大公国成立から独立後しばらくまで、政治の指導者には、スウェーデン語系の名前が多い。「純粋」なフィンランド語系の政治家が本格的に活躍するのは、第二次世界大戦後からである。フィンランド史は、スウェーデン語系およびフィンランド語系の人々の共通の歴史として見ていく。なお、サーメ人は歴史の表舞台には登場していないので、別途、言及するに留めておく。

I　キリスト教以前～神話の時代～

フィンランドがローマ・カトリック世界に編入される前の、「異教」時代である。フィンランドの「古代」ともいえる。ただし、考古学的遺跡しか残っていないので、民族叙事詩「カレワラ」で「代用」する。また、シベリアから北欧まで広く分布していたフィン・ウゴル語族にも目を向けていきたい。

Ⅱ　十字軍の時代

ヨーロッパの歴史には、ローマ・カトリック教会を軸にした転換期が三つあると考えている。まず、十字軍運動である。西ローマ帝国滅亡後の混乱から、西ヨーロッパといわれる地域が徐々に体力を回復し、防戦一方だったイスラム勢力との覇権争いで、聖地エルサレム奪還の攻勢にでる。この十字軍運動には、中東に向かっただけでなく、スペイン・ポルトガルへの「レコンキスタ（国土回復運動）」や「北の十字軍」といわれるバルト・フィンランドへの十字軍も含む。つまり、ヨーロッパ世界の「膨張」の動きである。フィンランドは、この大きな十字軍運動のなかで、スウェーデン人によりローマ・カトリック教会の影響下に入った。すなわち、ヨーロッパになった。これが、フィンランド史の始まり、つまり記録の始まりである。フィンランドの「文明開化」である。

フィンランドは、何度かロシアに飲み込まれる危機に瀕したが、最初の危機が、ローマ・カトリックと正教会の布教合戦であった。

Ⅲ　宗教改革の時代

次の大潮流が、いわゆるマルチン・ルターが始めた宗教改革とそれに続く三十年戦争である。そして「啓蒙思想」、「重商主義」の時代の到来である。

十六世紀初めに、マルチン・ルターにより始められた宗教改革は、「腐敗した」ローマ・カトリック教会への「怒り」であったが、それをきっかけにローマ・カトリック世界は大動乱の時代に入り、次第に、世俗権力、つまり王侯達の、ローマ・カトリック教会からの独立戦争の様相を呈してきた。なかでも十七世紀の三十年戦争は、主戦場となったドイツ語世界を大混乱に陥れ、一六四八年のウエストファリア条約で、決定的に政治が宗教に優越することが確認された。また、オランダやスイスの独立など、その後の国民国家への予兆が明確になった。宗教改革とその後の宗教戦争の結果、ヨーロッパ世界の中心の一つであったローマ教皇の権威が大きく傷つき、北海沿岸諸国では影響力を失った。プロテスタントとなった北部ヨーロッパでは、各国の王権が教会を支配し、つまり、教会を王政のプロパガンダ機関と変えることで臣民の思想をコントロールできるようになり、それにより国内の統一を進めやすくなった。また、宗教改革の際、聖書が、それぞれの国の言語に翻訳され、印刷技術の進歩とも相まって、それが標準語として国民に普及し、次第に、普遍語・共通語としてのラテン語に取って代わり始める。これも当然、国民意識（臣民ではなく）の形成・一体感の醸成につながっていく。筆者は、宗教改革は、ゲルマン世界のラテン世界からの自立と見る。

宗教改革は、ローマ・カトリック世界を分裂させたが、十八世紀には、宗教両派の争いに嫌気がさした知識階級のなかから、合理主義、逆にいうと不合理な「迷信にとりつかれた」宗教に対抗する、理性を基とする啓蒙思想が興隆する。そのなかから、「啓蒙専制君主」なる王侯貴族が出てくる。現代から見ると、なぜ「啓蒙」と「専制」が同居できたのか、奇妙な感じがするが。

この時期、ヨーロッパの政治・経済の重心が大きく移動する。十四世紀から十六世紀にかけて、イタリアではルネサンスが栄えた。ギリシャ・ローマの古典文化を理想とし、その復活により新しい文化を創り出そうとしたこの運動は、十六世紀ないし十七世紀の宗教改革の時代を経て、地中海諸国から、北の北海沿岸の、フランス、イギリス、オランダ、ドイツに独自のルネサンスとして波及していく。政治・経済的覇権が、南から北に移動したのである。

スウェーデンもこのアルプス以北の「北部」ヨーロッパの興隆の開始、すなわち、国民国家形成の動きに伍していくことになる。この時代に、スウェーデンは、デンマーク主導の北欧連合王国である「カルマル連合」から離脱し、近代国家への歩みを始める。さらに、ロシアとドイツの混乱に乗じ、「バルト帝国」の建設を始めるが、やがて崩壊の道をたどる。フィンランドもそうしたスウェーデン王家の軍事的冒険に巻き込まれ、翻弄される。この過程でフィンランドは、制度的により強固にスウェーデンに組み込まれていく。言い換えれば、「スウェーデン化」が進んだ時代である。他方で、聖書のフィンランド語訳など、将来の自立への礎も築かれた。

Ⅳ　フランス革命以降の時代～宗教の世俗化～

三番目の大潮流が、フランス革命とそれに続くナポレオン戦争で引き起こされた全欧州的な脱宗教、世俗化の進行である。筆者は、これを「第二の宗教改革」と呼びたい。

十八世紀になると、宗派争いによる血みどろの戦いに疲れた（飽きた？）、また、ローマ・カトリック教会の思想の独占から解放されたヨーロッパの知識層は、経験的合理主義的な思想である啓蒙主義を発展させていく。なかでも、アンシャン・レジーム下のフランスでは、王侯貴族の極端な贅沢と悲惨な貧困にあえぐ庶民を目の当たりにして、啓蒙思想家達は、教会や王侯貴族の非合理な権威、社会に蔓延する迷信・伝統、不公平などを批判した。なお、この啓蒙主義が、プロテスタンティズムの延長上にあるのか、宗教改革・戦争が破壊してしまったイタリア・ルネサンス精神の復活なのか、筆者には、もとより、判断がつかない。

このような騒然とした状況の下、経済的発展により、これまでの貴族優先の社会が変化し始めた。都市の富裕商人など国民の間でも、政治的な発言権の拡大を主張するようになった。なお、ヨーロッパの貴族階級は、お互いに血なまぐさい領土争いを繰り返す一方で、濃密な姻戚関係のネットワークを張り巡らせて、一体化していた。このネットワークの共通語はフランス語であったが、帝王学を学んだ国王は、多言語話者でもあった。王権を支えた、あるいは、ときに対立もした貴族層は、外国に留学したり、別の国の軍務についたり、ときには亡命したりと、国際的であり、「国家・国民」に忠誠を尽くす気などは毛頭なかった。

しかし、国民の生活向上に目を向ける啓蒙主義と、すでに形を整えつつある独立国家群の進化の帰結として、国民に目を向ける「ナショナリズム」つまり、国民国家あるいは民族主義となって現れてくる。この新しい思想的の中核の一つが、「言語ナショナリズム」である。違った言語を話す人々は、それぞれが独自の「民族」であり、独自の「国家」を持つ権利があり、団結すべきである、というものである。宗教という、ある種の普遍思想を放棄したヨーロッパは、ローマ・カトリックの世俗化バージョン、すなわち、ナショナリズムという新たな、そしてより凶悪な宗派争いを作り出したのである。

この「国民国家」という毒性のきわめて強いウイルスをヨーロッパ中にばらまいたのが、フランス革命とナポレオンである。それまで、王家間の領土争いであった戦争が、国民国家同士の戦いとなり、ついには、全国民総動員の第一次世界大戦（ヨーロッパ大戦争）へ突入していく。十九世紀は、欧米列強による世界制覇が完成した時代であったが、国民国家というウイルスに感染し強力化した、最初の非欧米国である日本が、ロシアに勝利することで、その覇権にほころびが出始めていた。

ヨーロッパ全土を騒然とさせた「言語ナショナリズム」は、オスマン・トルコ帝国、ハプスブルク帝国そしてロシア帝国などの「多民族国家」を解体させ、他方で、ドイツ語系の小邦を束ねたドイツ帝国や、イタリア王国などが出現する。このうねりの中で「フィンランド人」が「発見」され、明確な民族アイデンティティーを持った国家建設が始まる。このフィンランドの国民国家建設は、別の角度から見ると、同じく、民族国家の性格を強め始めたロシア、つまり、「ロシア帝国の各民族はロシア人になれ」との思想との「戦い」でもあった。幸いにも、第一次世界大戦でロシア帝国が崩壊し、ロシア革命という内戦が勃発すると、フィンランドは、それに乗じて独立を勝ち取る。

なお、この民族主義に対抗するマルクス・レーニン主義といわれた、ロシア型国際共産主義、すなわち新たな普遍主義は、ソビエト連邦という新装のロシア帝国を一時的に復活させたものの、ロシアの政治的後進性もあって、内部から崩壊し、百年の寿命を全うし得なかった。ローマ・カトリックが、宗教改革、ナショナリズム、さらには共産主義という無神論による攻勢の荒波を乗り越え、依然として一定の国際的な影響力を保持しているのとは対照的である。

こうしたロシアとの関係は、フィンランドの独立維持にとって、死活的大問題であるが、それに加え、かつての母国スウェーデンとの関係も、それぞれ別の章を設けて考えてみたい。

さらに、時代区分とは少し切り口を変えて、フィンランドはどういう社会を作ってきたのか、どのように社会が回っているのか、辿ってきた世界に冠たる北欧型福祉国家への道も見据えながら、考えてみたい。さらには、先住民である北極圏に住むサーメ（ラップ）人やフィンランドの「国民病」であるアルコール飲酒問題についても、若干触れてみたい。

そして、締めくくりとして、フィンランド人が民族としてどのようにアイデンティティーを模索し確立していったかを探ってみたい。

フィンランド人の物語　目次

第十二章　独立の苦しみ 161

第十三章 「フィンランド人」とは 168

V　ロシアとの関係

終章　ヨーロッパ人としてのフィンランド人　324

おわりに　341

参考文献　347

Ⅰ　キリスト教以前 〜神話の時代〜

ある国の通史、つまり、原初から現在までの歴史について語るときは、普通、現在の国境線内で、氷河期や石器時代から始めることが多い。フィンランドにも考古学的遺跡があるが、現在のフィンランド人とのつながりはまだ明確でない。前記のようにフィンランド人が記録に登場するのは十字軍時代からである。

本書では、あえて、第二次世界大戦前のフィンランドで、フィンランドの古代と考えられた「歴史認識」から始めたい。なぜなら、これらは、現在の実証的研究では、史実とは認められていないが、当時のフィンランド人は史実と考え、国家建設の思想的支柱となったからである。この紹介から始めたい。

一つには、フィンランドの神話、すなわち、民族叙事詩「カレワラ」である。ただし、この叙事詩は膨大なので、あらすじにとどめる。また、歌謡伝承なので、本来は、耳で聞くものであり、散文にまとめるとその素晴らしさは、残念ながら消えてしまう。

もう一つは、「民族移動説」である。悠久の昔に存在したと思われる「古代フィンランド族（便宜的にこう呼ぶ）」つまり、フィンランド人の言語上の親戚であるフィン・ウゴル語（ウラル語）族に関わる歴史である。これらの言語を話す民族は、現在では、中央ヨーロッパのハンガリー人、フィンランド湾南岸のエストニア人、そして、シベリアに散在する諸民族などがいる。「古代フィンランド族」が、歴史の流れの中で枝分かれし、ウラル山脈方面から移動して、一部がフィンランドに到達したという「古代史」、つまりフィンランドの起源は、民族移動によるものという説である。言い換えれば、ロシアやスウェーデンに対抗する、フィン・ウゴル語族の一員であるとの強い自己認識である。

なお、現在の「フィンランド共和国」には、言語的に大きく分けて、「フィンランド語人（サーメ語人を含む）」、つまり、フィンランド語を母語とする人々、そして後から移住してきた「スウェーデン語人」の二つのグループがある。スウェーデン語人は、十九世紀から二十世紀の初めにかけて、国家建設に大きな貢献をした重要な歴史的要素ではあるが、ここでは、フィンランド語人の古代史のみに焦点を絞る。

第一章　民族叙事詩「カレワラ」

（1）フィンランドの「古事記」

フィンランドには、世界に誇る民族叙事詩「カレワラ」がある。このカレワラには、他のスカンジナビア諸国の神話とは違う、独自の世界がある。日本でいえば、「古事記」あるいは、アイヌの「ユーカラ」にあたる。カレワラは、十九世紀に、エリアス・レンルート（リョンロット）が、東部国境に沿って縦に広がる東カレリア（ロシア・カレリア）を中心に収集した伝承歌謡を編纂したものである。つまり、古事記や北欧神話、あるいはギリシャ神話などが、大昔にできあがっていたものであるのに比べ、フィンランドの神話は、一人の著者がまとめた、ごく最近のものである。

レンルートがカレワラを出版した当時は、そこに描かれていた世界は、フィンランドの実在した「古代史」として信じられていた。現在では、カレワラそのものが、伝承歌謡を材料としたレンルートの創作と見られている。そこで、あえて、かつて十九世紀のフィンランド人が、自らの「古代」と信じていたところから、フィンランド史を始めてみたい。

なお、現在、カレリア地方の大部分は、ロシア領になってしまったが、第二次世界大戦までは、国境は、もっとサンクト・ペテルブルク寄りであった。また、十九世紀のフィンランドは、ロシア帝国内の自治大公国であったので、ロシア領の東カレリアにも自由に取材旅行ができた。

(2) カレワラの描く世界（筆者によるダイジェスト版）

物語は天地創造、すなわち国づくりから始まる。まず、「大気」の乙女が、風と水により処女懐胎し、「水の母」となる。子供はなかなか生まれない。そこに鴨が飛んできて、水の母の膝に巣を作り卵を産む。卵が粉々に割れて、これらが、陸、空、太陽、月になる。

長い月日を経て、ようやく子が生まれる。名をワイナモイネンという。あまりに長いこと母の胎内にいたので、生まれたときから老人である。物語の主人公ワイナモイネンは乾いた陸地に、白樺の種を植え、木を生やす。また、大麦を植える。

つぎに、ヨウカハイネンという名の男が登場する。彼は、知恵をつけて有名になったワイナモイネンという人物を聞きつけて、知恵比べに挑む。しかし、対決に負けて妹を嫁にやると約束してしまう。家に戻って、家族に経緯を話すと、母親は賢人ワイナモイネンの義母になれると喜んだが、妹は老人と結婚するなんて嫌だと泣き出した。ワイナモイネンの求婚をはねつけた妹アイノは、家を飛び出し、森に迷い、ついには見慣れぬ湖で沐浴中に溺れてしまう。

ワイナモイネンは、沈んだ気持ちで、アイノの母の進言で、ポホヨラ国（ホホヨ「ラ」、カレワ「ラ」の「ラ」に場所・国の意味があるが、理解しやすいように「国」をつけた）に、新たに嫁探しに出かける。しかし、怒りが収まらないのが兄のヨウカハイネンで、馬に乗って旅の途中のワイナモイネンを矢で射ようとする。矢は馬に当たり、落馬したワイナモイネンは、海に落ちてさまよい続ける。何日かさまよった後、ポホヨラ国の岸辺に着く。ポホヨラ国の女主人に、手厚くもてなされ、もし、「サンポ（ある種の打ち出の小槌）」を作ってくれるなら、娘を嫁にやると提案される。

家に戻ったワイナモイネンに説得され、サンポ鍛冶屋のイルマリネンは、渋々、ポホヨラ国に出かけ、サンポを仕上げる。そして、報酬として女主人の娘を嫁に求めた。しかし、娘は、口実をつけて家を出たがらない。イルマリネンは、船を得て家路につく。

話は、レンミンカイネンという男に移る。嫁探しに出たこの男は、キュリッキという娘を見初め、無理矢理連れて帰ろうとする。娘が、やたら好戦的なこの男を非難すると、男は、娘が村を出ないかぎり戦争には出ないと約束し、娘も村に留まると約束する。しかし、キュリッキが約束を忘れて村を出ると、怒ったレンミンカイネンは、彼女を捨て、ポホヨラ国に嫁探しに出かけると言い出す。母親の制止を聞かず、ポホヨラ国に来たレンミンカイネンは、すべての男達を歌で呼び出した。ただし、ひとりの意地悪な牧童は歌わなかった。

ポホヨラの女主人は、娘を求めたレンミンカイネンに、いくつかの任務を課した。その三番目が、トウネラの地にいる白鳥を射ることであった。しかし、その地で、彼は意地悪な牧童に殺され、バラバラにされてしまった。このとき、レンミンカイネンの実家では、屋根棟から血がしたたり出した。これを見た彼の母親は、息子が殺害されたことを察知し、すぐにポホヨラに向かった。殺害場所を聞き出して、バラバラにされた息子の遺体をかき集め、呪文や軟膏をつかって、息を吹き返させた。

話はワイナモイネンに戻る。彼は船を造るべく旅に出る。船を造るための呪文を得に、怪人ウィプネンに会うが、腹の中に飲み込まれてしまう。これに負けないのがワイナモイネンで、腹の中で暴れて、ついに、根負けしたウィプネンは、呪文を授ける。こうして造った船で、ポホヨラ国の乙女に求婚すべく出発する。

鍛冶屋のイルマリネンの妹がワイナモイネンを見かけ、彼から旅の目的を聞き出す。急いでこのことを兄に知らせに走る。せっかく手に入れた婚約者が危険にさらされると感じたイルマリネンは、馬でポホヨラ国に向かう。女主人は、娘に、ワイナモイネンを選ぶように進めるが、彼女は、イルマリネンとの約束を守ろうとする。そのため、蛇、熊、そして巨大な鱒を捕まえるという、むずかしい任務を与えられた。彼がこれらをやり遂げると、女主人は、彼に、娘を娶らせると約束した。ワイナモイネンは、若者とは、二度と求婚競争はしないと重い気持ちでポホヨラ国を離れる。この後、結婚の祝賀が催され、ワイナモイネンも祝いの歌を歌った。

この関係一族の祝宴に呼ばれなかったのが、レンミンカイネンである。これに不満な彼は、母の制止を振り切り、ポホヨラ国へ向かう。そこで、彼は、横柄な振る舞いで主人を怒らせ、決闘となり、彼の首をはねてしまう。これに激怒した女主人は、報復のため、軍勢を集める。慌てて実家に戻ったレンミンカイネンは、母親に、隠れ場所はないかと尋ねる。息子の振る舞いを叱った母親は、いくつもの海の向こうにある島がいいだろうと助言する。そこは、かつて、戦乱の時代、彼の父親が身を潜めていたところである。

その島では、またまた、彼の女癖の悪さが出て、何人もの女達にちょっかいを出す。島の男達がこれを見て怒り出し、彼を殺害しようとする。レンミンカイネンは、命からがら島を抜け出した。家路に向かう途中、ひどい嵐で船が難破するなどしたが、やっとたどりついた。しかし、そこで見たのは、焼かれて廃墟と化した家々だった。母親が殺害されたかと不安に駆られたが、幸い無事だった。

レンミンカイネンは、かつての戦友を誘って、ポホヨラ国に報復戦を仕掛けた。しかし、ポホヨラ国の女主人は、霜を降らせる攻撃で迎え撃つ。そのため、彼の船は厳寒の海で難破してしまうが、命からがら、実家へと戻ることができた。

話はがらりと変わって、クッレルボという男の運命の話になる。まず、ウンタモという男が、兄のカレルボと戦争をして、その妻以外を皆殺しにしてしまう。ウンタモは兄の妻を国に連れ帰ったが、彼女はすでに身重で、クッレルボという男の子を産んだ。クッレルボは父殺しのウンタモに復讐を誓い、一方ウンタモは何度もクッレルボを殺害しようとする。クッレルボは成長するに従い、段々手に負えなくなってくる。そこでウンタモは、イルマリネンにクッレルボを奴隷として売り飛ばす。

イルマリネンの妻は、クッレルボに牧童の仕事をさせたが、出かけるに当たり、弁当に石を混ぜた。

クッレルボが弁当を食べようとナイフを入れた際、そのナイフが傷ついてしまった。ナイフは彼の一族のたった一つの思い出だったので、女主人に復讐を企んだ。まず、家畜を沼に連れて行き、代わりに狼や熊を集めた。夕刻に猛獣達を家に連れ帰り、女主人を襲撃させた。

脱走したクッレルボは、荒野をさまようち、両親や兄姉が生きていることを知り、ラップランド近くで彼らに出会う。姉は、イチゴ摘みに出て、行方が分からなくなっていた。両親の元で働くうち、父親に、税を納めに行けと指示される。そして帰り道、ある娘に誘惑される。男女の関係になった後、彼女はクッレルボの姉であると判明する。姉は湖に身を投げ、クッレルボも自殺を考えるが、母親に止められる。クッレルボは、すべての原因は自分を奴隷として売り飛ばしたウンタモのせいだと考え、改めて、復讐の機会を狙う。

クッレルボはウンタモの地に戦争を仕掛け、人々を皆殺しにし、家々を焼き払った。実家に戻ると、家は廃墟となっていた。生き残っていたのは黒犬だけであった。この犬を連れてさまよい、姉に誘惑された地で自らの命を絶った。

話は、妻を殺された鍛冶屋のイルマリネンに戻る。妻の死をいつまでも悲しみ、ついに、金と銀で妻をかたどった。イルマリネンはこの金銀の像をワイナモイネンにあげようとしたが、彼は受け取らず、別の形に鋳造し直すよう勧めた。

イルマリネンは、再び妻の妹に求婚しようと出かけた。しかし、その地では歓迎されず、妹を力ずくで奪い去った。家路に向かう途中、この妹がイルマリネンをなじると、怒ったイルマリネンは、呪文の歌を歌って、彼女をカモメに変えてしまった。イルマリネンは家に戻ると、ワイナモイネンに、ポホヨラ国ではサンポを使って放蕩三昧が行われていること、また求婚の旅のあらましについて話した。

ワイナモイネンはこの話を聞き、イルマリネンにサンポを取り戻しに、ポホヨラ国へ行こうと持ちかける。旅の途中で、レンミンカイネンが加わる。

船旅を続けると、大きな鱒の背中にぶつかった。この鱒を捕らえ、調理して食し、ワイナモイネンはその骨で「カンテレ（小ぶりの琴に似た楽器。軽快な音が出る）」をこしらえた。彼が演奏すると、まわりの生き物が集まり、聴き惚れた。皆が心を打たれ、ワイナモイネン自身も感動の涙を流すと、水の流れの中で、それは真珠に変わった。

ポホヨラ国についた勇者達は、女主人に、サンポを渡すよう求める。おとなしく渡さないと力ずくでも取ると脅したが、女主人は屈しない。そこでワイナモイネンはカンテレを取り出し、演奏しだすと、ポホヨラ国の人々は皆、眠りに落ちてしまった。この隙にサンポを盗みだし、船に乗って家路に向かった。三日目に眠りから覚めた女主人は、サンポがなくなっているのに気づき、濃い霧や強い風を起こして、盗人達を捕らえようとした。この嵐の中で、ワイナモイネンのカンテレは海の中に落ちてしまった。

ポホヨラ国の女主人は軍勢を集め、カレワラ国、つまりワイナモイネン達に、海での戦いを仕掛けた。結果、ポホヨラ国は敗北したが、サンポは海に落ち、バラバラに砕け散った。破片となったサンポの一部は海辺に打ち上げられたが、ワイナモイネンはこれらを集め、また元に戻るように、そして永遠の幸せが来るよう祈った。

ワイナモイネンは海に消えたカンテレを探したが見つからなかったので、白樺で新たに作り直した。その演奏は、自然界のすべてを魅了した。

一方、復讐に燃えるポホヨラ国の女主人は、まず、カレワラ国へ疫病をまき散らした。しかし、ワイナモイネンがこれを治療した。つぎに、女主人は、熊を放ち、家畜を食い荒らさせた。しかし、またもや、ワイナモイネンが退治し、カンテレを奏し、歌を歌ってカレワラ国の繁栄を祝した。

月と太陽がワイナモイネンの演奏を聴こうと空から降りてくると、ポホヨラ国の女主人は、それらを捕まえて、山の向こうにかくしてしまった。そのため、暗闇が訪れ、これを変に思った最高神ウッコは、月と太陽の代わりに、火を放った。地上にこの火が落ちると、ワイナモイネンとイルマリネンは、その火を探しに出かけた。このとき、「大気の母」が、火は湖に落ち、魚に飲み込まれた、と教えてくれた。二人は、魚を探しあて、中から火を取り出そうとしたとき、イルマリネンは顔や手に大やけどをしてしまった。火は森を焼き、遠くに逃げたが、やっと捕まえることができ、暗闇のカレワラ国に運んだ。

イルマリネンは、月と太陽を鍛造したが輝かなかった。月と太陽が山の向こうに隠されていることを知ったワイナモイネンは、ポホヨラ国に戦いを仕掛け、取り戻すことができた。

終わりの話になる。裕福な家で育った少女マルヤッタが「コケモモ」の実を食べて妊娠し、男の子が生まれる。この子は一度、姿を消すが、沼地から見つけ出された。この子に洗礼を授けるべく、老人が呼ばれたが、彼は、まず、この子を生かしておくべきか調べるべきであると主張した。そこで、ワイナモイネンが調査に来て、死ぬべきであるとした。しかし、生後半年のこの男の子は、その判断は間違いであると、ワイナモイネンを非難した。それで、くだんの老人は男の子に洗礼を授け、カレリア国の王にした。ワイナモイネンはこれに怒り、いずれ人々は、再び、自分の登場を望み、新しいサンポ、カンテレ、光そして歌をフィンランドにもたらすことを願うだろうと言い残し、船に乗って、空と陸の間に消えていった。たぶん、彼は、まだそこにいるであろう。カンテレと偉大なる歌が、人々への遺産として残された。

第二章　もう一つの古代史

（1）フィン・ウゴル語族の世界

通常、ある国の「国民史」を綴る場合、現在の国境をもとに、氷河期から始めることが多いが、現在の国境を大きく超え、シベリアにまで広がる「古代フィンランド族（便宜的にこう呼ぶ）」という大きなくくりで、フィンランドや他のヨーロッパの学者達が、フィンランド古代史を探ろうとしてきた。この「古代フィンランド族」の元となるフィン・ウゴル語族理論は、言語学や考古学などから導き出された学問である。ただし、仮説の部分が多い。

フィンランド語は、スウェーデン語やロシア語などのヨーロッパ語ではなく、「フィン・ウゴル語族（ウラル語族ともいわれる）」という別の種類の言語グループに所属する。名前の通り、「フィン」とは、バルト海地域に広がった、フィンランド語系の諸語（あるいは諸方言）で、「ウゴル」とは、ハンガリー語系の言葉で、この二つの大きな言葉のグループから成っている。

①フィン・ウゴル語族の起源

一つの興味ある理論が、近年、フィンランドの言語学者によって発表された。それによれば、現在のウクライナ、ベラルーシ、ポーランド、ロシア、スカンジナビア半島など、東北欧全域の広大な地域に、いくつかの方言グループに分かれた「古代フィンランド族」が居住していたというものである。ヨーロッパが氷河に覆われていた時代、この地域では、人類が三つの待避地（「レフュジア」と呼ばれ、広い範囲にわたって人類を含む各種の生物が絶滅する環境の下で、局所的に生き残れた場所、地域を示す）に身を潜めていた。一つはスペインのイベリア半島、もう一つはバルカン半島、三番目がウクライナにあった。そして、氷河が後退するに従い、このウクライナのレフュジアから北に扇状に広がっていったのが、フィン・ウゴル語族すなわち、「古代フィンランド族」である。

スカンジナビア半島では、その後、ゲルマン語化、すなわち、スウェーデン語化が進んだ。つまり、この理論では、スウェーデン人の一部は、かつてはフィンランド語話者であったということになる（心の広い、あるスウェーデン人歴史家が著書のなかで、この点に言及している！）。

②その後の展開

かつては、このようにヨーロッパの広大な地域に存在した「古代フィンランド族」であるが、次第に、インド・ヨーロッパ語系民族の進出で、同化するか、あるいは北に後退した。特に、現代ロシアのヨーロッパ地域では、南からのスラブ人、つまりロシア人の膨張で、モスクワからサンクト・ペテルブルク方面にかけては、「古代フィンランド族」は、ほとんど姿を消してしまった。さらには、かつてのロシア帝国の東への膨張で、シベリア方面でもロシア化が進んだ。現在でも、ロシア連邦内では、ウラル山脈から南のカスピ海方面に向かった地域、また、シベリアに少数民族として存在している。しかし、「ロシア語化」は依然として進行中であり、そう遠くない将来に、言語としては「絶滅」してしまう可能性が高い。

こうしたフィン・ウゴル語のヨーロッパ語化の流れ、つまり、スラブ語や北欧語への同化のなかで、踏み留まった最大の言語が、ハンガリー語である。ハンガリー人は、もともとウラル山脈の近辺にいたが、一部が、「民族大移動」の時代に移動を開始し、現在のハンガリー、すなわち、パンノニア平原にたどり着いたのである。他方で、移動せず、ウラル山脈の近隣に残った、ハンガリー語と同系の言語を話す民族が今でもいる。現在、ハンガリーの人口は一千万人近く、「古代フィンランド族」の子孫としては、最も繁栄している。ただし、これは、ウラルを出発したハンガリー（マジャール）族の人口が純粋に増加したのではなく、中央ヨーロッパの「強国」ハンガリーに多くの民族が同化した結果でもある。ハンガリー人とフィンランド人は、言語的には親戚でも（古代からの共通の基礎語彙が二百五十ほどある）、現代人のＤＮＡはかなりはなれている。つまり、人種的には親戚ではない。ハンガリー人は、ポーランド人、ロシア人、ドイツ人のＤＮＡに近い。

ロシアから見た西北地方に存在しているのがフィンランド語である。フィンランドの人口は現在五百五十（うち六％がスウェーデン語系）万人程である。次に人口が多いのが、フィンランド湾を挟んで、南に位置するエストニア人で、約百万人である(これに加え、ロシア系が三十万人ほどいる)。フィンランドもエストニアもかつてはロシア帝国の一部であったし、エストニアはソビエト連邦の一部でもあったので、もし、両民族が直接的なロシアの支配下に置かれた状況がさらに続いていれば、民族言語の存在が脅かされた可能性がある。筆者は、一九七〇年代、エストニアを何度か訪問したが、特に、首都タリンでは、ロシア語が優勢であった。現在でも、人口の三割ほどがロシア系なので、もし、ソ連が崩壊し、独立国家とならなかったならば、ロシア人の増加と言語政策によって、エストニア語には消滅の危機が訪れたかもしれない。

時間を中世に戻すと、フィン・ウゴル語族の居住地であったバルト海東部では、フィンランド湾の北側はスウェーデンに、南側はドイツ（ドイツ騎士団）に、そしてその東側はロシア（ノブゴロド）の支配下に置かれる。こうした、より早く国家機構をつくり始めたヨーロッパ語系民族に支配されたそれぞれの地域が、「国家としての枠組み」の出発点となり、数百年の時を経て、十九世紀ヨーロッパのナショナリズムの影響を受けて独自の「民族性」に気づき、ついには、二十世紀の初めに独立するに至る。いち早く、気を吐いていたのがハンガリーで、オーストリア・ハンガリー二重帝国を形成するなど、「準大国」の位置にあった。つぎに、フィンランド、エストニアと続く。しかし、シベリアでは、言語に基づく独自の「民族国家」は、いまだつくられていない。

③フィンランド人の「民族移動」

フィンランド人の起源に話を戻す。十九世紀から第二次世界大戦後しばらくまで、学者の間では、現在のフィンランド領域に住むフィンランド人は、一つには、フィンランド湾を挟んで南のエストニアから（スオミ族とハメ族）、もう一つはサンクト・ペテルブルク方面から（カレリア族）、「民族移動」してきたと理解されていた。そして民族の故郷はウラル山脈地方とされていた。また、人口にも膾炙《かいしゃ》していたので、学者レベルの解釈が変わった後も、筆者も、何人かのフィンランド人にこの「民族移動」の話を聞かされ、日本人はどこから来たのかとも尋ねられた。当時は、言語と民族はほとんど同一視されていたので、フィンランドとハンガリーは、それぞれ、ヨーロッパの中で「言語孤島」を成す「親戚民族」として、親交を結んでいた。

（2）フィンランド民族創成の二大要素としての民族叙事詩とフィン・ウゴル語族

十九世紀初め、フィンランドは、ロシアに併合されたことを契機に国家への歩みを始めた。ヨーロッパにおける当時の政治・文化の潮流として、フィンランドが国家として認知される基準を満たし、そして民族としてのアイデンティティーを確立するためには、民族の伝承歌謡と言語学の裏付け、つまり「歴史の存在」が必要であった。民族叙事詩カレワラ、つまり神話は「近い過去」を、フィン・ウゴル言語学は「遠い過去」を表し、フィンランドにも「歴史」があることを「証明」した。言い換えれば、この神話と言語学が、フィンランドに独自の民族として存在する「正当性」を与えるものとなった。カレワラの著者であるレンルートは「カレワラは、古い高度な文化が存在したことの証である」と述べ、多くの共感を得た。そして多くの言語学者達がシベリアに居住する親戚言語を話す民族を訪ね、「フィンランド人は、ウラル山脈、あるいはアルタイ山脈から民族移動してきた」との歴史を探り出したのである。

なお、日本も七世紀に、最高権力者が「天皇」を名乗り、律令制などの中央集権体制の整備を始めたが、その際、「日本書紀」が編纂された（七二〇年完成）。その中で、紀元前七世紀に初代の神武天皇が即位したとしている。長大な歴史を持つ中国に対抗したのである。「民族の歴史」は、国家建設にとって「箔を付ける」不可欠の要素である。日本とフィンランドでは千年以上の時間差はあるが。

繰り返すと、十九世紀はフィンランドの自分探しの時代であり、スウェーデンの東部地方としてこれまで発展してきたフィンランドが、この「スウェーデン性」にはない、フィンランドらしさ、あるいは特質を、なんとかして見つけようと模索した時代である。さらに平たく言えば、十九世紀のフィンランドの知識人は、大衆に、スウェーデンでもロシアでもない新たな民族意識と愛国心を持たせるために、架空の歴史を創造したのである。もちろん、当人たちにとって歴史の捏造などという意識は毛頭なかったが。

この民族移動説は、現在では主流から外れている。ほとんど放棄されていると言っていい。言語イコール民族という理論からの脱却である。言い換えれば、民族の起源に関する理論を転換した狙いは、ウラルあるいはシベリアに起源をもつ「アジア人」（つまり、モンゴル人）との決別である。冷戦期にはフィンランドは西側民主主義国の一員である、つまり「西欧人」であるとアピールするため、そしてさらに発展させてＥＵへ加盟するため、恐らく、学問的にも、アジアとの過去を断ち切って、ヨーロッパ人になるべく舵を切ったためと思われる。フィンランド版「脱亜入欧」ともいえよう。つまり、この歴史観の転換には政治の臭いがしないでもない。二度目の「歴史の捏造」などというほど、筆者にはこのフィンランド古代史分野での学識はないが、「歴史学」とは「科学」ではなく、「解釈」であるとすれば、「うべなるかな」である。

フィンランド語とフィンランド民族について、そしてそれにまつわるアイデンティティー問題については、後で詳しく検討する。

II　十字軍の時代

第三章　フィンランドへの十字軍

（1）十字軍のおさらい

十字軍は、狭義には、セルジューク・トルコによるエルサレム占領を受け、東ローマ皇帝アレクシオス一世の要請により、ローマ教皇ウルバヌス二世の提唱で始まり、十一世紀から十三世紀まで続いたヨーロッパのキリスト教徒による「聖地奪還」を目的とした東方遠征を指す。ただし、キリスト教徒のいう「聖戦」とは名ばかりで、ローマ教皇が「異教徒を殺害し略奪すれば天国に行ける」などとけしかけたのが実態であった。

「十字軍」の名称は、これ以外にも、イベリア半島における「レコンキスタ」、つまりスペイン・ポルトガルによるイスラム教徒からの失地回復運動、南フランス「異端派」掃討のための「アルビジョワ十字軍」、そして現在のバルト諸国方面への「北の十字軍」など、ローマ・カトリック世界の勢力拡大戦争を正当化するために、幾度となく使用されている。

極北の最後の「異教の地」であるフィンランドへも十二世紀から十三世紀にかけて、スウェーデンから三回にわたり十字軍が行われた。この結果、フィンランド語系の言語を話す部族の多くがスウェーデン王の支配下に入った。ただし、本当に三回も行われたかどうかには諸説ある。

十字軍運動の背景としては、西ローマ帝国を滅ぼしたゲルマン民族の大移動、ヨーロッパを震撼させたバイキング活動（八世紀末から十一世紀中頃）や西からの騎馬民族の侵入が一段落し、力を回復した西ヨーロッパが反転攻勢に出た、ということがある。南方では、イスラム教徒への反転攻勢、そして、東に向かっては、ドイツ語系民族の膨張が始まる。それにより、バルト海は、ハンザ同盟が商業を牛耳る「ドイツの海」となり、バルト海南岸の異教徒の地域は、ドイツ騎士団などによるキリスト教の普及という名の「植民地化」が進む。

フィンランドに関しては、東南部で、正教のロシア（当時はノブゴロド）との陣地取りが激化する。なお、宗教改革までは、ローマ教皇を頂点とするローマ・カトリック教会の力が強大で、それに比して、概して、王権は脆弱だった。国王は必ずしも一番「つよい」のではなく、一番「えらい」貴族であった。そして、これら王侯貴族は、戦争や姻戚を通じて、領土の取り合いをしていた。

（2）スウェーデンとロシアの勢力争い

フィンランドは、スウェーデンに併合される前、三つの部族、すなわち、スオミ族、ハメ族、カレリア族からなっていた。しかし、全体をまとめた「フィンランド国」は、まだ存在していなかった。ただし、当時を語る資料がほとんどないため、実態はあまり分かっていない。

当時、フィンランドは、キリスト教世界が一〇五四年に西のローマ・カトリック教会と東のギリシャ正教会に分裂したことを受け、東西キリスト教の勢力争いの草刈り場になっていた。スウェーデンはローマ・カトリックを、ロシア（ノブゴロド）は正教会を代表していた。スウェーデンからの十字軍が、異教徒である諸部族が住むフィンランドに対し最初に向かったのは、スウェーデンの中心地から地理的に一番近い地域である、当時のスオミ族の住む地域、すなわち、現在のトゥルク市のある西南フィンランドであった。一一五五年に行われたとされているが、本当に十字軍が実施されたかは、実証できる記録はない。

次が、内陸のハメ族に対する第二次十字軍である。これまた一二三八年に実施されたというが、はっきりしない。この後、スウェーデンからの移民が活発化し、現在のヘルシンキ市が所在する地域は、「新しい国」(nyland、フィンランド語では uusimaa) と名付けられた。ヘルシンキのスウェーデン語名は、ヘルシングフォッシュ (helsingfors) であるが、これは、スウェーデン本土の中心地である「スヴェア国」にあるヘルシングランド地方からの移民に因んでいる。こうした移民が、現在のスウェーデン語系フィンランド人の祖先となっている。ただ、移民の数は先住のフィンランド語系を圧倒するほど大量ではなかった。なお、当時のスウェーデンは、まだ、統一国の体をなしておらず、スヴェア族の国、ヨータ族の国などに分かれて勢力争いをしていた。この頃ようやく統一の兆しが見えてきた。第三次が、一番ロシアに近い地域に住むカレリア族に対して、一二九三年に行われた、西カレリア地方の領有である。

それぞれの十字軍に関連して、中心地にトゥルク城、ハメ城、ビープリ城が建設され、スウェーデン王権の拠点となった。これらの城郭は、修復されて現存している。なお、ビープリ城は第二次世界大戦後ロシア領となっている。ビープリは、大戦前フィンランドの第二の大都市であったが、その発展は、この第三次十字軍の際の城の建設に始まる。

スウェーデンによるフィンランド西南部地域から東南部に向けての領土拡大のための軍事行動は、宗教上の目的の他に、バルト海域で力をつけてきたドイツ商人、そのハンザ同盟に対抗する目的もあった。

十字軍というだけあって、これらの軍事行動に際しては、ローマ教皇の指示を仰ぎ、現地北欧のカトリック教会司教が従軍するなど、教会が深く関わっていた。そして征服後は、精力的に布教活動が行われた。

ロシアとの関係では、一二四十年の「ネヴァ川の戦い（現在のサンクト・ペテルブルク市の近郊）」でスウェーデンに勝利したノブゴロドのアレクサンドル公は、後に「ネフスキー」と尊称され、さらには聖人化された。こうした両者の勢力争いの際、フィンランドの部族は、スウェーデン側に立ったり、ロシア側で戦ったりしていた。十六世紀にバーサ王家によるスウェーデンの膨張が始まる前の、いわゆる中世にあっては、対ロシア（ノブゴロド）関係は、一般的に平穏であった。これは、出土品の中に武器が少ないこと、東フィンランド人の遺伝子に、ロシア系男子の要素がほとんどないこと、つまり、戦乱による陵辱がなかったことから推察される。しかしながら、ロシアからの独立後の新生フィンランドでは、フィンランドは歴史的に常にロシアからの攻撃にさらされていた、というロシアに対する防衛意識を高める「愛国主義」的歴史解釈が有力であった。

第三次十字軍の後、一三二三年には、スウェーデンとロシア（ノブゴロド）の間で、パハキナサーリ条約が結ばれ、国境が確定された。国境線は、大まかに言って、現在のサンクト・ペテルブルクから、直線で左斜めに上がり、フィンランドとスウェーデンの間にあるボスニア湾の先端に続いた。つまり、現在のフィンランドの北と東の大部分がロシア（ノブゴロド）領であった。ただし、はっきりした境界線が引かれたわけではない。これによってカレリア地方はスウェーデンとロシアの両国で分断され、その後、戦争のたび、国境が移動した。現在、ロシアに割譲したカレリア地峡地方には、戦後の徹底した引き揚げのため、カレリア人はほとんどいない。日本の北方領土の状況に近い。

現在の領土を、北から南に横切りで五等分してみると、当時フィンランド人は、その一番南の地帯に居住しており、それより上の五分の四の地は、サーメ人（ラップ人）の居住地であった。十六世紀に入ると、バーサ王朝が、税収向上のため、フィンランド人、特に、サボ族（ハメ族とカレリア族の混合でできたとの説）を使って、北に向かった開拓を始めた。そのため、先住民であるサーメ人は、次第に北極圏に「追いやられた」。この経緯は、アイヌ民族が次第に後退を余儀なくされた日本の東北・北海道、あるいはロシア帝国のシベリア開拓で先住民が抑圧されていった状況に似ている。

第四章　フィンランドはスウェーデンの支配下に入り、どう変わったのか

（1）スウェーデン王国の対等で従順な臣民として順応

断片的な資料しか残っていないので、当時の三大部族であるスオミ族、ハメ族、カレリア族が、スウェーデン支配の下、どのように統合されていったかは、ほとんど分かっていない。十字軍当時はスウェーデン軍に抵抗したものの、その後は、大きな反乱もなく、スウェーデンの一部として宗教的、政治的に同化していった。フィンランド語系住民は、特に差別的な地位には落とされず、対等な扱いを受けた。そして従順なスウェーデン王国臣民となっていった。一三六二年には、スウェーデン国王選挙に、フィンランドから代表が参加した。後々、フィンランド生まれの人物が、徐々に教会や国政の場で高位に上っていく。

一方、これとは対照的に、東部カレリア地域では、当初はノブゴロドの支配を受け、次に、モスクワが勢力を伸ばし、ノブゴロドを吸収して、次第にロシア型農奴性が導入された。フィンランド湾南岸のエストニアでは、先住のエストニア人（言語的にフィンランド人に非常に近い。お互い「親戚」

との意識がある）は、征服者たるドイツ騎士団により、「非ドイツ人」として農奴の地位におとされた。こうしたロシアやドイツの支配と比較すると、スウェーデン支配は、相対的には、フィンランド人にとって「幸運」であった。

フィンランドの社会状況が比較的詳細に記録されるのは、十六世紀に入って、バーサ王朝の下、中央集権化が進み、徴税システムが拡充されるようになってからである。中世の終わり頃のスウェーデン社会の構成は、西欧と同じく、貴族、僧侶、商工人、農民の四階級に分かれていた。貴族と僧侶は、納税義務を免除されていたが、人口の一パーセントほどで、西欧に比べれば少ないといえる。十字軍が始まる十二世紀のフィンランドの人口は、多くても五万人ほどと見積もられている。

フィンランドの受けた政治的待遇が、スウェーデン本土とほぼ同じとはいっても、スウェーデンは、首都ストックホルムを中心に発展してきているので、「東の辺境」であるフィンランドには、十分投資されず、経済的発展は、本土に比べて相当遅れていた。スウェーデン本土に比肩する豊かさを実現するのは、二十世紀の終わり近くなってからである。これは、十九世紀初めに自治大公国としてロシアに併合された以降、フィンランド人が、民主国建設に向けてたゆまず努力した結晶である。

（2）フィンランドの「文明化」

スウェーデンに併合されるまでのフィンランドの「文化」については、ほとんどなにも分かっていないが、十字軍によってローマ・カトリック教会の勢力下に入ると、西欧文明の恩恵を受けることになった。つまり、フィンランド人も、教会人として、ヨーロッパ中心部の大学に留学し、教養をつける機会が訪れたわけである。帰国後は、教会で高位に上ったり、王家に仕えたりした。時期は違うが、日本から、遣隋使あるいは遣唐使として留学が行われたのに似ている。周辺文明としての相似点である。なお、留学ではなく、フィンランドにおける最初の宗教教育を始めたのはドミニコ修道会であった。

中世から宗教改革が始まるまでの期間で、最も重要なのはパリ留学であった。パリ大学を卒業することが、フィンランドに戻ってからの出世の条件であった。その後、十四世紀にドイツに大学設置が広まると、そこへの留学が増えた。留学費用は、聖堂参事会（司教へのある種の諮問機関）が面倒をみた。当時の教会は豊かであった。

ところが、宗教改革で教会の財産が没収されると、その余裕はなくなり、教育政策の中心は王権に移る。教会は単なる王権の下請け機関になる。外国留学に際しては、当時の欧州共通の教養語であるラテン語の知識が必要であった。大学での講義は、神学、つまり聖書の正統な解釈法、教会法に加え、学芸（教養科目）として、文法、修辞、論理、算術、幾何、天文学、音楽があった。このように、ローマ・カトリック世界での大学教育は、キリスト教のみならず、ギリシャ・ローマの教養科目も取り入れた幅広いものであった。つい最近まで「未開人」であったフィンランド人が、「普遍的」ローマ・カトリック世界に入ることによって、当時として最高の幅広い教育を受けられるようになったわけである。もっとも、こうした留学の機会を得られたのは、ごく一部の神学生のみで、農民を中心とする圧倒的多数に教育の機会が与えられるのは、宗教改革以降のことである。

日本の遣唐使などが、唐においてどのような生活あるいは学業を行っていたかについては資料がほとんどないが、遣唐使と比べて時代の違いはあるものの、ヨーロッパの大学については、かなりの資料が残っている。学生達は、出身地別にある種の「県人会」のようなものに所属し、教育を受けていた。その際、学生は、教科書を買う余裕がないので、借りた本で学習していた。ここで思い出すのが、筆者がフィンランド留学時のことで、フィンランドの大学生は、教科書は個人で買うのではなく、図書館から借りていた。なかなか借りたい本の順番が回ってこないので試験が受けられない、とぼやいていた学生がいた。中世の大学で学位を取るには、大学により違いがあるが、通常四年から六年ぐらいかかった。フィンランド人留学生で、学位を取ったものが、帰国後「出世」している。大学の記録に残っているのは、学位取得者のみなので、フィンランド人留学生の数は、名前が残っている者の倍はいたと推察される。つまり、半数はドロップアウトしたということである。筆者が留学していたタンペレ大学でも、当時、四割は卒業できないと言われていた。夏のアルバイトでスウェーデンに行き、そのまま帰ってこない学生もいた。

十六世紀の宗教改革の影響で、留学先は大きくドイツ中心に変わる。もちろんその理由は、ウィッテンベルクなど、プロテスタント神学の中心がドイツにあったためである。そして十七世紀には、フィンランドのトゥルク市にも大学が設置される。十九世紀に移転して、現在のヘルシンキ大学となった。

現在のトゥルク大学は、後に別途設置されたものである。

（3）スウェーデンによるフィンランド統治の進展

以上、フィンランド語系住民を中心に見てきたが、少し視点を変え、スウェーデンからの移民について見てみたい。すでに考古学の時代、現在のフィンランドの地に、スカンジナビア系の住民がいた痕跡があるが、フィンランドの西海岸と南海岸に居住する現在のスウェーデン語系の住民は、石器時代からの子孫ではなく、十字軍時代以降の移民である。DNA鑑定によると、フィンランドのスウェーデン語系住民は、スウェーデン本土のスウェーデン人とフィンランド本土のフィンランド語系住民の中間に位置する。これは、彼らがフィンランドへ移民してきた当時は、フィンランド語系住民とかなりの通婚が行われたことを示している。しかし、その後、人口が増加すると、スウェーデン語系地域とフィンランド語系地域の交流はあまりなくなり、それぞれ完結したコミュニティーを形成していた。スウェーデンからの移民の流れは、十四世紀の最初の十年ほどで止まった。その理由は、ペストの流行で、スウェーデン本土の人口が減り、フィンランドへの移住を求める余剰人口が枯渇したためである。もし、移民が続いていたら、現在のフィンランドの民族構成は、大きく違っていたかもしれない。

こうしたスウェーデン語系住民のうち、エリート層がフィンランドの支配層を形成することになった。なお、フィンランドを含むスウェーデン全体の貴族層の出自は、三分の二がスウェーデン、三分の一がドイツであった。つまり、十字軍の時代は、バルト海方面では、ドイツ人の隆盛期であり、都市では、ドイツ系住民がかなりの割合を占めていた。フィンランドでは、当時の最大の都市、トゥルクにおけるドイツ人は、十四世紀では市民の半分、十五世紀では、二十ないし三十％、ようやく十六世紀なって一ないし二％と下がってきた。ただし、十六世紀には人口が増大したので、相対的に割合が小さくなったという側面もある。中世には、北欧では上層部がドイツ語を話しており、スウェーデンでは、ドイツ語があまりにも浸透したので、言語の交代が起きても不思議ではなかったが、ドイツ商人は、商売を円滑にし、利益を上げるため、現地人の言葉、つまりスウェーデン語を積極的に話そうとしたので、これが、スウェーデン語を救うことになった。ちなみにドイツ系のバルト海沿岸都市の建設は、リューベックが一一五八年、リガ（現在のラトビア首都）一二〇一年、レバル／タリン（現在のエストニア首都）一二三〇年で、スウェーデンの主要都市であるストックホルム、カルマル、ソーデルチョーピングは十三世紀である。このようなハンザ（同盟）によるバルト海支配の崩壊は、宗教改革とそれにともなう、三十年戦争などのドイツ語世界における混乱による弱体化を待たねばならない。

スウェーデンによるフィンランド支配は、要所に代官を派遣することで進められたが、当時のスウェーデンは完成された国家ではなかった。フィンランド進出と同時進行的に国家というものが徐々に形作られていった。フィンランドがスウェーデンに併合された当時、スウェーデンは、フィンランドを「東国」と呼んでいた。日本の平安・鎌倉時代、関西の公家が、関東地方を「東国」と呼んでいたのを想起させる。十五世紀の後半に入り、フィンランドと呼称されるようになった。スウェーデン併合当初に派遣された本土からの代官は、任期が終わると本国へ帰還するのが一般的であったが、次第に、代官あるいは領地を持つ貴族達はフィンランドに定着するようになり、フィンランド在住の貴族が代官に任命されるようになった。また、十四世紀にローマ教皇が、司祭は現地語に堪能でなければならないと決めたため、フィンランド語のできないスウェーデン本土の司祭がフィンランドに赴任することはなくなった。このように、政治、宗教とも、現地化が進んだ。ただし、こうしたエリート達は、すべてスウェーデン語を母語としており、フィンランド語を母語としていた者も社会的に上昇すると、比較的早くスウェーデン語に言語を変換していった。つまり、スウェーデン化した。

フィンランド在住の貴族は、スウェーデン貴族全体の半分を占めていたにもかかわらず、軍事的にはあまり貢献していなかった。なぜなら、あまりにも貴族としては貧乏で、騎馬を維持する余力がなく、歩兵と同様であった。状況が変わったのが、カルマル連合末期の内戦と、デンマーク王クリスチャン二世によるスウェーデン貴族大虐殺である。スウェーデン本土での貴族が減り、その穴をフィンランド出身の貴族が埋めることになったのである。軍事的、また外交的に重要な活躍の場が回ってきたのである。なお、フィンランドはスウェーデン併合後、いわゆる植民地化されたわけではなく、ほぼ対等に、王国の一部として扱われていた。十四世紀の半ばには、国王がフィンランドにも巡幸すること、国王選挙にも参加できることが、法的にも確約された。このように、フィンランドの地位は次第に向上していった。スウェーデン王国において、国土の東部半分を占めていたフィンランドの重要性を示すものとして、十七世紀に、ストックホルムが公式に首都になったことがある。もし、フィンランドが重要でなかったら、もっと、スウェーデン本土自体の中央に首都が設置されていたはずである。

第五章　北欧の統一国家、カルマル連合

一三九七年、北欧三国、つまり、デンマーク、スウェーデン、ノルウェーの王家が婚姻関係を結んだ結果、実質デンマーク王家が他の二国の国王を兼ねることにより、統一国家が誕生した。

フィンランドにも、デンマーク人やドイツ人の「代官」が派遣されはしたものの、当時、まだまだ各地で勢力を張る大貴族の力が強く、統一された効力ある行政機構というものはなかった。スウェーデンの貴族は、一応、デンマーク人、あるいはその血を引くドイツ出身の国王を受け入れたものの、ほぼ一貫してデンマーク支配への抵抗を示しており、カルマル連合は、安定した国家とはならなかった。そして、ついには、デンマーク王のスウェーデン貴族虐殺を機に、スウェーデンは反乱を起こし、結果、カルマル連合は崩壊した。なお、フィンランドでは、スウェーデン本土とは違って、デンマークに対する敵対的感情はそれほど強くなかった。

この時期、大陸では、ポーランドとリトアニアが合同して大国化し（一三八六年）、一方で、モスクワ大公が、一三八十年に、クルコヴォの会戦で初めて「タタール」に勝利し、ロシア帝国形成への道をゆっくりと歩みはじめた。

また、ドイツ人による東方への勢力拡大が続いていた。フィンランドで、どうにか都市といえるのは、西南海岸にあるフィンランドの中心地、トゥルク市、そして東部カレリア地方に所在するビープリ市の二市だけであった。二市ともハンザ同盟には加わってはいなかったが、そこで活動する商人の半数以上をドイツ人が占めており、低地ドイツ語（地図で見ると、バルト海に面したドイツの北部方言）が幅をきかせていた。

デンマークは、カルマル連合の崩壊で、北欧の主導権を握り続けることに失敗したが、デンマーク王家の支配から離脱したスウェーデンは、次のステージで、ロシア、ポーランド、そしてハンザ同盟の盟主である自治都市リューベックとの抗争に勝利し、バルト帝国建設への道を歩み出す。

カルマル連合は、北欧統一国家の先駆けであるが、百年あまりで解体してしまった。もし、続いていたらと考えると、フィンランドはどうなっていたか、フィンランド語は生き延びられたかなど、興味深い。フィンランドの「民族性」維持への「敵」は、なにも、ロシアだけではなかったかもしれない。ヘルシンキでは、デンマーク語が聞こえたかもしれない。次の北欧統一の機会は、十九世紀の言語ナショナリズムの高まりによるスカンジナビア主義である。しかし、これもあっさり潰えてしまった。そもそも、スウェーデン語系住民がいるからといって、国民の大多数の言語がフィンランド語であるので、言語ナショナリズムによる北欧統一を目指すスウェーデンやデンマークのエリート達は、フィンランドを仲間と認めたか、認めたとしても利益をもたらしたかどうか分からない。そうこうするうちに、第二次世界大戦後、欧州の統合が進み、ＥＵが成立して、ノルウェーは非加盟ではあるも

の の、 デンマーク、 スウェーデンそしてフィンランドが加盟することで、 北欧というくくりで団結する必要性が下がってしまった。 ＥＵは加盟国の公用語をＥＵの公用語として認めているので、 フィンランド語が脅かされることはなかった。

III　宗教改革の時代

第六章　ヨーロッパ近代という時代

（1）どういう時代だったのか

スウェーデンは、十六世紀の初めに、カルマル連合、つまりデンマーク王家支配の北欧統一王国から分離・独立し、近代への歩みを始めていた。その独立の指導者であったグスタフ・バーサによって開かれたたバーサ王朝の血筋は、十九世紀の初め、ナポレオン戦争の結果途絶えるまで、三百年近く存続し、この間にスウェーデンは、他のヨーロッパ諸国に歩調を合わせ、スウェーデンとしてのアイデンティティーを確立し、本格的な国民国家の礎を築いた。また、いわゆる東欧諸国と違い、国としての独立を維持することができた。

西欧史では、十五世紀の東ローマ帝国の滅亡が、時代が中世から近代へ移行する指標の一つとされている。オスマン・トルコのヨーロッパへの圧力が強まる一方で、ヨーロッパが、別の活路を見いだした時代でもある。つまり、十五世紀後半からのスペイン、ポルトガルによる「インド新航路開拓の冒険」である（欧米では「新大陸発見」、日本では近年「大航海時代」などといわれている）。現代から見るとヨーロッパによる世界制覇の嚆矢となる「大事件」であった。

　ヨーロッパ内部の情勢に戻ると、十六世紀に入り、マルチン・ルターが宗教改革を開始すると、ローマ・カトリックという一元的な思想の崩壊、つまり、ローマ教皇のお説教を無視する集団が増殖した。十七世紀には、当初の新旧の宗派対立が、フランス王国とハプスブルグ帝国というカトリック系の国家間の対立と交錯し、ドイツ語圏を破滅させた第一次ヨーロッパ大戦ともいうべき三十年戦争や、フランスの内戦であるユグノー戦争、オランダの八十年戦争など、各国で混乱が深まる。フィンランドでも、宗教戦争、つまり、最初の内戦「棍棒戦争」が起きる。

　この時期、ヨーロッパ各国では、それまで王権は、国の末端まで支配の及ばない貴族のなかの一つの大貴族であったのが、次第に力を強めて、一国を領域的に支配する絶対主義へと変貌する。これに伴い、貴族は王の官僚と化していく。つまり国民国家の萌芽である。そして経済的には、この新しい国の形の下に、各国は重商主義という経済政策をとる。平たくいうと、貿易黒字を目指す、つまり、自分のもうけは相手の損、今風にいうと一種のゼロサム・ゲームである。ウィン・ウィンの関係はない。自国繁栄のためには、相手に経済的ダメージを与えなければならないのである。イギリスのように海賊行為も公的手段とする国が出てくる。こうして、宗教改革を契機として勢いづいた経済活動は、資本主義を発展させていく。ただし、ポーランドのように王権強化とならなかった国もある。

　思想的には、ローマ・カトリックの一元的思想支配から逃れ、さらに深化して、十八世紀には、理性を重視する啓蒙主義が広まる。宗教改革と啓蒙主義の関係については諸説あるが、筆者は、啓蒙主義の本質は、「宗教をネタに戦争することに疲れた（飽きた）」ということではないかと思う。宗教を闇と決めつけ、闇に光をさす、つまり啓蒙である。まとめれば、この時代は、ヨーロッパ北部のゲルマン系諸国が、ローマ教皇という地中海的世界観から、思想的、政治的にも独立し、個別に国としての体制を強化していく時代である。フィンランドについていえば、スウェーデン王国の発展とともに、より強固にスウェーデンに統合されていく過程である。

（2）宗教改革についての二つの考察

フィンランドの歴史という本題からは、若干外れるが、筆者がフィンランド史の分岐点として考えている宗教改革についての検討から始めたい。十六世紀初めに、マルチン・ルターにより始められた宗教改革は、「腐敗した」ローマ・カトリック教会への「怒り」であったが、次第に、世俗権力、つまり王侯達の、ローマ・カトリック教会からの独立戦争の様相を呈してきた。そしてその頂点となった三十年戦争は、主戦場となったドイツ語世界を大混乱に陥れ、一六四八年のウエストファリア条約で、決定的に政治が宗教に優越することが確認された。また、八十年戦争を戦い抜いたオランダやスイスが独立国として認められ、その後の国民国家への予兆が明確になった。

宗教改革で発生したプロテスタントは、ヨーロッパによる世界制覇の原動力となった近代資本主義を生み出したとの学説がある。この説には賛否両論があるが、この関係について管見を述べたい。

①プロテスタント主義が資本主義を生んだのか

北欧は、すべての国がプロテスタント国になった。現在では、概して、プロテスタント諸国の方が裕福であり、国民の社会正義が強い。プロテスタント、特に清貧・勤勉を称揚するカルバン主義が資本主義につながったとの説がある。確かに、プロテスタントの北欧人の方が、カトリックの南欧人より、勤勉で実直との印象はある（あくまで筆者の個人的印象であるが）。つまり、産業が発展し、社会が豊かになりそうである。フィンランド人も早起きで、仕事も信頼が置ける人が多い印象である(日本のようなサービス残業はないが)。こうした勤勉性の差は（あるとすればだが）、歴史的に形成された民族性によるものなのか、宗教改革で教育された国民性なのか、筆者には分からない。

かつてローマ・カトリックの教えでは、実態は別として、蓄財は悪であった。つまり「金持ちは泥棒か、泥棒の息子」というわけである。これに対して、プロテスタントは、清貧を基とし、実直に働いて豊かになることは悪いことではないと解釈を変え、この考え方が資本主義の発生につながったというわけである。ただ、アメリカに渡ったプロテスタントは、さらに解釈が変わり、「豊かになることはいいこと。金持ちは、よく働いた良い人、そして、貧乏人は、怠け者」という、独自の進化を遂げた。その究極が、アメリカ型の「弱肉強食の資本主義」である。ここには、日本の「清貧」などという考え方はない。金持ちは、その富を見せびらかしていいのである。聖書には「働かざる者食うべからず」とある。聖書を最重要視したプロテスタント思想の究極であろう。

話は飛ぶが、ローマ・カトリックを受け入れたバイキング（つまり北欧人）や、ラマ教（チベット仏教）を受け入れたモンゴル人が戦闘性を弱めた例をみると、宗教観は国民性を変える要因になるのかもしれない。日本がヨーロッパに比べて平和だったのは、仏教のおかげかもしれない。

仮にプロテスタント主義が資本主義を生んだとしても、北ヨーロッパ、すなわち、北海およびバルト海沿岸の地域、つまりゲルマン系の強い地域にプロテスタントが広まったのは、その地の人々、特に商工業に従事する人々が、自らの職業を正当化してくれる「教え」が出現するのを待っていたからではないか。彼らにとって都合のよい説教をしてくる宗派が現れたので、それに飛びついたのではないか。繰り返せば、プロテスタントの教えで劇的に考え方が変わったのではなく、潜在的な欲求（社会的ニーズ）があったところへ「新しい教え」を広める宗教者が現れたので、喜々として改宗したのではないか。本来の商工業の先進地帯である北イタリアでは、ローマ教皇の威光が強すぎて、改宗は不可能であった。つまり資本主義は生まれなかった。

②新たな免罪符、あるいは「規制緩和」としてのプロテスタント主義

宗教改革は、ドイツにおいて、ローマ・カトリック教会による免罪符（贖宥符）の乱発、平たくいえば、お賽銭をチャリンと入れれば、罪が軽くなるシステムの乱用が過ぎたことが発端である。プロテスタントは、これまでの「金持ちは悪人」というローマ・カトリック的概念を覆し、「金儲けもＯＫ」という、とんでもない、世界的な影響を持つ新たな「免罪符」を発行してしまったのではないか。今風に言えば「規制緩和」であろう。なぜ、「とんでもない」というかといえば、「プロテスタントにより生み出された資本主義」は、人類にとって「福音」か「災厄」かまだ判明していないからである。確かに、資本主義は、日本を含む先進国のなかの「勝ち組」である階層にとっては、豊かな生活をもたらしてくれた。現代の日本人の少なくとも七割くらいはその恩恵を受けているのではないか。しかし、先進国内でも、格差の進行で貧困層が増加している。ましてやそもそも格差の大きい途上国や、資本主義の矛盾の一つである資源をめぐる戦争などに苦しむ地域・国の人々は恩恵を受けていない。プロテスタントの代表であるアメリカでは、ほんの少数の金持ちが国の富を独占している。そして世界はアメリカを手本として進んでいるように見える。宗教改革の「罪」は重い。少し筆が滑りすぎたかもしれない。

いずれにせよ、日本には、浪費ではなく「もったいない」という伝統的美徳があり、高価な外車で、自らの富を見せびらかすのではなく、軽自動車で実益を取るという合理性もある。「清貧」はもう流行らないが、なんとか、環境破壊型の資本主義は避けたいものである。

「新大陸発見」による海外からの膨大な富の収奪とそれに連動する資本主義の発達、すなわち、産業革命による軍事力の強大化は、十九世紀をヨーロッパの世紀とした。これは世界にとっての災厄である。このヨーロッパによる世界支配を打ち破ったのが、日露戦争に勝利した日本である。極東の「異教の小国」がヨーロッパの大国を打ち負かしたというニュースは、植民地の国々にとっては大きな朗報であり、強く勇気づけるものでもあった。他方で、世界ランクで、「野蛮人」から「文明人」に何階級も昇進した日本が、道をあやまる一歩でもあった。つまり、太平洋戦争へとつながる、ロシアから獲得した「満州経営」である。

第七章　スウェーデンの近代～概観～

繰り返しになるが、フィンランドという国は未だないので、本章では、スウェーデン王国の大まかな発展を見ていきたい。日本でいえば、徳川幕府に当たるバーサ王家の盛衰について、その国力の伸張によって、三つの時代に区分して考えたい。大まかにいって、百年サイクルで動いた。なお、「フィンランド」と記した時は、地理的行政的意味で使っている。

第一期　十六世紀～初期バーサ時代～

王朝創始者グスタフ・バーサ王と息子達による新王朝建設の時期

第二期　十七世紀～バルト帝国時代～

グスタフ・アドルフ王の三十年戦争参加、そして大国化、さらには、カール十二世の対ロシア戦争（北方戦争）での大敗北とバルト帝国の崩壊までの時期

第三期　十八世紀〜スウェーデン王国凋落への道程〜

貴族による権力掌握から、王のクーデターによる権力奪取、そして対ロシア報復戦争、ついにはフィンランドの喪失。

まず、全体像を見てみたい。

（1）国際関係〜砂上の楼閣「バルト帝国」〜

①デンマーク〜因縁の仇敵〜

スウェーデンは、ルターの宗教改革が始まった直後の時期、デンマーク王家主導の北欧の統一国家であるカルマル連合から独立した。

現在では、北欧というと、民主主義の進んだ平和な福祉国家の集まりというイメージが定着しているが、かつてはそうではなかった。

「ストックホルムの血浴」といわれる、デンマーク王クリスチャン二世によるスウェーデン貴族の大虐殺（一五二〇年）をきっかけに、スウェーデンでは、グスタフ・バーサが指導者として反乱を起こし、カルマル連合は崩壊し、スウェーデンはデンマーク王家の支配から独立した。これ以降、スウェーデンとデンマークは、十九世紀の初めまで約三百年にわたって、お互いの隙を狙っては攻撃しあう「仇敵」となった。スウェーデンの敵は東のロシアだけではなかったのである。ちなみに、ノルウェーはカルマル連合崩壊のとき、独立に失敗し、デンマークの属国化した。

その後、スウェーデンは強大化し、十七世紀半ばには、本来デンマーク領であったスカンジナビア半島南部のスコーネ地方を併合する。さらには、十九世紀初めに、国の東半分、すなわちフィンランドをロシアに奪われると、デンマークからその代償としてノルウェーを奪取する。ノルウェーはようやく二十世紀になって、独立する。

このように、北欧諸国は、決して最初からお互いにとって友好国ではなかったし、第二次世界大戦後、北欧理事会などを通じて、協力関係を深めてきたものの、外交・安全保障政策では、独自の道を歩んできた。経済面では、ノルウェーは、二度の国民投票で欧州連合（EU）加盟を否決している。他方、国連での活動では、北欧グループとして共同歩調を取りつつ、影響力の維持に努めている。G20にも、北欧として参加したいようである。

②ロシア～永遠の敵～

十六世紀半ばに、イワン四世は、初めて公式に全ロシアのツァーリ（皇帝）を称した。スウェーデンが独立王国への道を歩み始めたのとほぼ同じ時期に、ロシア帝国が誕生したわけである。十六世紀の間のスウェーデン・ロシア関係は、戦争はあったものの、両者の力関係は拮抗していた。

しかし、十七世紀に入ると、ロシアは混乱に陥り、リューリック朝が途絶えて、ロマノフ朝が興る。ロシアの一時的弱体化、宗教改革によるバルト地方を含むドイツ世界の混乱に乗じて、スウェーデンは、ロシアをバルト海から締め出し、国境を大きく東に移動させる。そのため、東部国境方面で安全保障について安堵感が高まるものの、警戒感が下がり、フィンランド防衛への準備を怠るようになる。

十八世紀に入ると、ロシアはピョートル大帝の下、体勢を整え攻勢に出る。スウェーデンは、北方戦争で決定的に敗北し、大国の座から滑り落ちる。その際、フィンランドはロシア軍に蹂躙される。ただし、これは、スウェーデン軍のかつての狼藉に対する復讐戦でもあった。これ以降は、ますます強大化するロシアになすすべもなく、ついには、フィンランドもロシアに割譲する羽目になる。

③バルト地域、そして北ドイツ〜バルト海支配と崩壊〜

十六世紀、デンマークから独立間もないスウェーデンは、リューベックなどハンザ同盟の経済支配からの自立を模索していた。「独立戦争」の軍資金は、ハンザからの借金に頼った。しかし、最終的には、この借金を踏み倒している。ハンザにとって、デンマークとスウェーデンの対立は、バルト海での商業権益の維持に都合のよいものであったが、次第に力を増してくる「主権国家」に押されていく。

十七世紀に入ると、スウェーデンは、プロテスタント国として、ドイツを北進するカトリックのハプスブルク帝国に対抗すべく、三十年戦争に介入する。その過程で、現在のエストニア、ラトビアに当たるバルト地域を併合する。こうした中世の大国ポーランドの縄張りへの侵入により、両国間で、宗教も含めた利害関係の対立が深刻化する。

バーサ家三代目の国王ヨハンは、妻がポーランド人で、両国は連合王国となるが、ポーランドはカトリックの国であるため、その宗教的矛盾もあって、息子のシギスムンド王の時、最初のフィンランド内戦でもあり宗教戦争でもある「棍棒戦争」が起きる。これは、スウェーデンの王位を巡る王家内の権力闘争でもあった。ポーランドでは、この後、しばらくバーサ家の王が続く。

三十年戦争を終結させたウエストファリア条約で、スウェーデンは、ドイツ北部のポメラニア地方や、ブレーメンなどを領土として獲得し、「バルト帝国」を築き上げた。

しかし、十八世紀初め、ロシアとの北方戦争に敗北し、「帝国」は一瞬にして崩壊する。一方、ドイツ地域ではプロシャ（プロイセン）が台頭し、スウェーデンの国力では対抗できなくなっていた。

（2）内政〜中央集権化の進展〜

①王権と大貴族の主導権争い

十五世紀頃までは、西欧史では、通常「中世」といわれ、その社会は、封建制とも定義づけられる。つまり、王は家臣に土地などを与え、家臣は王に奉仕（軍役など）する。この時代の王は、領土的に広く支配しているわけではなく、貴族の中の大貴族であった。そして、近代といわれる時代に、中央集権化が始まった。ただし、ドイツとイタリアは、それに失敗し、実現されるのは十九世紀に入ってからである。

スウェーデンは、十六世紀にデンマーク王家の支配から脱したグスタフ・バーサ王が、領土の一元的支配を目指して、中央集権化を始めた。そして、それまで選挙制であった王位を、バーサ家の世襲とした。ただし、十六世紀はまだ、中央集権へに向けての助走という段階である。本格化するのは十七世紀に入ってからである。

中央集権化というと、各地の大貴族を押さえて権力が国王に集中する絶対王政は、独裁専制政治というイメージがあるが、西ヨーロッパの王権のあり方は様々で、概して、権力はそれほど大きくなかった。絶対王政のシンボルとされる太陽王フランスのルイ十四世でも、高等法院には手を焼いていた。ロシア、オスマン・トルコ、そしてローマ教皇の教会領は、文字通りの独裁専制国家であった。

スウェーデンにおいては、国王が中央集権化を進め、国土全体に官僚支配が強化されても、大貴族は、無条件に権力を手放したわけではない。国王と大貴族は、シーソーゲームのように、国政の実権の取り合いをしていたのである。中央集権への整備が進む宮廷の官僚組織の中で、大貴族は高位の職を独占し、免税権のある領地も維持し続けた。王が未成年のときは摂政として、国王が外国に遠征しているときは代行として、国政を担当していた。また、十七世紀の「バルト帝国」時代には、王は、戦功として爵位・領地を与えたため、王領からの税収が減少するなどした。その後「大返還」といわれる王による封土取り戻しなどが行われたが、大貴族にはあまり影響はなく、全体として貴族の特権的地位は維持され続けた。

社会的に見ると、中世には、スウェーデンの貴族は、田舎の領地に住み農業にも従事していたが、中央集権化が進むと、首都ストックホルムに住むようになり、フランスのブルボン王朝をまねて「洗練」され、貴族内でも、伝統貴族と新興貴族、侯爵・男爵位の創設など差別化・階級化が進んだ。同じく、社会全体も細かく階級化され、各身分は、服装なども差別化され、それぞれの身分意識が強化された。十八世紀にはそれが頂点に達した。他方で、貴族階級は固定化していたわけではなく、バルト帝国時代には、国王の海外遠征に参加した農民にも、軍功により叙爵する機会があった。

日本と違って、西ヨーロッパには議会があったが、特にスウェーデンでは四部制で、貴族、僧侶、商人に加えて、農民も代表を出しており、バーサ王朝以前の国王選挙にも関与していた。ただし、もちろん、現代のような普通選挙による議会ではなく、富裕な農民のみに代表になれる機会があり、農民身分の議会での影響力は最小限ではあった。しかし、農民が代表を出していたという事実は、北欧の民主主義の先進性の一つであろう（それとも、王侯貴族の弱さの現れか？）。大陸ヨーロッパでは、農民は農奴であったことを見れば、大きな違いである。

なお、一三六二年二月一五日、フィンランドから初めて代表がスウェーデン国王の選挙に参加した。そしてこの日は、現在でも、フィンランド大統領の就任の日となっている。

また、スウェーデンでは、フランス革命やロシア革命のような全国規模の反乱は起きておらず、フランスのブルボン王朝などに見られた贅沢三昧の王侯貴族に比べて、社会矛盾も、相対的には少なかったと思われる。ただし、農民の生活が豊かであったということではない。北欧諸国が、本格的に豊かになり出したのは、第二次世界大戦後である。これは、社会民主主義という北欧型の社会主義の成果である。

議会を主導したのは、貴族、なかでも大貴族であるが、十八世紀の北方戦争後に敗北すると、貴族は、主に対ロシア政策に関して二つの党派に分かれて、議会を通じて国政を牛耳った。その後、また王のクーデターで絶対王政が復活したが、ロシアのような絶対専制君主とはならなかった。バーサ王朝を通じて、議会は、そのときの王権の強さと反比例して力を行使し、戦争開始や新税の設置などに、一定の発言権を持ち続けた。

②軍事～改革の成功～

中世の戦争は、傭兵を使うことが多く、バーサ王も、主としてドイツ人傭兵に頼って、デンマークに対抗したが、彼らは賃金が滞ると戦うのを止めてしまうので、農民兵、つまり、信頼度の高い徴兵制度の整備を進めた。また、三十年戦争に参戦したグスタフ・アドルフ王は、優れた軍師として軍事史に名をとどめているが、ここでは、その「活躍」の詳細には触れないこととする。

信頼できる軍隊と、優れた指揮官、それを支える兵站を揃えたことで、スウェーデンは強国化に成功した。ただ単に、ドイツやロシアが弱体化したので、自動的に強国になったわけではない。対照的に、ポーランドはその機会を逃し、国が分割されるという最悪の運命を辿った。

（3）宗教改革～信仰ではなく、単なる政略としての宗旨替え～

グスタフ・バーサが正当なスウェーデン王であるデンマーク王家に反旗を翻したとき、都合のよいことに、宗教改革が起きた。教会の財産を没収することで、軍資金に回すことができたのである。ローマ・カトリック、つまり、ローマ教皇の支配から離脱する理由は、やはり、金銭がらみであった。対デンマーク戦争などで、国内が荒廃し、宗教関係者が死亡したり亡命したりして、多くの教会関係職に空きができた。しかし、これを埋めるためには、ローマ教皇に多額の上納金を納めなければならず、バーサ王には、その金銭的余裕も意思もなかった。そこで、自らが教会の首長となることにしたのである。このことは、自らの離婚問題でローマ・カトリックを離脱したイギリス王ヘンリー八世に似てなくもない。

プロテスタント教義への移行は、ゆっくりとした過程で進められたこともあり、宗教的理由での国内での反乱はほとんどなかった。ただ、バーサ王の孫で、ポーランド王を兼任していたシギスムンドの時、叔父であるカール公との間に、宗教を理由の一つとしたフィンランド内戦「棍棒戦争」が起きる。これは、叔父であるカール公が仕掛けた王位簒奪の目論見で、結果はプロテスタントを強調するカール公の勝利となり、シギスムンドはポーランドに帰ることとなった。

この時代、いわゆる「魔女裁判」が全ヨーロッパに猖獗したが、フィンランドでは、人口の割に魔女とされた女性の数は多かったものの、実質的な死刑の執行はほとんどなかった。

国王が教会の首長になったことで、教会は、国民に王家とその政策の正当性を吹き込むプロパガンダ機関となった。そして牧師達は、知識階級として、王家の事務方としての仕事にも採用された。王権に対抗する力は失われたものの、ローマ・カトリック時代の教会組織はほぼ温存され、庶民レベルでの自治組織の主催者としての権威を保ち、教会での説教のみならず、現在では市町村などの自治体の仕事となっている、貧民救済などの福祉関係を担った。プロテスタントは、聖書と信者が直接向き合うことを重視しているため、聖書を理解するための識字教育の重要性が強調され、教会は、こうした庶民レベルの教育担当係となった。

宗教改革の一環として、ヨーロッパ各国で聖書の現地語への翻訳が進められた。フィンランドでは、フィンランド湾に面する村で生まれ、ドイツのプロテスタントの聖地、ウィッテンベルク大学に留学したミカエル・アグリコラが実現した。そのため彼は「フィンランド語文語の父」と呼ばれるようになった。

なお、牧師は、妻帯が認められたことにより世襲化が進み、十八世紀には、他の身分同様、階級としての内向きの集団となっていった。

（4）経済～後進国～

①都市～独立性のない欽定都市～

王による設立がほとんどで、イタリアのメジチ家やドイツのフッガー家のような豪商はなし。

②貿易～スウェーデン本土の鉄、フィンランドのタール～

当然ながら、歴代の王は経済の振興に気を配り、フィンランドにも新たな外国貿易の特権を認めた都市などが建設された。スウェーデンの輸出の稼ぎ頭は「鉄」で、フィンランドは「タール」であった。どちらも、その製造には大量の木材を必要とするが、スウェーデン本土での森林保存のため、また、フィンランドからは鉄が産出されないこともあって、タールの製造は、フィンランドに集中させた。タールは、木材の保存に極めて重要で、イギリスやオランダなど、大西洋貿易の勃興で大量の船舶を建造している国に大きな需要があった。

③農業～豊かでない土地の開拓～

十六世紀半ばのフィンランドの人口は、約三十万人と見積もられている。フィンランドは、気候的には寒冷で、土地も、氷河が地表を削り取ったので、あまり豊穣とはいえない。おもに、ライ麦、大麦が栽培された。農業のやり方は、東と西に分かれる。西は、畑作（二圃作）で、鋤を使って耕す。主に大麦が栽培される。東は、焼き畑（三圃作）で、間引いた森を焼いて、鋤は使わず、直播きする。ライ麦が中心。四十年から五十年すると、森が回復して、また焼き畑が可能となる。

フィンランドは、当初、スオミ、ハメ、カレリアの三部族から始まり、カレリアから分かれたサボ族は活発で、フィンランドの中部、北部、さらにはスウェーデン本土まで、開拓民としての活動を広げた。「サボ人」は、現代でも、郷土としてのアイデンティティーが強く、誇りも高い。

第八章　バーサ王朝の諸王とフィンランド

バーサ王朝時代に、フィンランドでは何が起きたかを中心に見ていきたい。

（1）スウェーデンの独立〜僭主グスタフ・バーサ〜

①北欧王国（カルマル連合）を崩壊させる

もともとカルマル連合は安定したものではなかったが、それでも百年以上続いた。この連合が継続していたら、北欧の形は変わっていたかもしれない。デンマーク語が公用語として、フィンランドにも徐々に浸透していったかもしれない。

なぜ、カルマル連合は継続しなかったのか。理由の一つは、連合内部の不和である。スウェーデン貴族がデンマーク王家の風下に立つのをよしとせず、なおかつデンマーク王は、国家運営に長けていなかった。そして分解を実現させたのが、当初は一豪族に過ぎなかったバーサ家である。もう一つの理由が外部勢力の介入である。バルト海がデンマークの海となるのをよしとしなかったハンザ同盟、すなわちリューベックの存在である。リューベックはスウェーデンに資金援助することで独立への戦いを支援し、統一北欧を二つに分割させて、相互に対立させることに成功した。北欧の覇権争いに介入できたハンザ同盟の最後の輝きである。もう一つの資金源は、宗教改革を利用した教会からの財産の接収である。

バーサ王朝の下、北欧王国を崩壊させた新生スウェーデンは、バルト海を「スウェーデンの海」とするほどの影響力を持つバルト帝国への道を歩み始めるのであるが、スウェーデン王国の東半分であるフィンランドも、この軍事的冒険につきあわされることになる。

②バーサ王の長寿～スウェーデンの徳川家康～

バーサ家興隆の一因として、創立者のグスタフ・バーサの政治力のみならず、その長寿がある。日本史でも、織田信長は天下統一の半ばでクーデターにより倒れ、後を継いだ豊臣秀吉は、子に恵まれず、しっかりとした後継者や体制を確立することができなかった。そして、長寿の徳川家康が、最終的な勝者になった。多くの男子に恵まれ、また、信頼できる家臣を持ち、その後三百年近く生き延びる体制作りを完成させるだけの時間にも恵まれたからである。もし､グスタフ王が若死にしていたら､スウェーデンの歴史は変わっていたかもしれない。

歴史に仮定の「if」はないとされるが、過去は変えられないものの、歴史のいろいろな場面で選択肢はあったのであるから、歴史の教訓とするため、本書のなかでは、「if」についても積極的に考えていきたい。

なお、余談ではあるが、グスタフ王は、自らをグスタフ・エーリクソンと名乗っており、王朝名をバーサとしたのは、後の時代である。

(2) 梶棒戦争(第一次フィンランド内戦)～グスタフ一世の息子達の争い～

グスタフ・バーサ王は、彼以前の王位継承が選挙制であったのを、彼の子孫による世襲制とすることを、身分制議会に認めさせることに成功した。四人の息子がいたものの、遺言では、継承について明確な方向を示さなかったため、王位を巡る骨肉の争いが勃発した。また、息子達それぞれに、王領を分割して分け与えたため、ある種の独立国の様相を呈し、国王の威令が全土に届きにくい状況が発生した。まず、長男のエーリック(エーリック十四世)が王位を継いだ。次男は早くから精神に異常をきたしていたので、王位を巡る争いから脱落していた。三男のヨハンは、フィンランドを領地とした。四男のカールは中部スウェーデンを本拠地とした。

エーリック王とヨハンの兄弟仲は険悪で、ヨハンは城に幽閉されたりした。エーリックはプロテスタントで、対ロシア政策は融和的であった。一方、ヨハンはカトリックに留まり、カトリックの優勢なポーランド王家から妻を娶り、後にポーランド国王にもなる。ロシアに対しては強硬路線であった。
エーリック王も、まもなく精神に異常をきたしたため、有力貴族の支援を受け、ヨハンが王位を継いだ。しかし、これは王位簒奪でもあった。

なお、当時のスウェーデンは、一応プロテスタント国にはなってはいたが、国民全体の宗教観が一挙に大転換したわけではなく、特にフィンランドでは、従来通りの儀式が続けられており、貴族のなかにも、カトリックに留まるものがいた。全国的にプロテスタント化するのは、十七世紀に入って、絶対王政の下で、国家機構が整備されてからである。

ヨハン国王は、プロテスタントとカトリックの融合を図ろうとしたが、どちらからも相手にされなかった。問題は、王位を継いだ息子のシギスムンド（ポーランド王としてはジグムント三世）である。父に勝る熱狂的なカトリックで、スウェーデンのカトリック復帰を望んでいた。スウェーデンとポーランドの両国の王位を兼任したものの、どちらにおいても、実権は握ることができなかった。当時ポーランドは「共和国」と言われるほど貴族の権力が強く、国王は、一存ではまともに軍隊を動員することもできなかった。また、スウェーデンにおいても、ほとんど不在にしていたため、これを好都合とする叔父のカール（後のカール九世）は、国王の同意なしに身分議会を招集して、都合のよい決議をもくろむなど「摂政」的行動をとり、大貴族達は大貴族達で、中世の時のような、大貴族が政治を動かすことを期待していた。

そこで、フィンランドの「悲劇」ともいえる「棍棒戦争」が勃発した。当時、フィンランドは、シギスムンド国王に絶対忠誠を誓う将軍の支配下にあった。この将軍の統治の仕方は、あまりにも強権的であったため、とくに農民の間に、怨嗟の声が広がっていた。スウェーデンは、ロシアとの戦争のため、多くの軍隊を維持していたが、その軍隊を支えていたのが農民、つまり、食料の徴収や兵士への宿泊提供義務であった。もともとは、国王が城塞のなかで維持していた軍隊だったが、費用がかかるので、体よく、農民に肩代わりさせる制度を作ったわけである。対ロシア情勢が緊迫しているときは、農民もなんとか我慢していたものの、ロシアと和平が結ばれると、彼らを納得させることが難しくなっていた。次第に、農民達とシギスムンド派の将軍との関係が険悪化していった。

ここに目をつけたのが、バーサ王の四男、カール公である。王位を虎視眈々と狙っていた彼の下でのスウェーデン統一には、国王シギスムンドの牙城となっているフィンランドが邪魔であった。そこで、彼はマキャベリ的権謀術数で農民達を扇動した。そこでは、イエズス会の神父達が、フィンランドを再カトリック化しようとしている（これは嘘ではないが）とか、そのほか、様々な流言飛語をまき散らし、将軍への反感を煽った。

反乱を起こした中心地域は、スウェーデンとの間にあるボスニア湾の中部沿岸地方(南ポホヤンマー地方）である。そこから中部のハメ地方、東部のサボ地方に広がった。結局、反乱軍は将軍のプロの鎮圧軍に勝てるはずもなかった。カール公が農民に援軍を送ることもなかった。はしごを外されたわけである。戦死あるいは処刑された農民は、二千人から三千人に上る。

この「棍棒戦争」は、王権を巡るバーサ家内権力闘争の余波ともいえるし、農民の地位向上を目指した「階級闘争」とする歴史家もいる。カール公がプロテスタントで、シギスムンド王がカトリックであるので、「宗教戦争」として捉える史観もある。

農民の反乱は、負けるべくして負けた。しかし、この後、なんと、将軍は急死してしまう。これが、シギスムンド国王の終わりの始まりであった。軍事的に極めて有能であり、信頼のおける家臣を失った後、正式な国王で、大貴族のなかにも支持者が多くいたにもかかわらず、一言でいえば、「優柔不断」な性格が災いし、その後の政治的判断、軍事的判断がことごとく裏目に出て、カール叔父との勝てるはずの「官軍」としての戦争にもとどめを刺せず、結局スウェーデンから追い出されてしまった。その後は、ポーランド王として人生を送る。

この叔父と甥の権力闘争は、七世紀の日本で、皇位継承を巡り、天智天皇の弟、大海人皇子と天皇の長男である大友皇子が戦った「壬申の乱」に似ている。壬申の乱の後、即位した天武天皇は、「天皇」、「日本」という新しい国の形、つまり名称を使い始め、律令制という天皇を中心とした中央集権国家を成立させた。また、「古事記」や「日本書紀」などの編纂を開始し、自らの権力の正当性を高めた。王位を簒奪したカール公の下、バーサ家による統治も、近代的絶対王政に向けて邁進する。七世紀に日本で起きたことが、スウェーデンでは、ようやく十六世紀に始まったのである。

なお、「棍棒戦争」は、フィンランド史では、スウェーデン国家の近代化への序章の一つとしてではなく、フィンランド人同士が戦った「悲劇」、バーサ王家の権力闘争の「犠牲者」としてとらえられる。

（3）「ハッカペリーッタ」〜グスタフ・アドルフ軍の勇猛フィンランド人部隊〜

三十年戦争のドイツでの戦闘では、スウェーデン王グスタフ・アドルフ率いるスウェーデン軍の中でも、「ハッカペリーッタ」と呼ばれたフィンランド人部隊が、蛮勇をふるった。「ハッカペリーッタ」とは「ハッカー・パーッレ」つまり、「頭をかち割れ」という意味のフィンランド語である。

フィンランドの歴史本では、一九九〇年代頃から、ハッカペリーッタへの言及が減ってきたような気がする。統計的に調べたわけではないので、はっきりしたことは言えないのだが。印象としては、旧ソ連が崩壊し、フィンランドへの軍事的圧力が大幅に減ったので、ハッカペリーッタを引き合いに出して、昔、ご先祖様は強かったのだ、と国民に国家防衛を鼓舞する必要がなくなったのでは、などと邪推したりしている。

（4）「大いなる憎悪」〜カール十二世が招いたロシア軍のフィンランド占領〜

北方戦争は、日本の世界史の教科書にも出てくる、世界史の大きな出来事の一つである。この時期、ロシアのピョートル大帝はペテルブルクを建設し、ロシアの重点が大きくバルト海に動いた。後のフィンランドにとってとてつもない「災難」でもあった。他方、敗北したスウェーデンのカール十二世は、恐らく自軍により暗殺された。スウェーデンのバルト帝国は、あっけなく崩壊し、フィンランド全域がロシアの占領下に入った。

このロシアによるフィンランド占領を、フィンランド語で「iso viha」という。iso は大きい、viha は憎しみ、つまり「大いなる憎しみ」である。スウェーデン語では、viha（憎しみ）ではなく、なぜか、ofred（戦乱）と表している。ちなみに、英語訳では、wrath（激怒）とされる。なぜ、同じ歴史的事実に印象の違う用語が使われるのか、調べてみたが分からなかった。フィンランドの認識では、フィンランドはいつも、スウェーデンとロシアの戦争で戦闘の前線地帯となり、国境が何度も移動し、特に南東部の住民は、大迷惑、いや悲惨な思いを強いられてきた。つまり、被害者意識が強い。フィンランドから見れば、ロシアの敵兵やスウェーデンの無能な指揮官への「憎しみ」となるが、スウェーデン本土から見れば、「戦乱」の一つなのかもしれない。

いずれにせよ、フィンランドはカール十二世の引き起こした戦争で悲惨な目にあわされた。

（5）対ロシア復讐戦～その後の愚かな軍事的冒険～

スウェーデンの絶対王政が崩壊した後、貴族達の天下になった。「議会主義」ということで、親ロシア派と反ロシア派に分かれて、権力闘争に明け暮れた。そして反ロシア派が政権を取ったとき、無謀にも失地回復を目指して、ロシアに戦争を仕掛けた。この背景には、ロシア内の権力闘争があった。エリザベータ一世は、クーデターで帝位を狙っており、フランスは、その側面支援としてスウェーデンがロシアと開戦するようけしかけた。戦争の最中、帝位簒奪に成功したエリザベータはフィンランドの将軍に謝意を表明したが、北方戦争で獲得した領土をお礼に返還する気などさらさらなく、逆に、フィンランド人、つまりフィンランドに領地を持っている貴族に対し、スウェーデンから独立する気があるなら「大公国」にしてやることもやぶさかでない、とあっさり恩を仇で返した。もちろん本気で独立を認める気などなかった。

スウェーデンでは、軍備の立て直しとさらなる強化が痛感された。その一環として、ヘルシンキ沖に軍事要塞が建設された。現在フィンランドの世界遺産と認定されているスオメンリンナである。

王権が弱くなったこの時代、スウェーデンは、あやうく、ポーランドの道、つまり、周辺の列強によって分割されるという道を辿る可能性があった。しかし、グスタフ三世のクーデターにより、絶対王政を復活させ、求心力を高めることによって、周辺国からの干渉を免れることができた。確かにこの点では、救世主ではあったが、彼もまた、失地回復という軍事的冒険を繰り返す。今度の彼の相手は、いとこでもあるエカチェリーナ二世である。しかし、戦争の真最中に、なんと、フィンランド人（つまりフィンランド生まれという意味）将校達が、一部スウェーデン人を巻き込んで徒党を組み、国王に対して戦争反対の声を上げたのである。戦争はどちらの勝ちともならず、国境線にも変化はなかった。この後、グスタフ三世は、反対派の軍人により暗殺されてしまう。

そして締めくくりが、ナポレオン戦争の一環として起きたフィンランド戦争である。かたくなにナポレオンとの協力を拒んだグスタフ四世は、ロシア皇帝アレクサンドル一世から攻め込まれた。スウェーデン軍は、まったく士気が上がらず、せっかく建設したスオメンリンナに籠城していた将軍が戦わずして開城するなど、ずるずると退却し、結果、永遠にフィンランド、つまり東部スウェーデンを失うこととなった。なお、グスタフ四世は、戦争中に身柄を拘束され、身分制議会で廃位された。余生は、ドイツなどでの亡命生活となった。新たにスウェーデン国王となったのは、ナポレオンの将軍であるフランス人ベルナドッテである。

Ⅳ　フランス革命以降の時代〜宗教の世俗化〜

第九章　ナショナリズム〜第二の宗教改革〜

（1）国家観の大転換

いよいよフィンランド国家の誕生である。十九世紀はナショナリズムの時代である。このナショナリズムという「猛毒のウイルス」をヨーロッパ中にまき散らしたのが、フランス革命とナポレオン戦争である。このウイルスは、貴族、僧侶、商工人、農民と明確に区別された身分社会に致命的打撃を与え、その結果、人々が団結する基準が、宗教から言語に代わり、同時に「臣民」を「国民」に変貌させたのである。そして「猛毒」が回ったそれまでの多言語帝国は崩壊した。このナショナリズムの興隆は、全欧州的な脱宗教、世俗化の進行である。つまり、第二の宗教改革ともいえる。

ヨーロッパに本格的なナショナリズムが誕生する以前は、国家とは通常、軍事力を持った王侯貴族が「勝手に」作った所領であり、庶民は臣民として彼らに服従するだけで、「国家」への帰属意識、すなわちナショナル・アイデンティティーはほとんど持っていなかった。例えば、ハプスブルク帝国の領土は、あちこちに散在し、ハプスブルク人なる共通の国民意識はなかった。このスペイン・ハプスブルク家からオランダは独立した。三十年戦争を終結させた一六四八年のウエストファリア条約で、オランダは独立国と認められたが、それまでの八十年戦争ともいわれるオランダの反乱は、当初は独立を目指したものではなかった。領主の「苛斂誅求《かれんちゅうきゅう》」に反抗するなかで、徐々に「国家意識」が高まっていき、結果独立したのである。ただし、これは、近代ナショナリズム成立前の出来事である。

ナショナリズムとは何か。もちろん諸説あるが、簡単にいえば、「一国一言語」の原則である。すなわち、「国家は一つの言語でまとまるべき、同じ言語を話す人々はまとまって国をつくる権利がある」というものである。ナショナリズムによる新たな「国家」の建設の方法には、大きく分けて三通りあり、ドイツの場合は、分裂していた諸邦を、ドイツ語圏という基準で統一を図った。ドイツ語はスイスやオーストリアでも話されていたが、スイスはすでに国家として完成していて対象にならず、オーストリア、すなわちハプスブルク帝国は領内に多数の異言語民族をかかえていたので、統一から排除された。一方、フランスの場合は、ドイツと違って、フランス革命時に、すでにフランス国家という確固たる枠組みができあがっていたので、この枠内の国民は同じ言葉を話すべきであるとされ、方言や非フランス語が否定され、全土がフランス語化された。三番目が、これまで国を持たなかった、あるいは、昔、国を持っていたが、いまは帝国の一部となって主権を失っている民族の独立である。フィンランドは、この三番目の方法である。ロシアがスウェーデンからフィンランドという行政区を獲得したので、「大公国」という枠ができ、そこの住民の多数派が話すフィンランド語をアイデンティティーの中核においたのである。この点はフランスに似ている。ただし、その後、言語的に近いロシア領東カレリア併合というドイツ的民族統合の動きもでた。

「一国一言語」の言語とはどの言語を指すのか。貴族達が共通語としているフランス語でもなく（もちろんフランス国の場合はフランス語だが）、知識人の共有しているラテン語でもない。多数派である庶民の話す「民族語」である。基本は庶民である。このように、一国一言語を原則として、民族あるいは国民が前面に出てくると、住民のなかで国民意識が高まり、国の「所有者」は、王侯貴族でなく、自分達国民であるとの「民主主義」が常識となる。力をつけた国民の意志が国のあり方を決めるもの、という思潮が決定的な流れとなったのである。さらに言い換えれば、権力の正当性が、血統（王侯貴族）から国民大衆のものに代わった。このナショナリズムは、その後のヨーロッパ、さらには全世界を揺るがしている。

前に述べたように、筆者は、このヨーロッパ・ナショナリズムの興隆を、「第二の宗教革命」と見る。宗教戦争に疲れた、あるいは飽きたヨーロッパ知識人達は、啓蒙主義を経由して、宗教の世俗化という新たな宗教改革を行ったのである。要は、宗派を基準としてではなく、言語・民族を基準として、ナショナリズムの別バージョンである民主主義、国家主義などの形を取って、新たな「宗教」戦争を始めたのである。いわば、パラダイムの大転換である。フィンランドは、このナショナリズムの申し子である。

（2）言語ナショナリズムについての考察

ナショナリズムの基本は、言語である。同じ言語あるいは親戚の言語を話す民族は一体となるべき、という「哲学的思索」、平たく言えば、科学的根拠のない「思い込み」が出発点となっている。

言語と民族を同一視する誤謬と危険性を考えてみたい。同一言語によって一つの民族であると認定し、国家を形成することに成功したのは、ドイツの他にイタリアなどがあるが、失敗例も少なからずある。歴史的背景を無視して、言語が親戚というだけでは、一つの「国民」にはなれないということである。北欧では、十九世紀後半に「スカンジナビア主義」なる考え方が出てきたが、結局は、王家の婚姻を通じて成立した中世末期のカルマル連合のように一つにまとまることはなかった。デンマーク語、スウェーデン語、そしてノルウェー語は、お互い方言のようなものなので、特に学習しなくても、多くの人がお互い理解可能である。同じスカンジナビア語を話す民族であるから、一つになろうという考えであった。

東欧では、親戚言語を話す民族を統一しようとの試みは失敗が多い。スラブ語でいえば、ロシアとポーランドは、まさに歴史的な仇敵であるので、言語が「親戚」でも、お互い同じ民族とは思っていない。特にポーランド人にとっては、汎スラブ主義はロシアによる侵略の口実以外の何物でもない。最も悲惨な失敗例が、旧ソ連崩壊に伴い勃発した旧ユーゴスラビア内戦である。南スラブ語系の言葉を話す民族同士が一緒になろうということでつくった国で、六つの共和国から構成されていたが、「突然」隣人同士が殺し合いをするという凄惨な事態が起きたのである。もうこのような惨事は起きないだろうと思っていたところ、二〇二二年、ロシアは、汎スラブ主義をまるで「ゾンビ」のように復活させ、ウクライナに侵攻した。ナショナリズムは、一方で、ソ連という多言語帝国を解体させたが、他方で、同じ言語を話す民族、つまり、ロシア、ベラルーシ、ウクライナは一つになるべきとの、他国への侵略の口実にも使われる。

つまり、そもそも、話す言語で民族を決めるということに、なんの科学的根拠もない。おおざっぱに言うと、フランス革命までは、王侯貴族や知識層は、多言語話者、つまり、ポリグロットであり、ラテン語やフランス語が共通語であった。そして、貴族達は何百年にもわたり、婚姻関係で一体化していた。言語ナショナリズムを適用するなら、貴族は、臣民とは違う同胞意識を持った共同体、言い換えれば「フランス語民族」を構成していたとも言えなくもない。

なぜ民族と言語が一致しないかというと、貴族のような多言語話者の場合のみならず、人々が話す言葉は、状況によって、いくらでも変わり得るからである。フィンランドの例を挙げると、スウェーデン語を母語とする知識人、つまりフィンランドのスウェーデン人の一部は、フィンランドの国づくりに際し、自らの意志で氏名や家庭語をスウェーデン語からフィンランド語に換えた。言語を換えたからといって同じ人物が「高貴なゲルマン民族」から「野蛮なモンゴル人（フィンランド人に対して向けられた十九世紀から二十世紀にかけての人種主義的偏見）」に変貌したのだろうか。

くどいようだが、さらに例を挙げてみたい。もともとはゲール語であったケルト民族系のスコットランドやアイルランドは、住民の言葉がほぼ英語化されてしまっており、おそらくゲール語に戻ることはないと思われる。日常的に英語を話しているからといって、彼らは、イングランド人を親戚とは思っていない。スコットランドは、独立の機運が未だに強い。筆者がかつてアイルランドのダブリンに旅行したとき、空港でゲール語によるアナウンスもあった。ゲール語を民族語とし復活させようとの機運もあったようだが、未だ実現していない。

この点、驚くべきはイスラエルである。イスラエルは、ユダヤ人がつくった新しい国であるが、そもそもユダヤ人とは、ユダヤ教の信者のことであって、人種的、つまりＤＮＡは均一ではなく、言語も様々であった。アシュケナージと呼ばれる中・東欧系のユダヤ人は、イディッシュというドイツ語に近い、独自の言語を話していた。文学作品もある。しかし、イスラエルの建国にともない、ある言語学者が、死語と化していたヘブライ語を近代語に蘇らせたのである。現在では、イスラエルの国民は、このヘブライ語を生まれたときから学習し、会話している。つまり母語になったのである。ある種の奇跡に近い、言語的偉業である。

アメリカは移民の国であり、世界中から集まる多種多様な人種からなる移住者は、みな立派な米国市民になるべく、英語を学習する。二代もすれば、母語を完全に切り替えるのがふつうである（もっとも、メキシコなど中米からのヒスパニック系は、必ずしもそうではないようだが）。また、英語は、インドやフィリピンなど、かつての英米の植民地では国の共通語になっており、癖はあるが、多くの国民が流暢に話す。つまり、国民の相当部分がバイリンガル、特にインドでは、多重言語者となっている。しかし、英語を母語のように話すからといって、イギリス人と同じ民族になったわけではない。

さらに、中国では、北京の方言が共通語になっているが、南の方言として広東語や福建語など多数ある。これらは、方言というより別の言語である。中国の歴史は、常に、分裂と統合の繰り返しであった。そして王朝のほとんどが、北方異民族の支配下にあった。現在、共産党は中国語を国内の多様な民族に強要することで、新たな中国版ナショナリズムを作ろうとしているが、行く先は不明である。他方で、台湾や香港では、独自の国家あるいは民族意識が高まっている（香港の場合は、すでに抑圧されてしまったように見えるが）。なお、首都北京の方言が、共通語、つまり日本でいう標準語になったのは自然ともいえるが、一説によると、北京方言の基となったのは、清王朝を形成していた満州人が住んでいた中心部で話されていた言葉であるという。つまり、もともと満州語を母語としていた征服者である満州人が中国化するなかで話すようになった「満州なまりの中国語」ということになる。イギリスの事例に似ていなくもない。イギリスでは、アングロ・サクソン系の言葉に、フランス語化したノルウェー人征服者の言葉が混合し、奇妙なハイブリッド語が誕生したのである。

日本の場合はフランスに似ている。全く別の言語と思える津軽弁あるいは薩摩弁の話者が、勉学や就職で上京してきて、標準語話者にいとも簡単に変わっていく例は、いくらでもある。筆者が学生時代に、まだ沖縄が本土復帰していないとき、旅行に行ったが、現地の言葉が全く分からなかった。先方は当方を理解していたが。しかし、現在テレビを見ていると、今や、若者だけではなく年配者も、普通に標準語を話している。これは、言語の転換、あるいは、方言つぶしが進捗した結果といえるだろう。方言はある種のローカルなナショナル・アイデンティティーであり、関西弁が頑強に東京弁化に抵抗しているものの、そのほかの方言は、シベリアやアメリカなどの先住民の土着言語が消滅しつつあるように、「なまり」として蔑まれ、消えつつある。これもナショナリズムの所産であろう。筆者の地元でも、子供の頃のような「方言」を話す者はどんどん少なくなってきている。ロシアや中国のみならず、世界中で進行する少数言語の抑圧・抹殺という事態に対して、母語、つまり本来の方言を奪われた者の一人として、筆者はメランコリーな共感を覚える。この筆者の見解は、通常受け入れてもらえないが（特に、東京生まれの妻には）、ある日本人言語学者に話したら、理解を示してもらえた。

言語が持つとされる「独自の文化」についても考えてみたい。結論的に言えば、ある民族に限定された高度に独自な文化などというものはない。ましてや言語に「民族の魂」があるなどという思想は、噴飯物である。その典型の一つがドイツで、ドイツ語とドイツの文化・習慣を共有する人々は、一つのゲルマン国家になるべきという考え方である。プロイセンの御用学者ヘーゲルは、プロイセンの「絶対主義」つまり、東欧型独裁政治を肯定し、ゲルマン人のみが世界史の担い手とする理論を展開した。この理論は、「後進国」ドイツの劣等感の裏返しでもあるが、言語によってある民族を特別視し、さらには民族間に優劣の順位をつけるという、とんでもないもので、後のヒトラーの欧州征服政策に影響を与えることとなった。このような人種間、民族間の優劣、つまりランキングは、十九世紀から二十世紀初めにかけて、ヨーロッパが一時的に世界の覇権を握った時期に出てきたもので、すでに二十一世紀の今、世界の力関係は大きく変わっており、あえてつけるなら、ランキングの順位も入れ替わっている。

言語、民族そして文化を考えた場合、確かに、フランスのように指導的文化を発達させた国、フィンランドのように十九世紀に入ってようやく「文明語」の構築が始まった国など多様ではある。しかし、ヨーロッパの国々は、基本的には、みな、ギリシャ文明、それにキリスト教というオリエント文明の影響を受け、フランスやイタリアなど、お互い影響し合いながら、それぞれの拠点で地域性を持って発展してきたに過ぎない。個々の文化の輝き度合いも、時代により魅力度の順位が入れ替わっている。また東洋でも、仏教、儒教、イスラム教、そして西洋文明等々の影響が入り交じっていて、状況も似ている。分かりやすく日本の場合で考えると、現在我々が使っている日本語には、膨大な量の漢語つまり中国語や、仏教を通じたサンスクリット語つまりインド語、さらには明治以降流入し続けるカタカナの西欧語など、新旧の外来語が入っている。現代の日本語は、外来語を「てにをは」でつないでいるだけ、言い換えれば、文章、すなわち思考の中身は、外国製なのである。この状況、つまり古典語、外来語の影響という現象は、日本だけでなく、世界に普通に当てはまるものである。それぞれの地域の文化に個性があり、それぞれの国民にローカルな国民性があるだけである。日本について言えば、ガラパゴス的環境から発生した「調和を尊重する」国民性があるだけである。ただし時代によってリードする言語・文化もあれば、消えてしまう言語・文化もある。重ねて言うが、ヨーロッパという局地で発生した「ナショナリズム」というローカルな「風土病」は、二十一世紀に入っても未だにパンデミックが続いている。フィンランドはこれに感染し、重篤になりながらも、首尾良く耐え抜いた、特異な例かもしれない。

第十章「フィンランド民族」の創成

では、フィンランドは、どういった経緯で誕生したのか。一八〇九年、フィンランドはロシア帝国内の大公国となった。大公はロシア皇帝の兼任である。スウェーデンがロシアとの戦争に敗れ、国土の東半分であるフィンランドを割譲したためである。一方で、スウェーデンは、ロシア了解の下、以前から狙っていたノルウェーをデンマークから獲得した。これらは、フランス革命、それに続くナポレオン戦争の連鎖反応の結果である。

少しさかのぼってみると、一八〇七年、ナポレオンは、ロシアおよびプロイセンとの戦いに勝利し、イギリスに対抗するため、両国とティルジット条約を結んだ。逆に言えば、ロシアはナポレオンにより、フランスとの同盟関係を強制されたわけである。これが、フィンランドの運命を大きく変えた。ナポレオンは、ロシアに対し、スウェーデンとデンマークがイギリスに対抗する大陸封鎖令に参加するよう、圧力をかけることを求めた。同時に、ロシアによるフィンランド併合を容認した。スウェーデン王グスタフ四世は、イギリスからの巨額の支援金を当てにしており、一方で、イギリスに敵対した場合の同国からの報復を恐れ、ロシアからの働きかけに対しても、ナポレオンに対抗する立場を変えなかった。そして、一八〇八年　ロシアによるスウェーデン侵攻、つまり運命の「フィンランド戦争」が始まった。

このフランス革命・ナポレオン戦争の結果、フィンランドのみならず、北欧は大きく様変わりすることとなった。十六世紀に北欧を統一するカルマル連合が崩壊して以来、北欧は、スウェーデンとデンマークの両王家の覇権争いであったが、ナポレオン戦争の結果、フィンランドは、自治大公国としてロシア帝国の一部になった。ノルウェーは、すでに土着の貴族が消滅し、かつてのような王国の体をなさず、デンマークの一地方になっていたが、スウェーデン新王ベルナドッテに併合される際には、ノルウェー国王はスウェーデン王の兼任であるが、高度の自治権を獲得した。つまり、現在の北欧四カ国の枠組みがこのとき姿を現したのである。

フィンランドの歴史書では、百年余の自治大公国時代は、通常、フィンランドの民族覚醒と国家独立に向けての、ある種「栄光の時代」として記述される。これを辿ってみたい。

まず、最初に確認しておきたいのは、ロシア帝国内でロシア皇帝を大公とする自治大公国になったが、これでフィンランドという独立国ができたわけでもなければ、独立を目指した歩みが急に始まったわけでもはない。ましてや、すでに「フィンランド人」という「民族」が成立していたわけでもない。この時点では、独立はまだ人々の意識の外にあった。独立を決断したきっかけは、およそ百年後の一九一七年、ロシアに社会主義政権が成立したときである。ロシアに併合された後に始まったのは、まず「フィンランド人」作りであった。ほぼゼロからの出発であった。

（1）民族国家の建設開始〜「行政区」から「国家」へ〜

フィンランドは、日本のように国家というものが異民族の支配を受けず長期にわたって徐々に「熟成」されてきたのと違い、十九世紀初頭の国際関係の「偶然」、つまりロシアに併合されたこと、そしてその「枠」を「活用」して、言語ナショナリズムの影響を強く受けたフィンランドの知識層が、民族の「創設」に成功したことによって、「突然」できあがった国である。つまり、かなり「人工」的につくられた若い国である。

繰り返しになるが、日本人にとって、国家が存在することは空気のように当たり前のことである。しかし、フィンランド人にとっては、独立国家は勝ち取ったものであり（独立そのものは、棚ぼた的要素も大きいが）、それは、全国民が一丸となって死守しなければならないものである。現在も、基本的には変わっていない。何もせず黙っていても、国家が未来永劫存続すると思っている日本人とは、根本的に違う。

では、フィンランドは、どう「国家」に変貌したのか。スウェーデン時代からの政治体制の維持と大幅な自治権を認められた。つまり、ロシア帝国の官僚が直接統治する直轄地になったわけでもなく、ロシア流の農奴制が導入されたわけでもなかったが、かといって新たな「国家」が誕生したわけでもなかった。当初は、フィンランドという「行政区」が、スウェーデンからロシアに割譲されたに過ぎない。

フィンランドの知識人達は、この「自治」という与えられた好機を捉え、「行政区」を「国家」に変えようとしたのである。「フィンランド国家論」は、彼らの「創作」である。フィンランド割譲時のハミナ条約や、その際の皇帝アレクサンドル一世の声明などから、都合の良い部分を取り出して国家論を展開しているが、ロシア側は認めていない。しかし、この「行政区」を「国家」とみなす「解釈の変更」は、事実の「捏造」ではない。なぜなら、「国家」というものは、「国民」がどう考えるかで変化するからである。フィンランド人がフィンランド大公国を国家と考えることで「本物」の国家になったのである。出発点が「行政区」であったことはあまり意味がない。

筆者がフィンランドで勤務中、ゴルバチョフの失政により、旧ソ連が崩壊したとき、旧ソ連から「ソ連人」であるとの意識を持つ者が突然いなくなり、「ソ連」という国は一瞬にして消えてしまった。つまり、短期間の間に、ソ連からロシア国やウクライナ国などに国家アイデンティティーを変えるという、国民の意識に大変化が起きたのである。

（2）フィンランド・アイデンティティーの創設

①フィンランド語主義者（フェンノマニア Fennomania）

フィンランドに住む上層階級、つまり、身分制議会に代表を送る四身分のうち、貴族、僧侶、商工業者（ブルジョワ）は、スウェーデン時代から、フィンランドという「郷土」に強く愛着を持つようになっていた。そして十九世紀初めに、ロシア帝国内のフィンランド自治大公国という国家に近い「枠」を与えられると、ますます「フィンランド人」という意識が強化された。この三身分の一部エリートが、フィンランドは国家である、と主張し始めた。他方で、大多数の住民、つまり農民は、未だロシア皇帝に対して「臣民」意識を持ち続けていた。農民の中に国民意識が出てくるのは、十九世紀の半ばを過ぎ、フィンランド語によるナショナリズムが高揚してからである。

では、誰がフィンランド・ナショナリズムを推進したのか。一念発起したのは、スウェーデン語を母語としながら、かつての母国スウェーデンと決別し、フィンランドを祖国として考えるようになった「愛国的」知識人達、つまり、スウェーデン人なのである。その代表者である、ヨハン・ビルヘルム・スネルマンは、「臣民を文明化させなければならない。また、知識人はフィンランド語化しなければならない」をモットーとして掲げた。言い換えれば、農民の話すフィンランド語を文明語に発展させ、無学で「粗野な」農民を、二十一世紀風に言うならば、「洗練された国際的なビジネスマンや起業家、芸術家」に育てなければならない、と壮大なフィンランド版「文明開化」を企てたわけである。なによりも驚かされるのは、知識人達は家庭語をスウェーデン語からフィンランド語に変えねばならないとしたことである。一国一言語の実践である。こうした考え方に賛同した知識人達が誕生させたのが、「フィンランド語主義者（フェンノマニア）Fennomania」である。彼らの多くは、自らの姓名をフィンランド語に変えたのである。ただ、国家語をスウェーデン語からフィンランド語にすべしとしただけで、スウェーデン語を捨ててしまったわけではない。当時の知識人は、ラテン語、ドイツ語、フランス語などを能くする多言語話者であった。フィンランド語が文明語として成長してくるまでは、フェンノマニアに賛同する知識人達も、スウェーデン語やドイツ語で著作している。この言語入れ替えという「文化闘争」の出発点となるアイデンティティーは、母語ではなく、フィンランドという郷土にあった。上層階級の一部が、自ら進んで、国民の大多数を占める下層階級の言語に変換していったのである。筆者は、被抑圧民族のナショナリズムとは、多言語・多民族を含む帝国において、支配言語・支配民族から差別・迫害を受けている少数派・被抑圧階層が、自立あるいは独立を求めて戦うものと思っていたが、フィンランドの状況は違った。被支配階級である農民に、つまり、民族意識のまだない階層に、支配者階級の一部が、「革命」意識を植え付けたのである。こうした例は、世界史でもあまり例がない。なにも、フィンランド語を前面に出さなくても、スウェーデン語のままで、フィンランド国家を建設するという選択肢もあったのではないか。でも、彼らはそうしなかった。かつての母国スウェーデンに再度復帰するのではなく、また、ロシアにも飲み込まれない、確固たる「フィンランド的なるもの」あるいは「フィンランド魂（シス）」を持ち、愛国心あふれるフィンランド人を作るためには、その根幹に、唯一フィンランドらしいフィンランド語を据えなければならないと考えたのである。方法としては、スウェーデン語の文化をフィンランド語に「翻訳」し、それによって国民全体を文明化するという国家的プロジェクトのスタートである。

少し極端な仮定の話になるが、フィンランドの状況を日本に当てはめて想像してみたい。もし、北海道が明治の初期にロシアの保護地域になってしまったとする。当時はまだ、和人（日本人）はあまり蝦夷地（北海道）にはいなかった。そして、ロシア支配下の地に残った和人が、アイヌ語を文明語として整備し、独立国を建てようと企てた、という筋書きになるのではないか（筆者の単なる頭の体操である）。

フェンノマニアの目標は、フィンランドの公用語をスウェーデン語に換えてフィンランド語にすることであるが、時代の変遷により、当然とも言えるが、内容に変化が起きている。スネルマンなどの初期の元老達の考え方は、概ね、民族の精神を現すのは言語であるという、ドイツの哲学者ヘーゲルの影響を受けたものである。それをフィンランドに当てはめると、住民の大多数がフィンランド語話者なのだから、支配階級がスウェーデン語であるのはけしからんということになる。もう一つの根拠は、フィンランドにはもともとフィンランド語系の住民がいたところへ、スウェーデンから新参者が来た、そして、フィンランドの役人がスウェーデン語話者なのは、スウェーデン語化政策の結果である、つまり、スウェーデン語系は「よそ者」との認識である。これに対して、十九世紀の後半に入り、次の世代のフェンノマニアが成長してくると、言語の正当性だけを問題とするのではなく、イギリス系の思想の影響を受け、社会矛盾の是正も視野に入れるリベラリズムが入ってくる。スウェーデン語と支配階級の関係が入れ替わり、元老達の「支配階級がスウェーデン語話者であるのはけしからん」から、「スウェーデン語は社会改革の妨げになる、なぜなら支配階級はスウェーデン語話者だから」となる。つまり、国民の大多数であるフィンランド語話者は、教育や行政などで不利益を得ている、すなわち、フィンランド語で諸々の手続きができない、という社会矛盾である。これを是正するためには、実権を握っている支配階級をフィンランド語化しなければならないと考えるようになってきた。

フィンランド語は、フェンノマニアの辛抱強い努力と、ロシア側の許容により、徐々にその地位を高め、十九世紀の後半には、スウェーデン語と対等の公用語になり、教育や行政の場でも改善が進んでいった。この両言語の主導権争いに、十九世末になると、ロシア化政策によりロシア語が入ってくる。ただ、二十世紀に入り、ロシア帝国は動揺し始める。日露戦争での敗北は、フィンランドへ大きな影響を与え、フィンランドでも大がかりなストライキが発生し、結果、諸々のロシア化政策は撤回される。その抵抗の中心となったのは台頭しつつある労働者階級で、その背景には、フィンランドで始まりつつあった産業革命があった。これによって生じた資本主義と社会主義の対立は、独立後の内戦へとつながる。ロシアへの抵抗で、さらにフィンランドは、中世的身分制議会から、一気に世界で初の普通選挙による国会開設を獲得するに至る。この普通選挙の実施（一九〇七年）は、スウェーデン語系に大きなダメージを与えることになった。身分制議会では多数派であったが、新国会では議席が人口比率のため少数派に転落し、政治的影響力が大きく低下したのである。ただし、これでフィンランド語とスウェーデン語の「闘い」が終わったわけではない。独立後、人種を絡めた新たな段階に入る。

②スウェーデン語主義者（スベコマニア Svekomania）

しかし、スウェーデン語を母語とする上層階級すべてが、母語をフィンランド語に替えるべしという考えに賛同したわけではない。有力家系のなかでも、対応が分かれることもあった。初期のフィンランド「国家」建設、「国家」意識醸成に大きな影響を与えた知識人の間でも、急速なフィンランド語化には、賛同しない向きもあった。さらには、一度フィンランド語化しても、結婚後、配偶者の影響でスウェーデン語に戻った場合もある。また、南海岸地帯と西海岸地帯のスウェーデン語地帯の農民および漁民達のなかにも、スウェーデン人意識が広まるようになった。

フィンランド語が勢力を増すにつれ、言語間の軋轢も大きくなり、スウェーデン語主義者（スベコマニア Svekomania）という対抗運動も出てくる。議会改革による普通選挙の結果、旧身分制議会で多数派として力を持っていたスウェーデン語系が少数派に転落すると、彼らはスウェーデン語維持に危機感を覚え、一九一〇年代に入り運動は過激化する。この運動の要素として、一つには、西欧の人種論が絡んできて、ゲルマン系のスウェーデン語系住民は、「モンゴル系」のフィンランド語系住民より優れているという、感情論が入ったことである。これには、スウェーデン本土も一枚噛んできた。フィンランドのスウェーデン語地帯を、irredenta（イレデンタ、同じ民族が住みながら他国が支配している地域）と位置づける考え方が出てきたのである。それまで、フィンランドの地に住む住民を、どちらの言語を話すかにかかわらず、finne（フィン人）と呼んでいたのを、本土スウェーデン人をrikssvensk（王国スウェーデン人）、そしてフィンランドのスウェーデン語系住民をfinlandssvensk（フィンランドのスウェーデン人）と、フィンランド人を二つに区別するようになったのである。これにフィンランドのスウェーデン語系住民も反応し、自らの居住地帯にフィンランド語系住民が移住してくることを嫌い、土地の売買を阻止しようとする動きが出てきた。さらには、これらのスウェーデン語系地帯を他のフィンランド地域と分離し、高度な自治地域にまでしようとした。結局のところ、非武装地帯として地方議会を持つ高度な自治権を獲得したのは、国際連盟の裁定でスウェーデンと領有権争いが起きたものの、フィンランドの領土として決着した、オーランド諸島だけであった。同地は、住民が一〇〇％スウェーデン語系で、また当時は、対ロシア戦に際しては戦略的に重要とされていた。

③言語闘争

一九一七年にフィンランドがロシアから独立すると、フィンランドのナショナリズムはいやが上にも高まってきた。具体的な現象としては、対外的には反ロシア感情の高まりであり、内政的には、さらなるフィンランド語の地位向上を目指す運動である。独立後まもなく、憲法と言語法により、フィンランド語とスウェーデン語は、どちらも公用語として対等であることが認められたが、スウェーデン語系にとっては防衛的勝利であったのに対して、フィンランド語系にとっては不満が残った。スネルマンが提唱した「一国一言語」の理想には、ほど遠かったからである。

フィンランド語主義に対抗して出てきたスウェーデン語主義が先鋭化すると、フィンランド語系は、さらに態度を硬直化し、「真正フィンランド人主義（aitosuomalaisuus）」なる運動を発足させた。このグループは、政党を形成することはなかったが、その思想は、右派系の既存政党へ大きな影響を与えた。特に、農村部を基盤とし、「スウェーデン語を話す領主様」への反感の強い農民同盟（のちの中央党）のなかには、共鳴する支持者が多く出た。他方、社民党など左派系は、経済問題是正の方が喫緊の課題であると考え、こうした「民族問題」には関心が低かった。そのため、スウェーデン国民党は、イデオロギーの対立する右派政党であるにもかかわらず、社民党と協力して自らの言語を守ろうとする、奇妙な連合ができたりした。ちなみに、「真正フィンランド人主義」運動のスローガンの概要は以下の通りである。まず、官僚機構をフィンランド語化すべし。外交官には、スウェーデン語系を任命すべきではない。国軍の将校にスウェーデン語系が多いのは、国防上の信頼性の観点から好ましくない。これは、独立直後の内戦に関連して、勝利した白衛軍の一翼を担ったのが、ドイツで訓練を受けた「ヤーカリ」軍団で、彼らの多くがスウェーデン語系で、その後、国軍の中枢を占めていたからである。同時に、ロシア帰りの将校への批判も高まった。なお、経済界に関しては、スウェーデン語系の企業を縮小すべきとの主張もあったが、この分野では、依然としてスウェーデン語系が力を保ち続けた。

こうしたスウェーデン語系への反感の背景として、増えつつあるフィンランド語系の大学生には、大学の授業がほとんどスウェーデン語であることから、自分達のキャリアアップに不当な障害をもたらしているとの認識があったからである。そのため「言語闘争」の主要舞台はヘルシンキ大学に移った。ヘルシンキ大学の教育および行政の完全なフィンランド語化、すなわちスウェーデン語の追放を求めて大衆運動を起こし、右派系の政党にも大きな影響を持った。

国会をも巻き込んだ長期にわたるこの抗争に終止符を打ったのは、外交問題であった。一九三十年代の半ばになると、ヨーロッパには戦雲が急を告げ、フィンランド政府は、機能しない国際連盟に見切りを付け、安全保障の政策を、北欧協力、あわよくば軍事協力の実現に舵を切った。その際、障害となったのが、このヘルシンキ大学の言語問題であった。スウェーデン語系住民は、不当な攻撃を受けているとして、他の北欧諸国に支援を求めており、特にスウェーデンは彼らに同情的で、フィンランドの過激な言語ナショナリズムには批判的であった。フィンランド政府は、北欧協力を推進するために、一九三七年に断固として「大学法」を制定し、言語問題に決着を図った。フィンランド語をヘルシンキ大学の唯一の行政語とする一方で、教員に対し、実質的に両言語の十分な使用能力を求めた。これまたスウェーデン語系の「防衛的勝利」と言える。この法律に、フィンランド語系もスウェーデン語系も不満ではあったが、国全体に、焦眉の急を告げる事態においては国民の団結を図るのが優先事項であり、国内的に「民族抗争」をしている場合ではない、との考えが支配的となり、結果、言語問題は一気に沈静化することとなった。

④どのようにフィンランド語化を進めたのか

そもそも、教養のある上層階級は、多言語話者である場合が多い。官用語（公用語）であるスウェーデン語、古典の教養であるラテン語、国際的な共通語であるフランス語、場合によりロシア語やドイツ語など、いくつかの言語を話した。そして、上層階級の家庭での使用人は、フィンランド語話者が多く、彼らとのコミニュケーションのため、なにがしかのフィンランド語を解した。

こうした背景のなかで、自らの言語をフィンランド語に変えようと決心した知識人は、積極的に、家庭内でもフィンランド語を話すように努め、また、農村地域に出向いて、フィンランド語と接する機会を作った。一番効果的なのは、子弟をフィンランド語の学校に入れることであった。ただ、フィンランド語の学校といっても、フィンランド語は、まだ十分に「文明化」しておらず、教師からして、母語がスウェーデン語のため、「なまりのある」フィンランド語を話すことも少なくなかった。スウェーデン語からフィンランド語への切り替えと、フィンランド語の文明化は、同時並行的に進められたのである。

この貴族、聖職者、高級官僚階層のフィンランド語化は、基本的には、個人がフィンランド語化のイデオロギーに賛同した場合、発生した。上層階級のそれぞれの一門により、フィンランド語化の状況は様々で、全くフィンランド語化しない場合、一族がほとんどフィンランド語化した場合、その中間などがある。基本、個人の問題なので、ある家庭では、大勢の子供のうち、奇数番の子供はスウェーデン語の学校に入れ、偶数番の子供はフィンランド語の学校に入れるケースもあった。また、夫婦間ではスウェーデン語を話し、子供とはフィンランド語を話す家庭もあった。つまり、家族の中で、母語が別の言語に分かれていくことが希でないのである。そして、一度フィンランド語化しても、二十世紀に入り、第二世代、第三世代になると、スウェーデン語に戻ることもあった。この背景には、スウェーデン語系が独自の文化を守るとして、スベコマニア運動を強化し、その影響を受けたこともある。また、世紀の変わり目の時点では、ヘルシンキ市はスウェーデン語系が強力なため、フィンランド語系の住民が店舗などで所用をする際、より良いサービスを受けるためにスウェーデン語を話したこともある。

奇妙なのは、二十世紀に入って、言語闘争の際、人種問題、すなわち、スウェーデン語系の指導者の中には、フィンランド語系を「野蛮なモンゴル人」と劣等視する見解が絡んできたことである。一族の中で、スウェーデン語に留まったもの、フィンランド語に変換したものが混在した場合、過激派のスベコマニアは、宗旨替えをした家族あるいは親戚に対し、どういう態度をとったのであろうか。平和共存したのか。裏切り者として「モンゴル人」呼ばわりしたのであろうか。

⑤流血のない「民族紛争」

フィンランドにおける言語間の軋轢は、世界中で頻発した民族間の武力抗争に発展するようなことはなかった。この「言語闘争」(スウェーデン語系では、「言語論争」と言うが)に際し、若者の間で多少の殴り合いレベルの小さな衝突はあったものの、他のヨーロッパ諸国で起きたような武力衝突、あるはジェノサイド(集団虐殺)はなかった。現在、言語間の平和共存は、フィンランド外交のセールス・ポイントの一つでもある。「純粋な」スウェーデン語地帯であるオーランド州、そして、フィンランド西海岸と南海岸地帯の中で、一〇〇%スウェーデン語地域、つまり、フィンランド語を日常の中で話す必要のない地域を除いて、現在では、相当部分のスウェーデン語系住民がフィンランド語も話すようになってきている、つまりバイリンガル化が進んでいるのである。まさに平和共存である。これも「フィンランドの奇跡」の一つとして国際的に評価されている。筆者が留学していた一九七〇年代には、ヘルシンキ市やトゥルク市では、スウェーデン語をかなり耳にしたが、二〇〇〇年代に入ると、あまり聞かなくなったような気がする。もしかしたら、おおっぴらにスウェーデン語を話すのを控えているのかもしれない。筆者の単なる推察であるが。

ところで、フィンランドのロシアへの併合ということがなかったら、フィンランドは、すべての地域で、スウェーデン語化していったであろう。この仮説は、現在のフィンランドの歴史家にもかなり共有されている。仮に、ロシア併合がなく、その後、スウェーデン王国内でフィンランド語のナショナリズムが発生したとしても、ストックホルムの中央政府がフィンランド語をもう一つの公用語として認めたか、さらには、フィンランドに独立を認めたかどうかは疑問である。十六世紀には、まだ、フィンランドに居住する上層階級にはフィンランド語を母語（家庭語）とするものがいたが、十八世紀頃には、上層階級はすべてがスウェーデン語化していた。これは、スウェーデン国家の近代化、つまり、十七世紀から本格的に中央集権的官僚機構が整備されていくと、社会の中で上に昇るためには、スウェーデン語が必須となってきたからである。つまり、フィンランドのスウェーデン語化は、ロシア併合直前まで加速していたのである。一八一〇年時点でのフィンランドの人口は、約八十三万人であった。ロシア帝国併合後、以前ロシアに編入されていた「旧フィンランド」と呼ばれる南東部がフィンランドへ返還されたが、この新たに加わった地域を含めると約百万人である。十九世紀初めのスウェーデン全体に占めるフィンランド語話者は約二十二%、一八一二年以降のフィンランド大公国でのフィンランド語話者は約八十七%であった。フィンランドがスウェーデンに留まっていたら、アイルランドやスコットランドのように、本来の民族語は、僻地に残存する俚言となる運命となったであろうことは、想像に難くない。なお、スウェーデンがデンマークから奪った(一六四一年)南部のスコーネ地方は、完全にスウェーデン語化した。ただ、ロシアに割譲したフィンランドの代償として獲得したノルウェーは、すでにナショナリズムの時代に入っており、ノルウェー人の民族意識が高まっていたので、スウェーデン化には至らず、その後独立した。フィンランドに、同じような独立の機運が高まったかは、分からない。スネルマンのような指導者が現れたとも思えない。現れたとしても、スウェーデン政府に潰されていたであろう。

⑥フィンランド史の偉人(i)フィンランド語主義の元老、スネルマン

スウェーデン語を母語として話す上流階級をフィンランド語に転換させるという一大プロジェクトが、建国の元老といわれる一連の知識人達によって、十九世紀に進められた。それだけでなく、彼らは、フィンランド語をスウェーデン語に代わって唯一の国家語に向上させよと主張したのである。しかし、当時のフィンランド語は、農民の俚言であり、学術的な文章をしたため得るような文化レベルではなかった。また、知識人全員がスウェーデン語を母語としていたため、著作などもスウェーデン語あるいはドイツ語で書かれている。フィンランド語で論文が書けるようになるには、しばしの時間を要した。

このように、母語がスウェーデン語、つまり、「スウェーデン人」でありながら、フィンランド語の発展に尽力した元老達の中で、代表格であり、その後のフィンランドの国家観の礎ともなった、スネルマンの思想を中心に見てみたい。

スネルマンは、ストックホルムで生まれ、七歳まで同地に滞在した。父親は、牧師への道を経済的理由であきらめ、貨物船の船長になった。フィンランドの西海岸の町（コッコラ）に、船舶会社の本社があったので、フィンランドのロシア併合後、家族共々そこへ移住した。八歳の時、母親が、六人目の出産の際、死去。唯一の男子として、進学校のある町オウルの、おばの元に引き取られる。彼は生涯、彼女を敬愛した。

スネルマンの性格はかなり狷介で、権威を尊重すべきと持論を主張する割には、大人達との口論が絶えなかった。その矛盾を指摘されると、「うすのろ」の指示には従う必要はないと言い放った。この進学校に通ったオウル時代に、フィンランド語を覚え始めた。ちなみに、彼は生涯、フィンランド語を完璧にマスターすることはなかった。

大学に入学し、そこで、教授の講義を通して、ヘーゲル哲学に出会う。ヘーゲル哲学を要約すると（フィンランド人学者の解説を筆者がさらに簡約した）、経済的自由が普及しつつあり、産業化が進むにつれ、その一方で、個人がバラバラになりつつある。そこで国家が重要となる。個人が義務を果たすことにより、理性的共同体の一員としての自由を確立することができる。国家とは、単なる政治的決定機関や官僚組織ではなく、個人を共同体につなぐ役割を担っている。そして、歴史とは、人類に内在する世界精神の現れである。その発展は弁証法による。歴史は「おかしな出来事の連続」ではなく、その中に存在する方向、意図、目標がある。そして、弁証法的発展段階には、それぞれ民族精神がある。この民族精神とは、宗教、政治的法制、道徳、司法制度、慣習、さらに科学、芸術、そして技術の組み合わせである。以上の「ヘーゲル哲学」をスネルマンは、大学の恩師の影響を受けつつ、彼なりの解釈で、フィンランドの現状改革に当てはめていく。

准教授であったスネルマンは、運営をめぐって大学当局と衝突し、停職処分を受ける。彼はこれを利用して、スウェーデンとドイツに研究留学し、自らの思想を表す著書を書き上げる。では、スネルマンが、ヘーゲル哲学に影響を受けて導き出した独自の思想とはどんなものか。スネルマンにとって、「民族の精神」とは、愛国心である。祖先から受け継いだ言語、土地、伝統、慣習、そして制度への自然な愛である。しかしそうした伝統的なものは、硬直したものでなく、つねに洗練されるべきものである。これを出発点として、フィンランドの状況に当てはめていった。彼は、フランス革命的な、庶民の意志や民主主義を認めない権威主義者であった。庶民は、家庭では父親に従順で、国家、君主に対しては順法精神で仕えなければならない。国家制度の不都合な点を改善する資格があるのは、愛国心と倫理観を持った知的エリートのみである。この「前衛」が社会を引っ張る、庶民をリードする、という考え方は、当時の社会主義、もしくは共産主義と似ていなくもない。国民全般への教育が普及していない時代においては、妥当と思える。

スネルマンは、ドイツ・スウェーデン留学時代に、すでに、フィンランド語について考えを固めていた。その考えによれば、民族が他の民族に伍して発展するには、固有の「民族の精神」に基づかなければならない。ところが、フィンランドのエリート達はスウェーデン語話者である。スウェーデン語は、侵略者の文化である。そのため、国民の大多数を占めるフィンランド語話者と乖離してしまっている。フィンランド語を、単に趣味的に研究するのではなく、民族精神の中心に据えなければならない。それぞれの民族の言語には、人類の発展と文明の種子が潜んでいる。言語とは、民族の共通の経験と世界を理解する独自の手段である。故に、フィンランド語を公用語、著作語そして高等教育語にしなければならない。スウェーデン語話者（エリート層）は、単にフィンランド語やフィンランド語話者への理解を示すだけではなく、学習し、同化しなければならない。一言で言えば、スネルマンにとって、「フィンランドの民族精神とはフィンランド語の中に存在するもの」であった。

スネルマンは、実践の人でもあった。彼の経済に関する考え方は、私有財産権の神聖化、民族の独自性の強調、そして経済、教養、倫理が相互に影響する密接な関係、ならびに、穏健な社会改革をモットーとするもので、この確信は生涯を通じて一貫していた。他方で、ジャーナリストあるいは政治家として、現場の諸問題には臨機応変に対応せざるを得ない面もあった。社会経済問題の中で、社会の安寧秩序を保つ上で、最も深刻なのは、十八世紀以来人口が増加し、それに伴い、土地なし農民や流動化する下男・下女など極貧層が急激に増加していることであった。その解決のために、スネルマンは、経済を自由化し、庶民の自主性を高めるべく、例えば、ギルドの廃止、職業選択や移動の自由、農業および工業での小規模経営の奨励などを主張した。その際、エリート層が庶民をリードするにあたって、彼らが理解できないスウェーデン語ではなく、フィンランド語で行うべきであるとした。

スネルマンは、こうした独自の思想を、短期間で発行禁止となった自らが主宰する新聞で開陳すると、それを読んだ大学生達に衝撃的な影響を与えた。当時の大学生は、ほとんどが、西および南海岸の裕福なスウェーデン語系の家庭の出身で、彼らにとって、内陸のフィンランド語地帯は全くの未知の世界であった。彼らは身分制度の枠を超えて、フィンランドに尽くそうと決意する。こうしてスネルマンは若い世代のカリスマとなった。さらに、影響は次第に農村部の小規模企業家へも広がっていった。

少し話題を変えて、スネルマンの家庭について見てみたい。彼は、三十九歳で、父親が薬局を経営している十七歳の若い女性と結婚した。新妻は、これといった学歴はないが、歌声がきれいで、ピアノが弾けた。家父長的なスネルマンにとって、彼の家庭観に合う極めて従順な妻であった。片時も離れたくないほど妻を愛したスネルマンであったが、不幸はまもなく訪れた。妻は二十九歳の時、五人の子供を残して、死産した子の後を追うように逝った。スネルマンが再婚することはなかった。

辛辣に社会批判を繰り広げるスネルマンは、革命思想の流入を極度に警戒するロシア政府およびフィンランド当局から社会主義思想の扇動者《アジテーター》と見なされ、要職から退けられていた。しかし、風向きが変わったのは、クリミア戦争でのロシアの敗北と、それに続く、皇帝アレクサンドル二世の改革政治の始まりである。スネルマンの求める改革は、皇帝の思惑と一致し、彼の論文も皇帝自らが読むほど評価された。こうして皇帝の「お気に入り」となったスネルマンは、大学教授、そして、元老院議員（今でいう閣僚）にまで任用された。さらには、彼の意に反してではあったが、叙爵されるに至った。しかし、他方で、スネルマンの改革派の旗手としての地位は次第に揺らいでいった。彼の改革思想は、知的エリートによるもので、大衆の権力というものを認めず、現行の体制そのものを批判したものではなかった。そのため、十九世紀後半にフィンランドに伝わってきた「リベラリズム」を信奉する知識層から辛辣な攻撃を受けることになった。スネルマンにしてみれば、このリベラル派は、スウェーデンの改革を手本としている、つまり、スカンジナビア主義など、ロシアからの分離主義につながる危険思想であった。また、スウェーデンに亡命した知識人達が、スウェーデンの新聞と「つるんで」スネルマンを攻撃してくることに憤激し、正面から反撃に出たことも対立を先鋭化させることになった。すなわち、政府の要職についたことにより、彼は「国民的」指導者ではなくなったのである。こうした、リベラル派からの攻撃に傷心したスネルマンは、死後はフィンランドではなく留学先のドイツに埋葬されることを本気で考えていた。

スネルマンは、大学教授として、そして元老院議員として、膨大な社会問題、改革に関わっていった。一つは、フィンランド語の公用語化である。アレクサンドル二世が、フィンランドに駐留するロシア軍を観閲するため、フィンランドに行幸した際、身分制議会や元老院を飛ばして、直訴したのである。この試みは成功し、一八六三年に勅令が出されたものの、実施まで二十年の準備期間がもうけられたため、彼は、実現を見ることなく他界した。もう一つが、貨幣改革である。クリミア戦争のおりで、フィンランド湾岸地域がイギリスなどに破壊されたこと、当時のフィンランドを襲った大飢鐘に対応するための膨大な財政支出が続いたこと、下落するロシア・ルーブルとの間で不都合が起きたこと、などがあった。スネルマンは、前任者の改革案を引き継ぎ、通貨を安定させるため、数年前に導入が実現していた独自のフィンランド・マルッカの銀本位制復帰を達成した。ただし、これには多くの零細企業の倒産など、多大の痛みが伴った。彼はこの功績で、千マルッカ紙幣の顔となり、またフィンランド銀行（中央銀行）の前には銅像が建てられた。

様々な経済改革にも尽力し、運河の建設ではなく、鉄道網の整備がより重要であると力説していたが、その鉄道問題で蹉跌した。当時のフィンランド総督は、ロシアとフィンランドを同じ軌道でつなぐ鉄道路線の建設を企図した。しかし、スネルマンは、フィンランドがロシアに吸収される危険があると認識し、強硬に反対した。そのため、ついには皇帝の寵愛も失い、元老院議員を辞任するに羽目になった。ただし、これで彼は「楽隠居」したわけではなく、身分制議会の議員として、各種団体の役員として精力的に活動を続けた。

スネルマンは、生前から「レジェンド」となっており、逝去二ヶ月前に、生誕七十五年が盛大に祝賀された。彼の足跡そして著作は、ある種「聖書」のように高められ、以後、政治の諸々の局面で、それぞれの政治集団が、彼の権威を使って自らの正当性を主張するため、彼の発言・著作を都合良く解釈した。独立前のロシア化時代には、対ロシア宥和派が、大戦間には、極端にロシアを憎悪する極右派が、戦後は、マルクス主義と矛盾しないなどと左派が、さらには、ＥＵ加盟後は、ユーロ加盟とそれに基づく金融政策は正当であると政府が主張するなどである。

⑦自然～もう一つのアイデンティティー～

フィンランド・アイデンティティーの柱は、フィンランド語、つまり人口の大多数を占める農民である。それに加え、もう一つ探し当てた（こじつけともいえる）のが、「自然」である。豊かな森と無数の湖、それに「純朴な」農民である。先進西欧諸国のような、高度な文化の蓄積もなく、それに伴う、華やかな宮廷の「洗練された」生活様式もなかった。貴族等の上層階級はすべてスウェーデン語を母語としており、そもそも、六百年にわたるスウェーデン王国の臣民としての歴史のなかで、完全に一体化していた。フィンランドは、スウェーデン王国の東半分、つまり、フィンランドはもう一つのスウェーデンなのである。こうした「スウェーデン化」を嫌悪するフィンランド主義者達が目を向けたのが、フィンランドの自然であり、そのなかに民族の魂があるとしたのである。逆にいえば、自然しかなかったのである。「フィンランド魂(sisu)」の象徴として当時の小説などで描写されるのは、美しい自然と「純朴な」農民である。

十九世紀ヨーロッパでは、理性や合理主義の啓蒙思想が飽きられつつあり、古代ギリシャ・ローマを範とする新古典主義や、感情や個性を重視し、自然との一体感を強調するロマン主義などが興隆しており、フィンランドでも、その自然に目を向けることは、時代の流れに沿ってもいた。しかし、その自然や田園も、十分に「フィンランド的」とは思われず、目を向けたのが、東に隣接するカレリア地方、特に、東カレリア（ロシア・カレリア）であった。そこには、「フィンランドの原風景」と彼らが感じた豊かな自然が残っていた。さらには、「古いフィンランド文化の名残」と思われる伝承歌謡もあった。ここに、知識人達は飛びついたのである。

第十一章「拡大する」フィンランド

（1）親戚言語の探求～シベリア探検～

フィンランド・アイデンティティーの最大の要素はフィンランド語である。では、フィンランド人自身が、どのようにこのフィンランド語を自覚し、見識を広めていったのか。

すでに中世の頃から、ヨーロッパの知識人の間で、スウェーデン東部、すなわち、フィンランドと呼ばれる地域に、独自の言語を話す人々が住んでいることに関心が寄せられていた。宗教改革で、聖書がいろいろな言語に翻訳されるようになり、言語、そして民族というものへの関心が、より学問的にも研究されるようになってきた。十七世紀には、フィンランド語、サーメ語(ラップ語)、エストニア語、さらにはハンガリー語もお互い似ているということが明らかにされるようになってきた。十八世紀に入ると、これらの諸言語を、フィン・ウゴル語族として研究することが盛んになり、独自の研究分野として確立してきた。

ヨーロッパの独仏などの大言語群は、インド・ヨーロッパ（印欧）語族として、その「親戚」がアジアにまで広がって来た。さらには、印欧語の祖先や発祥地の探求、また、その言語を話したであろう「アーリア人」などという、怪しげな「理論」も活発になってきた。これに対応して、十九世紀になると、フィンランド人研究者も、フィン・ウゴル語族とは何か、祖先はどこから来たかなど、ルーツ探し、親戚捜しに夢中になった。

シベリアに、フィンランド語の親戚言語が存在すると認識されるようになり、ハンガリーやフィンランドの先達が実地調査を行った。本格的な調査研究の派遣母体となったのが、一八八三年に設立された、フィンランドのフィン・ウゴル学会である。ちなみに、初代の名誉会員に、カレワラ作者のレンルートが選出されている。また、フィンランドの初代駐日公使（当時はまだ大使職は設置されていない）を務めた、ウラル・アルタイ語学者のラムステッドものち、学会の会長を務めている。この学会は、シベリアだけではなく、近くは、北極圏のサーメ語、ロシア国境沿いの東カレリア、フィンランド湾南岸のエストニア、さらには、モンゴル、中国、日本にまで、研究対象を広げた。こうした親戚言語を話す民族集団への親近感を深める中で、ヨーロッパ内での「身内」として、ハンガリーとは早くから友好関係を深めていった。十九世紀当時、フィン・ウゴル語諸族で、独立国家をなしているのは皆無であったが、ハンガリーは、オーストリアと二重帝国を構成しており、極北の最貧国の一つであるフィンランドから見れば、頼もしい「兄弟国」であった。他方でハンガリーでは、当初、この考えがすんなり受け入れられたわけではない。ハンガリー人の間では、長く、トルコ語と兄弟関係があると信じられてきており、偉大なオスマン・トルコ帝国との「親戚関係」を誇りにしてきた。極北の「野蛮な部族」と親戚とは何事か、との意識があった。

シベリアにおける親戚民族の実地調査・研究が進めば、親近感も当然高まってくる。ユーラシア大陸の草原・ステップ地帯は、トルコ語・モンゴル語地帯であり、その上の、おおよそ北緯五十五度から北の、ウラルの東からフィンランドにかけての広大な地帯は、フィン・ウゴル語を話す諸部族の居住地域となっている。しかし、モスクワの北部は、空白となっている。フィン・ウゴル語族がもはや住んでいない。なぜなら、スラブ人、すなわちロシア人が北上してきたため、先住民は、駆逐、あるいは同化などで消滅してしまったからである、との考えが出てきてもおかしくはない。ピョートル大帝のペテルブルク建設は、フィンランド系諸民族が居住する地域への侵略であるとの認識も出てくる。この考えは、あながち間違いとは言えないが、フィンランドやスカンジナビア半島に目を向けてみると、かつては、少なくとも国土の北半分は、先住民であるサーメ人が居住していたが、フィンランド人やスウェーデン人、ノルウェー人が、彼らを北に「追いやった」わけである。ロシアと似たような経緯がある。なお、日本で言えば、かつて蝦夷（民族）が居住していた関東北部や東北が次第に和人化し、明治には、北海道の「日本化」が完成したのと比較できる。

フィン・ウゴル学会の会長を長年務めたある大幹部は、学界のみならず、閣僚や政党党首を歴任するなど、政治にも深く関与した。彼は、フィンランド語の親戚民族の実地調査で得られた成果を現実政策化しようとした。つまり、ロシアの支配下にある東カレリアを解放し、フィンランドへ統合するという「大フィンランド構想」である。もちろん、このフィン・ウゴル学会全体が政治団体化したということではないが、親戚民族の研究の進展は、フィンランド・ナショナリズムへ大きな影響を与えた。

(2) カレリア主義

近年では、フィンランド国内で、カレリア地方、つまり伝統的にロシアに属していた東カレリア地方、および第二次世界大戦で喪失した古来の領土ともいえる南部のカレリア地峡地域などが大きな話題に上がることはない。ソビエト連邦が崩壊したとき、外交交渉で喪失領土の返還を求めるべきとの声が一部に上がったが、政府は、数度の条約でフィンランドとロシアの国境は確定しているとして、外交案件にする考えのないことを表明した。

このフィンランド・ナショナリズムの活動対象の最前線となったカレリア地方、そしてそのフィンランド・ロマン主義の象徴である「カレリア主義」とはどんなものであったか見てみたい。なお、この地域は、スウェーデンとロシアの間の戦争で、何度も国境線が西や東へ移動している。

①民族叙事詩カレワラの「故郷」

なお、本題に入る前に、カレリアとカレワラの関係について、私見を述べたい。神聖なカレワラへの冒涜のような議論で恐れ入るが、結論から言うと、このカレワラを純粋なフィンランド産とするには、無理があるように見える。

まず、「原産地」問題である。フィンランドの知識人、芸術家が傾倒したカレリア主義の拠り所、あるいは、インスピレーションの元となったのは、一義的に民族叙事詩カレワラである。フィンランド・ナショナリズムの根幹の一つと言ってもいい。そのカレワラを編纂したのは、レンルート（リョンロット）であるが、彼は、その材料となった伝承歌謡の収集のため、イングリア（大体、現在のサンクト・ペテルブルグ一帯）、エストニア、そして何度か白海カレリア地方に出かけている。この白海カレリアは、広大な東カレリア地域のなかで、最も北部に位置しており、一度も、フィンランドに組み入れられたことがない、つまり、スウェーデン領になったことがない。一貫してロシア（当初はノブゴロド）領であった。近代では、ロシア北西部にある、白海に面したアルハンゲリスク市の行政管区に入っており、現在は、ロシア連邦内のカレリア共和国の一部となっている。つまり、十九世紀のフィンランド人知識層がフィンランド民族の原点をなすと見なしたカレワラの生まれ故郷、つまり、主な原料を採取した白海カレリアは、ロシアなのである。なお、別の観点から見ると、経済理論の援用ではあるが、カレワラの原材料は異国である東カレリア（ロシア・カレリア）産だが、フィンランド人のレンルートが加工し、独自に構成し直したのであるから、WTO（世界貿易機関）の基準で言えば、フィンランドが「原産国」すなわち、made in Finland と言えなくもない。

次に、カレリア人は、昔からフィンランド人と見なされていたわけではない。十九世紀の言語ナショナリズムで、カレリア語はフィンランド語と親戚、あるいは方言と見なされ、フィンランド（語）人の兄弟扱いされるようになった。同地は、さらに進んで、「フィンランドの原風景」にまで祭り上げられたが、ナショナリズム以前はそうではなかった。最初のフィンランド語訳聖書を作成したアグリコラは、カレリア人を「間違った神をあがめる異教徒」と見なしていた。一方、カレリア人はカレリア人で、十九世紀に同地にやってきたフィンランド人研究者達を、スウェーデン人と見なし、自らをロシア人と認識していた。歴史的経緯からすれば、こちらの認識の方に妥当性がある。さらには、近代まで、カレリア人は、ロシア側に立って、異教徒であるスウェーデン人（フィンランド人を含む）と戦っていた。つまり、数百年にわたってロシアの統治下にあり、ギリシャ正教を信奉し、自らをロシア人と見なすカレリア人、そして彼らの居住する東カレリア地域は、すでに、フィンランド人とは別の民族として成立していたのではないか。例えば、ドイツ人の統治下にあったエストニア人のように。

言語ナショナリズムは、言語が近いという理由で同一民族と考える傾向にあるが、歴史的背景がもっと重要である。言語の同一性・近似性は民族の同一性とは一致しないとすでに述べた。この言語ナショナリズムは、知識人が広めた時代の流行でもあったが、庶民レベルでは、第二次世界大戦後、戦争難民として引き揚げてきたカレリア人に対し、彼らをロシア人と見なしていじめがあった。さらには、旧ソ連崩壊後、フィンランドは、大統領判断でイングリア人もフィンランド人であると認定し移住を認めたものの、かつてのカレリア人と同じく、ロシア人と見なされ、差別の対象になることもあった。つまり、伝統的にロシア領に長く住んでいた民族は、言語的にはフィンランド語と親戚関係にあろうとも、ロシア人である、というのが庶民感覚である。

三番目に、民族歌謡は長らく異端視されていた。民族叙事詩カレワラの成立は、フィンランドの知識人達が（最初の世代はスウェーデン語を母語としていたが）、農村部に残る伝承歌謡を収集することが契機となったわけであるが、教会筋においては、かつては、無知蒙昧な農民は正しいルター派キリスト教の教えを学ばなければならないとして、根強く残る伝承歌謡は異教徒的であるされ、むしろ抑圧されていた。言い換えれば、害悪視されていたのである。ところが、中央ヨーロッパから来たナショナリズムとロマン主義の興隆により、農民の伝承歌謡の中に、外来思想に汚染されていない民族の本質が残されている、つまり民族の宝である、との認識の転換がフィンランドでも起き、異端から英雄になったのである。これも、同族意識が、同じ宗教を信じているかどうかから、同じ系統の言語を話しているかどうかに変わったことの現れの一つである。

まとめると、①カレワラの主な材料はロシア産であること、②カレリア人とフィンランド人（近代まではスウェーデン人として）はお互い異邦人との認識があったこと、③キリスト教会、つまり国家のイデオロギーは、伝承歌謡は迷信であり、国民に害をなすものと考えていたこと。これら三点を総合すると、純粋フィンランドとは言えない東カレリアの地が発祥という「地方の産物」であるカレワラを、全フィンランドの民族文化の原点として一般化するのは、牽強付会の嫌いがある。もっとも、このようなあの手この手の「伝統の創作」つまり、昔からあったように見せかけるという「文化運動」は、フィンランドだけでなく、十九世紀のヨーロッパの流行ではあった。日本においても、明治政府は、連邦国のような幕藩体制から、中央集権の新生日本にまとめ上げるため、千年にわたる神仏習合の歴史をご破算にして、つまり神道を仏教から切り離して、いかにも大昔からそうであったように、国家イデオロギーの中心においた。これはこれで、欧米の植民地主義に対抗する有効な手段であった。ただし、昭和の軍人が暴走したことで、破綻することになったが。

②カレリア主義の実態

話をカレリア主義に戻す。具体的なカレリア主義による行動とはなんだったのか。まず、フィンランドの知識人達は、フィンランド語への関心を高め、遠くはウラルの東側まで、近くはロシア国境の東にある東カレリア(ロシア・カレリア)やエストニアなどへ、言語を中心とした調査を行うようになった。特に、東カレリアは最大の関心の的となった。当初は、言語学者などを中心に、同地に存在する伝承歌謡の収集などが熱心に行われた。原生林に近い美しい自然や古老の歌謡に魅せられ、その収集努力の結晶が民族叙事詩カレワラである。こうした東カレリアへの調査旅行が多くの知識人によって繰り返されるにつれ、彼らの中に、東カレリア人はフィンランド人であるとの考えが増してきた。同地を訪れたフィンランド人の目に映ったのは、発展に取り残された赤貧の地であった。そして、それは、ロシア帝国の抑圧によるものであると認識した。フィンランドは、兄弟である彼らを助けなければならない。こうした考えも強くなってきた。ただし、これは実態としては、フィンランド側の「片思い」であった。

では、なぜフィンランドでも、伝承歌謡収集に夢中になったのか。民族主義やロマン主義全盛の十九世紀ヨーロッパ、特にフィンランドのまわりでは、ロシアの汎スラブ主義、スウェーデン、デンマークなど北欧語諸国の糾合を目指すスカンジナビア主義が出てきており、フィンランド語を主体とするフィンランド民族主義も、これら二つの大民族主義に対抗し、自らのアイデンティティーを確立することが喫緊の課題となった。まずは、伝承歌謡を元に、古代フィンランドを「発見」し、民族の誇りを取り戻す。そして、さらにそれを発展させ、汎フィンランド主義、すなわち、フィンランドとその親戚語を話す民族を一つの国にまとめるという、「大フィンランド構想」を夢見るようになる。つまり、当時流行した他の「大民族主義」に同調しただけともいえる。ただし、東カレリアのフィンランドへの併合案は、ロシア帝国内での国境変更であって、当時はまだロシア帝国からの独立を目指したわけではない。なお、同じような構想を、十七世紀のフィンランド総督が出している。ただし、当時は、個人的な「思いつき」ではあった。大フィンランド構想の最初の標的は東カレリアである。東カレリアへの関心の絶頂期、つまりカレリア主義の最盛期は一八九〇年代である。カレワラ刊行からすでに数十年経っており、フィンランド語の文化人も成長してきた。このフィンランド文化の裾野の拡大で、十九世紀の前半には言語学者、伝承歌謡収集者が中心であったのが、終盤に近くなると、画家や音楽家などの芸術家も大きな関心を寄せるようになってきて、東カレリアの地にインスピレーションを求めて出かけるようになった。この一九九〇年代から約十年続いた芸術家による「東カレリア詣で」が、もともとの「カレリア主義」である。

十九世紀前半のレンルートなどの言語学者のカレリア調査旅行は、未知の世界への探検的要素が大きかったが、世紀終盤の芸術家達による旅行は、お供付きの優雅なもので、すでにカレワラによってイメージが固定化されたカレリア像の「再確認」的要素が強くなった。彼らの旅行記などでは、カレリアの原生林に近い自然の魅力と伝承歌謡への賞賛はあるが、住民の日常生活、つまりギリシャ(ロシア)正教的な様式には、「嫌悪感」を感じていることが見受けられる。彼らは、東カレリア住民の貧困を目の当たりにし、ロシアの抑圧のせいと見ているが、フィンランドも、十九世紀半ばに多数の死者を出した歴史的な飢饉に見舞われており、人口増によって発生した多数の土地なし小作人問題など、社会の矛盾が先鋭化してきており、西ヨーロッパでは最貧国の一つであった。フィンランドにはフィンランドの「階級問題」があった。程度の差はあれ、当時は、フィンランドも東カレリアも貧しかった。

いずれにせよ、当初は、言語学者・民俗学者など、仲間内の話であったカレワラが、フィンランド語の教育普及とともに人口に膾炙し、芸術家がカレワラを題材にした絵画や楽曲を作成することで、より一層、一般に浸透していった。世界的な作曲家シベリウスもカレリアを訪問し(ただし、フィンランド内のカレリア地方)、カレワラを元に作曲している。なお、余談であるが、シベリウスの交響曲「フィンランディア」には、カレワラの要素が取り入れられており、その中の「フィンランディア賛歌」は、国民のなかで、国歌に認定すべきとの意見がある。現在フィンランドでは、公式な国歌の規定はないが、通常、別の曲である「我が祖国」が使われている。最近の国民の意見は、前者支持が三割強、後者が六割強である。「我が祖国」が一〇〇%支持とならない理由として、同曲がエストニアでも国歌として使われていることがあるとの指摘もある。

（3）大フィンランド主義

フィンランドには、以前、ロシア領土の一部を本気で獲得しようとする意図、つまりロシア侵略の意図があったというと、まさか、と思う人も多いと思う。フィンランドの第二次世界大戦についての公式見解は、一つには、ドイツ軍と肩を並べてロシア（ソ連）と戦ったが、同じ目的ではなく、国土防衛という「分離戦争」つまり、別の戦争であるというもの。二つ目には、フィンランドは、戦争に負け、巨額の賠償金を支払ったが、ロンドン、モスクワと並んで、交戦国の中では、首都が占領を免れた数少ない国の一つである。そして、共産主義化することもなかった。つまり、この戦争の結果は、「防衛的勝利」であったというもの。さらには、戦後、著名な歴史家が「流木理論」というものを展開した。現在では下火になったが、フィンランドは流木のように時代に流された。つまり、自ら進んで戦争に突き進んだわけではないというものである。また、ロシア領への侵攻は、のちの和平交渉を有利にする目的であった、あるいは、ドイツに強制されたものであったなどの解釈がなされていた。

最初のロシアへの侵攻は、独立直後のことである。カレリア主義、つまり、東カレリア（ロシア・

カレリア）はフィンランドの一部だ、との認識が学者や芸術家の中に出始め、次第に一般大衆、特に、右派系の人々に広まると、それを軍事的手段で実現しようとする動きが出てくる。第一次世界大戦でロシア革命が勃発し、フィンランドは独立し、その後の内戦で白衛軍が勝利した。その指揮を取ったマンネルヘイム将軍の下で、革命の混乱で弱体化したロシアから、東カレリアを奪取しようと試みる。さらには、親戚民族解放のためとして、義勇兵が東カレリアのみならず、エストニアにも侵攻した。その後結ばれた講和条約では、大幅な東カレリア地帯の獲得には失敗したものの、バレンツ海への出口となる地域の割譲を受けるなど、フィンランドにとって、そこそこの成果となっている。他方で、東カレリア人のなかには、フィンランドへの合併を望んでいた勢力も一定程度あり、フィンランド政府が講和条約で、すでにフィンランド軍の支配下にあった地域までも放棄したことに憤慨し、ロシア（ボルシェビキ）軍へのゲリラ戦を展開することもあった。

次が、第二次世界大戦における対ロシア（ソ連）戦争の第二段階である継続戦争、つまり東カレリア侵攻作戦である。今度は、「大フィンランド構想」の実現をドイツ軍の力を借りてやり遂げようとするものであった。最高指揮官であるマンネルヘイム将軍は、進軍にあたって明確にその意図を表明していたものの、フィンランド政府は、あいまいな態度を取っていた。あからさまに、東カレリア併合を戦争目的とすることは、国際的に賢明でないと判断したからである。現に、第二次世界大戦前の国境を越えて、フィンランド軍がロシア（ソ連）領に侵入すると、イギリスはフィンランドに宣戦布告している。そして、政府与党である社民党からも、この旧国境越えに反対意見が出た。さらには、なんと、進軍した兵士の中からも抵抗するものが、少数であるが出てきた。緒戦でフィンランド軍が勝利すると、この「大フィンランド構想」には、それまで必ずしも国民の多くが賛同していなかったにもかかわらず、歓喜の声が上がった。真珠湾攻撃成功に欣喜雀躍した日本人と同じである。一部の極右思想がフィンランド社会で承認されたのである。

当時の大フィンランド構想とは、いくつかバージョンの違いあるが、大まかに言って、現在のペテルブルク市地域から、北はバレンツ海、東はウラル山脈まで、フィンランド人の「親戚民族」が居住する北緯五十五度より北の、広大な大地を、フィンランド人主導で、フィンランド国につくり変えるというものである。フィンランド湾の南に位置するエストニアを含めるバージョンもある。そして、ロシア人は、ウラルの東側に「追放する」というファンタジーである。東カレリアで強制収容所に移住させられたロシア系住民は、この構想が実現した暁には、東へ送られるはずであった。このウラル東への追放構想は、スターリンの行った民族の強制移住とも、同種である。現代で言えば、「民族浄化」にあたる。

また、フィンランドとロシアの国境を大きく東に移動させるのは、フィンランド本土を防衛しやすくするためという別の目的もあった。この発想法も、スターリンがペテルブルク（当時レニングラード）防衛のため、対フィンランド国境を、大きく西に移動させることを要求したことと同じである。

では、フィンランド人の民族叙事詩カレワラ発祥の地であり、心の故郷でもある東カレリアに侵攻したフィンランド軍および占領本部は何に出会い、何をしたのか。まず、現地に進軍してみると、東カレリアの地からすでに多くの住民が、フィンランド軍の侵入に備えて避難していた。現地の若者は、多くがソ連軍に徴兵されていた。フィンランド占領地には、八万六千人ほどの「ソ連人」が残っていた。その半分が、フィンランド人の「親戚民族」であった。フィンランドの占領本部は、この地のフィンランド化、つまり、フィンランド語の教育の普及、福音派ルーテル教会の布教を精力的に行った。そして、非親戚民族、すなわち、ロシア系住民は強制収容所に収監した。

東カレリア住民のフィンランド占領軍への反応は、必ずしも「解放軍」としての歓迎ムードではなかった。概ね、穏やかな対応であったが、なかには、ソ連軍のためのスパイ行為をするものもいた。六十人ほどの民間人がスパイ容疑で死刑判決を受けている。フィンランド軍兵士にとって、初めてみる東カレリアの地は、期待と違って、異国そのものであった。長年のロシア文化の影響下にあったため、生活様式、宗教も違っていた。経済発展は遅れており、衛生面では、フィンランド兵にとって、苦痛を伴うものであった。

最初は、親戚民族解放の意気が上がったものの、その後戦線は膠着し、ドイツ軍の敗退が進むにつれ、フィンランド軍の士気も下がり始めた。軍規にも緩みが出てきた。彼らの中には狼藉を働く者も出てきて、正教徒が大切にしている宗教画（イコン）を大量に盗む者もいた。そして一九四四年、戦況が決定的に悪化し、フィンランド本土への退却を余儀なくされるに至った。フィンランド軍とともに退却した東カレリア人は、その当時居住していた住民の三％程であった。また、フィンランド兵と現地女性の間に生まれた婚外子は、数百人に上るが、そのわずかが、フィンランドに移住したのみであった。カレリア人をフィンランド人につくり変える事業は失敗した。

フィンランドは、カレワラという伝承歌謡を、実在した古代フィンランドとして初等教育の中で、ナショナリズムの定着と高揚に使った。日本も同時並行的に、欧米の帝国主義列強に対抗するため、三百諸侯の徳川幕藩体制から一つの日本国にまとめるべく、古事記を再「発掘」し、同じように初等教育で新たな皇国史観を教え込み、ナショナリズムをつくり出した。両国とも、「神話」を使っての愛国心の醸成には成功したが、第二次世界大戦の結果、フィンランドは、東カレリア（ロシア・カレリア）併合という大フィンランド構想、そして帝国日本は、満州国経営さらには大東亜共栄圏建設という「夢」の実現には失敗した。どちらも、ドイツを頼りにして実現しようとした点でも一致している。

一九九八年に発行された、フィンランド語の歴史大事典では、ナショナリズムについて、「個人が、第一に、国家に忠誠を尽くす政治的運動。十九世紀、二十世紀において植民地主義、帝国主義に対抗するイデオロギー。イタリアやドイツでは国家社会主義を引き起こした」と、記述されている。そこには、「大フィンランド構想」への言及はない。フィンランド語の歴史書では、あまり東カレリア問題は触れられていない。近年、ようやく、ロシア侵攻は間違いであったとの言及が見られるようになった。戦後の日本では、羹《あつもの》に懲りて「自虐史観」が広まり、フィンランドでは、ロシアを全面的に敵視する史観は消え、独立の際のレーニンの功績を高く評価する書籍が出版されたりするなど、「フィンランド化」史観が風靡した。ソ連崩壊後も、フィンランド歴史学界は「慎重」で、正面切ってロシアを「糾弾する」論調は見られなかった。NATO（北大西洋条約機構）に加盟した現在、歴史の再解釈がどう進むか、大いに興味あるところである。

カレリアを改めて考えたみたい。カレリア人がカレリアという国をつくっていたわけではない。カレリア語もさらにいくつかの分枝に分かれていた。なお、カレリア語のフィンランド語との距離感については、筆者は、この言葉を聞いたことも、文章で読んだこともないので、分からない。フィンランドの南に位置するエストニア語はかなりフィンランド語に近い。言語学の書物に引用されている断片的カレリア語からすると、むしろ、フィンランド語との距離は、エストニア語よりあるのではないかとの印象がある。

カレリア地域は東側がロシアに、西側がスウェーデンに併合されていた。そして両者の力関係で国境線は何度か移動した。現代では、「カレリア地峡」および「ラドガ湖カレリア」と呼ばれる地域がフィンランド人にとっての「未回復領土」として認識されている。この地域は、ラドガ湖の西岸および北岸に位置し、第二次世界大戦でソ連(ロシア)に強奪された。カレリア地峡には、スウェーデン時代からフィンランド第二の大都市であったビープリが所在する。

スウェーデン時代、カレリア人は、ギリシャ・ロシア正教を信奉する、異教徒、野蛮人、異邦人と見なされていた。しかし、フィンランドがロシアに併合されると、北方戦争で喪失した「カレリア地峡」と「ラドガ湖カレリア」がフィンランドに再統合され、さらに、同じロシア帝国に属するということで、その後背地である東カレリア(「アウヌス・カレリア」「白海カレリア」)への訪問も自由になった。そこに言語ナショナリズムの風が吹いてくると、フィンランドのエリート層は、カレリアへの認識を一八〇度変え、カレリア人は真面目で、勤勉で、同地には「本来のフィンランド」が保存されている、と賞賛するようになった。そして、歴史的に一貫してロシア領であった「白海カレリア」方言を基に、民族叙事詩「カレワラ」が編纂された。カレリア語とフィンランド語は言語が近いということで、カレリア語はフィンランド語の一方言とされ、カレリア全域がフィンランド文化圏の一部にされてしまったのである。つまり、フィンランド・ナショナリズム構築にとって絶好の材料とされたのである。他方、フィンランドの一般市民の間では、東カレリアから来訪するカレリア人行商人を「鞄を背負った露助（ロスケ／ロシア人蔑称）」と呼んでいた。エリート層はカレリア人をフィンランド人の一部としたかったが、庶民の感覚はそれに追いついていなかった。戦後大量のカレリア人難民がフィンランド本土に分散移住したが、こうした偏見に苦しむこともあった。そして彼らは、完全にフィンランド人化していった。

(4) ソビエト連邦崩壊後の「フィン・ウゴル語族」

①「つきあってもいい親戚」

フィンランド人の、「親戚民族」に対する近年の感情を、筆者の体験から考えてみたい。フィンランドは、ハンガリーと「親戚」ということで、友好関係を維持してきた。しかし、言語学で「親戚関係」が証明されたとしても、祖先を同じくしたのは、大昔の、そのまた昔であり、友好関係は文化的な交流が中心である。

フィンランド湾南岸のエストニアとの関係は、アンビバレント（親しみと差別感との相克）である。フィンランド語とエストニア語は、実態として方言同士である。ソ連時代、北エストニアでは、フィンランドのＴＶ放送を傍受していた。特段学習しなくても、聞いているだけで分かるのである。「ソ連の圧政に苦しむ親戚としてのエストニア人」という話を、多くのフィンランド人から聞いた。エストニアがソ連から独立した際には、官民総力を挙げてエストニアの新国家建設を支援した。しかし、独立後、次第にお互いの「本性？」が分かってくるにつれて、感情に微妙な変化が現れてきた。フィンランド人には、エストニア人はいまいち信用がおけない、つまり、「途上国ソ連の体質」が続いている国民であるとの感情がある。エストニア人から見たフィンランド人は、エストニア人に対して上から目線で、酔っ払いが多い。ただ、現実問題として、フィンランド資本が、エストニア経済の大きな支えになっていることは事実であり、特に両国がＥＵに加盟し、人の移動が自由になった後は、地方から上京する感覚で、エストニアからフィンランドに移住し、フィンランド人化するエストニア人も多数でてきている。

②「**そうでもない親戚**」

一方、シベリアなどに居住する「親戚民族」に対しては、ほとんどのフィンランド人は、無関心であるように見える。むしろ、シベリアの「先住民」とは関わりたくないのかもしれない（筆者の邪推だが）。これに関連して、筆者のフィンランド在勤中、国会議員で構成するロシア内の「フィン・ウゴル語民族」との友好を図る議員連盟があり、ロシア当局によるこれらの少数民族に対する圧力行為が起きると、一定の「懸念」を表明することがあった。しかし、この議員連盟の本音は、ロシアがフィンランドに対し、フィンランドに住むロシア人保護を名目として、何らかの圧力をかけてきたときに、対抗手段として、ロシア内に住むフィンランド人の「親戚」、つまりフィン・ウゴル語諸民族保護を持ち出すためではないかと思われる（これも、筆者の邪推である）。

フィンランドでは、旧ソ連の崩壊まで、カレリアそしてシベリア近辺に居住する「フィン・ウゴル語」を話す諸民族について、公に議論することは、ある種の「タブー」であった。ソ連から、第二次世界大戦中の「大フィンランド主義」の「復活」と見られることを警戒してのことである。そして、崩壊後、これらの民族に関する著作が、多く出版されるようになった。ただし、彼らの存在を再認識させる程度のもので、かつての、東カレリア（ロシア・カレリア）併合を目指すような論調では、もちろんなかった。

第十二章　独立の苦しみ

（1）内戦〜分裂するフィンランド〜

前章では話を第二次世界大戦後まで進めたが、若干時間を独立前に戻したい。一九一四年、第一次世界大戦、つまりヨーロッパ大戦が勃発し、ロシアはドイツとの全面戦争に突入した。この大戦中にロシアに二度の革命がおこり、一九一七年十二月六日、フィンランドは独立を宣言した。ただし、自治大公国フィンランドの「政府」は、最初から独立を目指していたわけではなく、ロシアにレーニンのボルシェビキ政権が成立したのをきっかけに独立を宣言した。ロシアの一部に留まることが嫌だったのではなく、社会主義政権を嫌ったのである。独立はロシアの弱体化に乗じた、いわば「棚ぼた」でもあった。

大戦が始まった当初は、フィンランド人は徴兵されることもなく、むしろ、ロシアによるフィンランド製品の買い付けなど、「特需」に沸いていた。ロシア軍に志願したフィンランド人は千五百人以上で、そのうち約七百人が採用された。不採用の理由は、十分な軍事訓練を受けていないこと、ロシア語ができないことなどであった。他方、大戦開始とともに、ロシアはフィンランドに「戦時」を布告し、完全な「ロシア化」を目指していることが、明らかになった。これに反発した一部学生達は、独立のため秘密裏に軍事訓練を外国で受けることを企図した。スウェーデンに打診したが、中立を理由に断られたので、ドイツで受けることになった。総勢約二千名が参加した。彼らの一部は、フィンランド内戦が勃発すると、白衛軍に参加し指導的役割を担った。ロシアからの独立に向けて戦うはずが、同じフィンランド人と戦う羽目になったのである。なお、彼らの中にはスウェーデン語系も多くおり、独立後のフィンランド国防軍で昇進した。

大戦が長引くにつれ、フィンランドの経済状況も悪化し、さらに凶作も重なり、社会的緊張が高まっていった。ロシア革命で権力に空白ができると、フィンランドの治安を維持するためとして、左派勢力と右派勢力は、それぞれ自警団を組織し始め、それらはのちに、赤衛軍、白衛軍として戦うようになる。赤衛軍は、おもに農民や労働者からなり、白衛軍は、自営農、起業家、公務員、学生などからなっていた。

内戦の開始は、社会民主党が、一九一八年一月、つまり、政府が独立宣言をした直後の時期に、権力奪取を宣言したことに始まる。その理由として、元老院（政府）が、右派の「自警団」を正式な軍隊と認知すると発表したことに対する対抗措置ということになっている。社民党の「革命宣言」以前に、左派と右派のにらみ合い、言い換えれば、「階級間の緊張」は頂点に達しており、すでに一触即発の状態にあった。当時社民党内にも穏健派がいたが、党は赤衛軍を押さえることができず、また党の主導権も、過激派に握られていた。内戦後、過激派はロシア（ソ連）に亡命し共産党を設立し、穏健派は党を立て直して、政権にも参加するようになった。武装蜂起した背景には、労働環境の改善を要求してゼネストを実行する社民党に対して、右派が多数を占める政府は容易に応じようとはしなかったこと、さらには、ロシアの革命の影響で、社民党の中にも暴力革命を支持する勢力が増してきたこともあった。十六世紀の「棍棒戦争」に次ぐ、二度目の内戦である。

赤衛軍は南部地帯を、白衛軍は中部から北部を勢力圏とした。白衛軍は、ロシアから帰還したマンネルヘイム将軍の指揮下に着実に勢力を広げ、また、独露間でブレスト・リトフスク条約が結ばれると、フィンランドの政府は正式にドイツの支援を要請し、ドイツ海軍はフィンランドに上陸した。一方、赤衛軍には、数千のロシア兵が参加した。内戦そのものは、半年足らずで白衛軍が勝利し収束したが、フィンランド社会に大きな傷跡を残すことになった。なぜなら、フィンランド人同士が家族をも引き裂いて戦ったこと、とくに捕虜の皆殺しなど「戦争ルール」を無視した殲滅戦、赤衛軍、白衛軍双方による凄惨なテロ行為が行われたからである。この内戦の評価については、「官軍」である白衛軍の歴史観が長らくフィンランドの主流であったが、百年の時が流れることによって、より客観的な見方がでてきた。そして近年、長らく触れられてこなかった歴史の空白つまり、白衛軍による、内戦終結後の収容所における捕虜に対する、病死や餓死を含む大量虐殺が明らかになった。病死の多くは、ドイツ兵がもたらした、大流行していたインフルエンザ、「スペイン風邪」であった。また、赤衛軍によるテロは、敗戦が濃くなり、ロシアへの「退却」の途中に集中した。この内戦で、当時の人口約三百万人に対し、約三万六千人という犠牲者を出した。戦争そのものよりも、この両派によるテロ行為がフィンランド社会に深いトラウマをもたらした。

このフィンランド人同士の戦いは、白衛軍から見れば「解放戦争」、つまり、ロシア（ボルシェビキ）の手先である赤衛軍に対する独立戦争であった。他方、赤衛軍から見れば「人民戦争」、つまり貧乏人の金持ちに対する社会正義の戦いであった。そして、白衛軍による「白色テロ」への糾弾を前面に出している。こうした歴史認識の違いは、百年後の現在も、基本的には歩みよることがない。内戦後から第二次世界大戦までは、右派の歴史観が社会の中で圧倒していたが、戦後、ソ連（ロシア）との休戦協定により、右派の中心的な組織であった「自警団（suojeluskunta）」やその婦人部である「ロッタ・スバード」などの組織活動が禁止されると、左派の歴史観が勢いを増してきた。さらに、この内戦を、下層階級の視点から描いた長編小説「ここ、北極星の下で」の三部作が出版されると、長期のベストセラーとなり、一気に左派的見解が広まった。しかし、ソ連が崩壊すると、今度は右派の歴史観が復活し、せめぎ合うようになってきた。つまり、右派と左派の歴史観のどちらが力を持つかは、ロシア次第ということになる。戦間期にロシアが弱い時は、反ロシア的歴史観が優勢になり、第二次世界大戦後の冷戦期には、フィンランドへのソ連の影響力が強くなり（フィンランド化の時代）、左派の歴史観が力を持つようになった。そして、ソ連が崩壊すると、また右派の歴史観が盛り返してきた。

部外者である筆者が、軽々に判断できることではないが、あえて言うなら、右派の主張に一理あると思う。右派が主張する「独立戦争」、すなわち、赤衛軍はロシア（ボルシェビキ）の手先であるという主張は、実際、当時のロシアには、フィンランドに独立を認めざるを得なかったなど、積極的に内戦に介入する余裕がなかったことから、当たらないと思う。他方、もし、赤衛軍が勝っていたら、その後ソ連邦に加盟し、フィンランドの独立は消えてしまった可能性はかなり高かったと思われるので、基本、右派の歴史観の方が、正しいと思う。ただし、白衛軍が、ほとんど裁判らしい裁判なしに、多数の赤衛軍捕虜を虐殺したことや、赤衛軍の残された家族などへの冷酷な扱いに対する左派の「怨念」は理解できるところである。

（2）生まれなかった「フィンランド王国」〜王様はドイツからという不思議〜

フィンランドは、「共和国」としてロシアからの独立を宣言した。しかし、内戦後、「王政」にしようとの動きが高まった。背景には、内戦の際、白衛軍勝利に貢献したドイツの存在がある。ドイツで訓練を受けたフィンランド兵士、そしてフィンランドに直接介入したドイツ軍である。内戦終結後、勝利した右派勢力にとって、国の秩序の維持、内戦再発の防止、そしてロシア（ソ連）の脅威への備えという問題にどう対処すべきかが、喫緊の課題となった。そこで出てきたのが、ドイツから国王を呼んできて関係を深め、いざという時に、ドイツに守ってもらおうという考えである。

右派の中でも、特にスウェーデン語系エリートは、国王招致に積極的であった。それには、かつての身分制議会でスウェーデン語系が実権を握っていたことへの郷愁もあった。現行の一院制に加えて、「貴族院」の設置を目論む動きもあった。しかし、右派の中でも、農村を基盤とする「農民同盟（のちの中央党）」の中では、スウェーデン語系の「御領主様」への反感もあり、圧倒的に共和派が多かった。また、内戦に敗北した左派、つまり社民党も、社会主義政党として、当然、共和派であった。こうした中、王党派は有能なアジテーターを動員して、特に農民同盟の切り崩しを図り、社民党のいない変則国会で、国王招致を決議することに成功した。

ドイツ側も、肯定的に対応し、フィンランドの望むドイツ皇帝の息子を担ぎ出すことには成功しなかったものの、皇帝と関係のある貴族を候補として交渉するに至った。ところが、あと少しで国王招致が実現する寸前に、ドイツは戦争に敗れ、革命が起きてドイツ皇帝は亡命することとなった。フィンランドに脅威を与えるソ連（ロシア）に対抗すべき、もう一つの大国が崩壊してしまったのである。フィンランドの君主制の夢は、あっけなく雲散霧消した。これにより、二度と君主制がフィンランドの政治案件として議論されることはなくなった。筆者の印象であるが、アイスランド以外の北欧諸国が王政であることもあり、フィンランド国民の中には、王室というものにあこがれる雰囲気が、かなりあると感じる。現在、大統領の実権はかなり縮小されたとはいえ、「飾り」ではなく、まだまだ、権限を持っており、そして国民の尊敬を受ける国父的存在であり続けている。いわば、国王的存在である。

他方、日本人の感覚からすると、外国人を国王として迎えようとの考えには、違和感を持った。なぜ、フィンランド人ではダメなのか、政府高官から学生まで、何人かに聞いてみた。皆が異口同音にいうのは、「高貴な血」が流れている必要があるのだそうだ。確かに、純粋なフィンランド語系、つまり、最近まで焼き畑農業をしていた「田吾作」や「権兵衛」では、たとえ国王になったとしても、ヨーロッパの王侯貴族社会に受け入れてもらえたかは疑わしい。では、スウェーデン語系はどうか。例えば、マンネルヘイム将軍は、十分な実績はあるが、左派の社民党から見れば、内戦の「仇敵」であり、国民一致の賛同は得られない。デンマーク王室からでは、ロシアに対抗する力がない。なによりも、ヨーロッパでは、国王が外国人であることは、歴史上通常のことで、ほとんど抵抗がなかったということである。イギリス王室は、もともとはオランダ系であり、スウェーデンもフランス系である。ロシアのエカチェリーナ二世はドイツ人であった。

第十三章　「フィンランド人」とは

ここで少し立ち止まって、ナショナリズムの基となった、人種、言語について考えてみたい。

（1）人種～フィンランド人はモンゴル人か～

①「偏見」との戦い

一九九五年にフィンランドのラジオで、「言語闘争」というフィンランドの歴史をテーマにした番組があった。筆者は、たまたま、これをカセットに録音したが、あとで、改めてこれを聞いていて、少しばかり驚くとともに、妙に納得もした。この放送の中に、人種偏見に関連する部分があり、一九三八年のミス・フィンランド、そしてミス・ヨーロッパにも選ばれたフィンランド人女性が、ミスとしての今後の活動について、インタビューを受けていた。当該の女性の発言は、「自分の仕事は、父親のアドバイスに従い、フィンランド人は目のつり上がったモンゴル人ではないということを世界に示すことである」というものであった。この話には「落ち」がある。ミス・フィンランドの父親はドイツ人なのである。「世界に冠たるゲルマン人」が父親では、フィンランド人の「非モンゴル性」を証明することにはならないと思うのだが。

十九世紀に興隆したヨーロッパの人種論は、フィンランド語系フィンランド人にとって、悩みの種、つまり、アイデンティティーを不安定化させるものであった。外見は長身の白人で、イタリア人やギリシャ人などより、よほど典型的な白人であり、ヨーロッパ人である。しかし、言語は、ヨーロッパ語ではなく、言語学的には、シベリアに広がるフィン・ウゴル語族に所属している。そのため、スウェーデンを含めた西欧では、フィンランド語は「アジア語」であり、とりもなおさず、野蛮な「モンゴル人」であるとの「偏見」が広がっていた。十九世紀のブリタニカ百科事典でも、フィンランド人はモンゴル人とされていた。つまり、フィンランド語は、フィンランド語話者にとって、誇りでもあり「劣等感」でもあった。

トルコ人が、フィン・ウゴル語族の上位の分類であるウラル・アルタイ語を根拠に、トルコ語とフィンランド語は親族関係にある、つまり、フィンランド人とは親戚であると主張することに対し、苦々しく思っているフィンランド人が、近年でもいる。この言語理論は、学問的には証明されてない。トルコは歴史的に見れば、ロシアを南から牽制する、スウェーデン・フィンランドにとっての「軍事同盟国」のようなものであるが、オスマントルコに苦しめられた「西欧の偏見」が、フィンランドにも影響しているようで、同国および同国人に対して必ずしも親近感を抱いてはいないようである。フィンランド（語）人は、モンゴル人、アジア人、スラブ人、その他十九世紀の人種論で劣等とされた種族に、絶対になりたくないのである。

一方で、東京に勤務するフィンランド人外交官が、以前あるセミナーで、同じ言語理論をもって、日本人とフィンランド人は親戚であると発言するのを聞いて、驚いたことがある。外交辞令が過ぎるのではないかと感じたが、日本人聴衆には、肯定的な印象を与えたようである。二十年を超える筆者のフィンランド滞在中、フィンランド人と日本人が親戚であると考えている人物には、出会ったことがない。フィンランド人は、他のヨーロッパ人と同じく、アジアには親戚はいないと考えている。当然ではある。

ところで、このフィンランド人と日本人は親戚ではないかとするウラル・アルタイ語族理論に関して、ある種の「落ち」がある。十九世紀半ば、フィン・ウゴル言語学草創期の学者であるマティアス・アレクサンデル・カストレーンは、二度にわたりシベリアを探訪し、言語的親戚民族の膨大な言語・民俗資料を収集した。その功績もあり、ヘルシンキ大学で初代のフィンランド語教授となった。また、国際的な名声も得た。しかし、シベリアの厳しい気候の地での調査旅行は過酷を極め、カストレーンは結核などいくつかの病を煩い、若くしてこの世を去ることとなる。彼は帰国後、一つの仮説を立てた。すなわち、フィン・ウゴル語族、トルコ語族、そしてサモイェード語族に属する人々の故郷は、シベリア南部とモンゴル西部に位置するアルタイ・サヤン山脈付近であるとの理論である。この理論をヘルシンキにおいて行った講演をきっかけに、その影響は外国にも及び、フィンランド（語）人のモンゴル起源説が長く定着する源となった。ただし、彼はこの理論の発案者ではなく、すでにその可能性に言及していた研究者はいた。彼はそれを「強化」してしまったのである。現在では、この理論は放棄されているが、なんと、フィンランド人自らが、フィンランド（語）人の嫌がる、不都合な理論の推進者となったわけである。

カストレーンは、カレワラのスウェーデン語訳を作るなど、フィンランド語向上の立役者であったが、フィンランド語で執筆した論文はない。彼は、フィンランド語はまだ学術的に十分成熟していないと考えていた。出自は、フィンランド北部のラップランドで、父親は牧師であった。つまり、身分制議会でいえば、僧侶階級に属しており、名字からして、スウェーデン語系の可能性もある。故郷はフィンランド語地帯なので、フィンランド語とスウェーデン語のバイリンガルであった。まだ、言語闘争、つまりフィンランド語系かスウェーデン語系という「民族対立」が激化する前なので、本人がどちらにもともとのアイデンティティーを感じていたかは分からない。また、当時、民族ロマン主義の全盛期であったが、過激なフィンランド語主義（フェンノマニア）からは距離を置いていた。

②人種の優劣は軍事力で決まる

ここで、少し立ち止まって、ヨーロッパで「発明された」人種分類について考えてみたい。アメリカのＴＶサスペンスを見ていると、よく、「コーカソイド」という人種分類が出てくる。この、コーカソイドという言葉は、十八世紀にブルーメンバッハというドイツ人学者が考え出した人種分類に基づいている。トルコ・アナトリア半島の東に、聖書で人類の祖先とされる「ノアの箱舟」がたどり着いたアララット山がある。この地が、コーカサスと呼ばれる地域である。この地から西へ向かったのがヨーロッパ人の祖先で、東に向かったのが、インド・ペルシャ人である。つまり、白人であるヨーロッパ人は、コーカサス地方から来たということで、「コーカサス人（白色人種）」と名付けた。そして、アジア系は「モンゴル人（黄色人種）」と「マレー人（褐色人種）」とされた。さらに、「エチオピア人（黒色人種）」、「アメリカ・インディアン（赤色人種）」と五分類した。現在でも、いまだに、この「理論」の流れで、白人（コーカソイド）、黄色人（モンゴロイド）そして黒人（ネグロイド）という分類は使用されている。

この分類、というよりネーミングの方法は、十八世紀ヨーロッパという時代を考えれば、ある程度やむを得ないかもしれないが、ヨーロッパ人（コーカソイド）は、神に選ばれたノアの箱舟の子孫であるというのは、全くの宗教的ファンタジーである。では、黄色人種（アジア人）に、なぜ「モンゴロイド」と名付けたのか。当時のヨーロッパ人にとって、かつて騎馬に乗ってヨーロッパに攻め込んできたモンゴル人が黄色人種の代表のように見えたのであろう。この命名により、モンゴロイドという言葉は、ヨーロッパ人の中に、恐怖と蔑視を自動的に呼び起こすことになった。説明しなくても、コーカソイドより劣った人種と理解できるようにしたのである。もし、黄色人種を「ジャパノイド」としていれば、より中立的になったのではないだろうか。フィンランド人もモンゴロイドと呼ばれて悔しい思いをせずに済んだかもしれない（筆者の「偏見」かもしれないが）。なぜなら、日本人は、あの人種差別の極端な例であるナチスドイツや南アフリカ国などで、「名誉白人」とされていたからである。日本が日露戦争に勝利して軍事大国になり、太平洋戦争では負けたものの経済大国となり、文化面でも、十九世紀後半から二十世紀にかけてフランスを中心にヨーロッパで「ジャポニスム」が流行するなど、欧米諸国は、もはや日本を野蛮なアジアの劣等国と決めつけられない状況ができていた。

かつて、何人かのフィンランド人から、フィンランドは経済成長が順調で、ヨーロッパの日本と呼ばれている、と親しみを込めて言われたことがある。フィンランドはソ連崩壊の影響を受けての経済破綻までの話である。経済と人種論は、違うといえば違うのではあるが、日本と同じと言われることに「誇り」さえ感じていたのである。初代の駐日フィンランド公使である、言語学者ラムステッドは、自分がアジア人を軽視しないのは、日本人の成果のおかげであると述べている。

十八世紀に広まり始めた西ヨーロッパの人種論であるが、同じような偏見は、日本側にもあった。ヨーロッパによる日本侵略の第一陣ともいうべきスペイン・ポルトガルの来日宣教師を、当時の日本人は、「南蛮人」と呼んだ。もともとは、中国から借りた表現であるが、南から来た野蛮人と見なしたわけである。次に来たイギリス・オランダ人のことは、「紅毛人」と呼んだ。北欧系の彼らの髪の毛の色が違っていたから区別したのであろうが、なぜ「蛮人」ではなかったのか。彼らはプロテスタントの国の人間であり、来日目的は、商売が主で、宗教性がなかったことも、日本人の目には大きかった。つまり、ポルトガルやスペインのように「野蛮な宗教（ローマ・カトリック）」を持ち込み、日本人の心を征服しようという「悪意」を感じなかったので、あえて「蛮人」としなかったのではないか。当時の日本人が、どの程度、ヨーロッパの宗教戦争に通じていたかは分からないが、日本にとって、どちらがより「蛮人」であるか見抜いていた、まさに日本人の「慧眼」と言えよう。

日本人の「人種論」は、太平洋戦争で、アメリカにこっぴどく負けるまでは、欧米人を「毛唐」と呼ぶなど続いていた。しかし、圧倒的なアメリカの軍事力の前に敗北し、さらに戦後は、文化的にもアメリカ文化が充満したため、「毛唐」という蔑称は、いつのまにか雲散霧消した。欧米人を見下す根拠がなくなってしまったのである。自信喪失したヨーロッパが、アジア人を蔑視しなくなりだしたのと同じ、平行現象である。一方で、大きく自信をつけたアメリカ（ＵＳＡ）では、法的な黒人奴隷解放や差別が徐々に撤廃されたものの、感覚としての人種差別が依然として続いており、時折、火を噴いている。

人種差別は、今なお深刻な問題として残っているが、人種論、特に人種間に進化や優劣を含めた人種差別論は、第二次世界大戦後、次第に姿を消していった。これは、「学問的研究が進んだ」からではない。ヨーロッパの覇権、つまり強いヨーロッパというものが過去のものとなり「ヨーロッパ人、すなわち、白人が最も優れた人種である」との根拠がなくなってしまったからである。要は、「けんか」に強ければなめられないのである。

ところで、人種論つまり人類学は、近年、ＤＮＡなど目に見えない遺伝子学を取り込んできたが、そもそも、人種が違うと感じるのは、外見によってではないか。自分達と違った容貌、すなわち、肌や髪の毛の色、体格など、ビジュアルな体験が異人種を感じさせるのである。見えないＤＮＡで、人種の違いを言われてもピンとこない。人種論は、外見論にとどめるべきであろう。要は、優劣をつけなければいいのである。

（2）言語～フィンランド語は日本語の親戚？～

フィンランド語は、フィンランド・アイデンティティーの根幹である。それは、スウェーデン語との「闘争」の中で、鍛えられていった。

①スウェーデン語もフィンランドの公用語

フィンランドの公用語は、フィンランド語とスウェーデン語の二つである。北部ラップランドでは、一部の地域で、サーメ語（ラップ語）が準公用語となっている。つまりサーメ語で役所の諸手続ができる。

現在では、フィンランド語系住民が圧倒的多数で、スウェーデン語は「絶滅危惧種」などと揶揄されることもあるが、フィンランド語が優勢になった、つまり話者の数だけでなく、行政、文化の両面でスウェーデン語を圧倒しだしたのは、比較的最近の話、つまり、一九一七年のロシアからの独立以降のことである。フィンランド語について考える前に、スウェーデン語について少し、言及したい。

筆者が初めてフィンランドに到着した一九七〇年代初めは、ヘルシンキの街中でも、結構スウェーデン語を耳にしたが、近年はそれも少なくなった。ただし、南海岸や東海岸のスウェーデン語地帯、とくに全島員がスウェーデン語話者であるオーランド州では、フィンランド語を使わない日常がある。それらの地域では、フィンランド国営放送局ＹＬＥによるスウェーデン語放送はあまり視聴されず、スウェーデン本土からの放送を受信していることが多い。つまり、フィンランド語系とスウェーデン語系は違った文化圏で生活していることになる。

スウェーデン語は、デンマーク語やノルウェー語と極めて近く、広くは、英語やドイツ語などとともに、ゲルマン語のグループに属する。文法は英語に近いので、英語のできる日本人にとっては、入門文法で躓くフィンランド語学習と違って、比較的楽に入りやすい。他方で、語彙は英語に似ているものもあるが、ドイツ語の影響を大きく受けているので、改めて勉強する必要がある。フィンランドで使われているスウェーデン語、つまり方言は、書き言葉は本土標準語と共通であるものの、会話のイントネーションがかなり違う。本土スウェーデンの標準語は、若干中国語に似た、「音楽アクセント」とも言われる独特の抑揚がある。それに対して、フィンランドで話されているスウェーデン語は、音の流れが平らで、ちょっと聞いただけでは、フィンランド語と聞き違える。本土のスウェーデン人からすると、フィンランドのスウェーデン語は、ノルウェー語やデンマーク語と同じく、「外国語」に聞こえるようである。なお、筆者の印象では、スウェーデン本土で書かれた書物より、フィンランドのスウェーデン語で書かれたものの方が、文語としては違いがないはずだが、分かりやすい気がする。

個人の意見ではある。

第九章でも述べたが、十九世紀に多くの知識人が意図的に家庭語をフィンランド語に換えていった一方、それを良しとしない人達は、対抗組織 svekomania（スベコマニア）を立ち上げ、現在のスウェーデン国民党の結党へとつながっている。彼らは、民族的にはスウェーデン人であるが、心は、愛国心あふれるフィンランド（国籍）人である。スウェーデン復帰は望んでいない。なお、個別のスウェーデン語系住民で、スウェーデンに移住している者は、一定数いる。

②ヨーロッパ語から排除されたフィンランド語

本題のフィンランド語に入りたい。「フィン・ウゴル語族」と言われるフィンランド語、エストニア語、そしてハンガリー語は、ヨーロッパという地域に存在し、かつ人口的にも、シベリアの親戚言語群より圧倒的に多いにもかかわらず、シベリアに親戚を持つということで、「ヨーロッパ語族」とは別種の「未開の」アジア語グループに分類されている。つまり、フィンランド人は、ヨーロッパ人扱いされていないのである。「アジア人は野蛮である」（大前提）、「フィンランド語はアジア語である」（小前提）、故に「フィンランド人は野蛮人である」（結論）という三段論法である。そもそもこの言語学的分類には、人種差別の臭いを感じる。ヨーロッパには、年に一度ユーロビジョン・コンテストという一大歌謡祭典がある。参加するのは原則ヨーロッパとされる地域の国々からだが、かつてソビエト連邦を構成していた中央アジアの諸国が、ソ連はヨーロッパの一員である位置づけされていた名残から、このコンテストに参加を認められている。このように中央アジアをヨーロッパ扱いするなら、ロシア連邦にある「フィン・ウゴル語諸民族」もヨーロッパ扱いされてもいいはずである。また、ヨーロッパの歴史において、古くから一角を成してきたハンガリーもフィンランドも、立派にヨーロッパ文明圏に属する国である。すなわち、「フィン・ウゴル語族」は、言語の分類において、最初からヨーロッパ扱いされるべきである。ヨーロッパに二系統の言語群があるとすれば良いのである。フィンランド語がヨーロッパ語グループからつまはじきされたことで、フィンランド人は、言われのない人種差別に苦しむことになった。ちなみに、東京外国語大学にアジア・アフリカ言語文化研究所というのがあるが、フィンランド語もその範疇に含まれている。

そこで、筆者の一案である。「インド・ヨーロッパ語族」とは、ヨーロッパとインドという広大な地域につけた名称である。ところが、「フィン・ウゴル語族」とは、フィンランドとハンガリーという個別の民族・国の名称である。同じ意味で「ウラル語族」とも言われるが、「ウラル」は山脈の名前である。また「アルタイ語族」も山脈の名前である。「インド・ヨーロッパ」に平仄を合わせるなら、「フィン・ウゴル語族」ではなく、広大な地域を表す「ユーロ・シベリア語族」とするのも一案であろう。そうすれば、フィンランド語はヨーロッパの一員として分かりやすい。少々持論が長くなった。

なお、「フィン・ウゴル語族（ウラル語族）」は、さらに、「ウラル・アルタイ語族」などと拡大され、日本語はアルタイ語（トルコ語、モンゴル語など）に入るので、結果、フィンランド人と日本人は親戚になる、などという説もある。ただし、今のところ、ウラル語族とアルタイ語族は親戚関係が証明されておらず、従って、フィンランド人と日本人は親戚とは言えない。

③言葉の特徴

フィンランド語は、入りづらい言葉である。まず、スウェーデン語や英語とは、言語的親戚関係がない。スウェーデン語からの借用語は沢山あるが。英語と共通する単語がほとんどなく、そのため、語彙の面で英語の知識があまり役に立たない。フランス語の新聞をみると、英語と共通する単語が沢山あるのとは対照的である。次に、英語は初歩の段階から、単語の羅列でなんとかコミュニケーションを図ることができるが、フィンランド語は、語尾の変化をきちんとしないと、ほとんど通じない。英語は入りやすいが、中級、上級と先に進むとどんどん難しくなる。綴りや文法に一貫性がなく、ジャングルのような世界である。他方で、フィンランド語は、初級をクリアするとその先が楽になる。文法も極めて規則的である。理由は、語彙の「民族的純粋性」、つまり外来語が少ないということである。英語と日本語は、難しい概念は、「外来語」に頼っているが、フィンランド語には、日常の平易な言葉から抽象的な概念に発展させる生命力がある。例えば、kirja（キルヤ）「本」から、kirjasto（キルヤスト）「本のあつまり／図書館」、kirjallisuus（キルヤッリスース）「文字であること／文学」となる。また、sopia という単語があるが、「都合がいい」「(目的に) 合う」などの意味がある。これを名詞化して sopimus とすると、「契約（contract)」さらには「条約（treaty)」などの抽象度の高い語彙にもなる。日本語や英語では「民族語」、つまり、日本語の場合は、「大和言葉」からの抽象化はあまりできない。日本語で『合うこと』に契約や条約の意味を付与することも可能ではないだろうか。つまり、「アメリカと『合うこと』を結んだ／アメリカと条約を締結した」。もう一つ例を挙げれば、tutkia「調べる」という言葉がある。これを抽象化すると、tutkielma「(あるテーマについての）報告書」、tutkimus「調査・研究」、tutkinto「学位・資格」、tutkinta「捜査」となる。これらの派生語は、十九世紀から二十世紀にかけて、多くの知識人が試行錯誤の上、苦労して作り上げた「文明語」である。このように、フィンランド語学習では、単語の派生システムを理解すると、上級に進むほど楽になる。他方で、「be 動詞」や「関係代名詞」、そして複数形がある点は、英語に似ている。

フィンランド語を学習しようとした知り合いの多くが、「辞書も引けない」と、早々にギブアップしてしまった。この入門時における最大の難しさの理由は、その語尾変化の複雑性にある。例えば、「水は」はvesiであるが、「水の」はveden、「(不特定量の）水」はvettä、「水の中へ」はveteenである。入門時に、およそ百くらいある、このような語尾子音の入れ替わり法則を、まず、記憶しなければならない。最初で最大の難関である。他方で、日本人にとって分かりやすい点が二つある。一つは、英語であればinやoutなどの前置詞を使うところを、語尾変化で表すので、日本語の「てにをは」をつけたように感じる。「ヘルシンキでは」は、helsingissä（ヘルシンンギッサ）と、前置詞ではなく、語尾を変える（sä／サを付ける)。二つ目は、フィンランド語は子音＋母音が多く、子音が重なることはほとんどないので、発音しやすい。カタカナ読みでかなり通じる。アクセントも、単語の第一音節を強く発音するだけという単純さである。かつて、フィンランド人の英語を揶揄するラジオ番組があった。フィンランド人とイギリス人の会話の中で、フィンランド人が「He is a very important person.」と important の最初の母音を強く発音した。それを聞いたイギリス人が、「でも、彼には子供がいるじゃないか」と怪訝そうに言った。

フィンランド語の音韻関連の特徴をいくつか挙げたい。一つに、語頭に子音が原則重ならないことがある。フィンランド語で「フランス語あるいはフランス国」をRanska（ランスカ）と言う。頭の「F」が取れたのである。近年英語の普及もあって、若い世代では、語頭に子音が重なる発音もスムーズになってきているが、年配の世代では、treenata（トレーナタ）「トレーニングする」を（レーナタ）と「t」を抜かすことがある。他方で、psykologia（心理学）は、英語と同じく「p」は読まずに（シコロギア）と発音する。

次に、外来語で、語頭に濁音、つまりD、Gあるいは Bがくると、T、Kあるいは Pと清音になることがある。フィンランド人にとって、語頭の濁音は言いにくいのである。「デンマーク」は Tanska（タンスカ）、「銀行」は pankki（パンキ）となる。最近のパソコン用語で、「ググル」というのがあるが、フィンランド語でも同様に googlata（グーグラタ）と言う。口語では kuukkeloida（クーッケロイダ）となる。Gが Kに変わる。ただし、「ゴルフ」は golfi（ゴルフィ）で、清音にはならない。なお、『ta』『oida』は外来語から動詞を作る時に付けられる語尾である。日本語の「（す）る」にあたる。他方で、この最初と二番目の原則は、近年では適用されなくなってきており、もとの綴りに近づけて書いたり、発音したりするようになっている。例えば gene ／ジーン「遺伝子」は keeni ではなく geeni と綴り、（ゲーニ）と発音するのだが、実際の発音では、かなり（ケーニ）に近く聞こえることがある。筆者が留学を始めた当時、tankero（タンケロ）という歌が流行っていた。もともとは英語で、フィンランド語なまりに発音したものである。当時のフィンランド人の英語力を自虐的に歌ったものである。英語に戻すと、tankero → dangero → dangerous（危険な）となる。

三番目に、フィンランド語では、外国の人名、会社名、製品名を、原音でなくフィンランド語の読み方で発音する、つまりほぼローマ字読みする。例えば、manageri「マネージャー」は（マナゲリ）という。「柔道」はjudo（ユド）である。フランスの自動車、PEUGEOT「プジョー」は、（ペウゲオッティ）と発音する。これを初めて聞いたとき、何のことか分からず、フランスにそんな名前の自動車会社があったかな、と思った。また、イギリスの国際的音楽グループであるビートルズに、「ジョージ・ハリスン」というメンバーがいたが、このgeorge／ジョージを（ゲオルゲ）と発音していた。

四番目に、長い単語などをニックネーム風に変えることがある。フィンランド最大の日刊紙は、Helsingin Sanomat「ヘルシンギンサノマト紙」というが、簡略化してhesari（ヘサリ）となる。henkilöllisyystodistus（ヘンキロッリシューストディストス）「身分証明書」は、henkkari（ヘンッカリ）、そして、長くはないが、televisio（テレビシオ）「テレビ」は、telkkari（テルッカリ）、ドイツの自動車ＢＭＷ「ベーエムベー」はbemari（ベマリ）などと言う。ari（アリ）をつけて短く愛称化する。

五番目に、フィンランド語の別の特徴として、外来語が少ないことがある。そのため、英語からの類推が効かない。フィンランド語に入りにくい点の一つでもある。これは、十九世紀のナショナリズムの時代に、「言語の浄化」が進められ、よりフィンランド的になったという背景がある。例えば、telefooni（テレフォーニ／電話）をpuhelin（プヘリン）とフィンランド語化したりである。この傾向は今でも続いており、コンピューター用語も、日本語のように英語をそのまま取り入れるのではなく、例えば「マウス」はそのまま使わず、hiiri「ねずみ」と翻訳するなど。他方で、英語も徐々に、しかも確実に忍び寄っている。「代表団」はvaltuuskunta（バルトゥースクンタ）という言葉があるが、delegaatio（デレガーティオ）と英語を使ったりする。夜のきちんとした食事をdinneri（ディンネリ）などと言うことがある。本来は、illallinen（イッラリネン）である。また、文章の構成も、筆者の印象であるが、百五十年前のフィンランド語に比べて、名詞の前に長い形容詞句をつける代わりに、関係代名詞で後ろに続けることが増えて、「英語的」構文が多くなっているような気がする。あくまで個人の感想ではあるが。なお、明治時代の日本語は、戦後の国語教育を受けただけの者にとっては読むのに苦労するが、フィンランド語は、その頃文語が確立された新しい言葉なので、現在のフィンランド語とほとんど変わっていない。また、日本語と同じく、十九世紀から二十世紀にかけて、「文明語」を大量に造語し、その作業には、言語学者のみならず、市井の好事家も大勢参加した。漢字を使った日本語とは違い、大原則は外来語を入れずに、フィンランド語から文明語を派生させるということであった。フィンランド語に外来語が少ない理由である。この姿勢は、ナショナリズムを超えて、ある種のxenophobia（ゼノフォビア／外国（人）嫌い）に近いかもしれない。もっとも、当時のフィンランドにとって外国とはロシアとスウェーデンであるので、やむを得なかったかも知れない。

余談になるが、フィンランド語には母音が多いという特徴のため、日本語と同じ発音で全く意味の違う単語がある。いくつか紹介したい。koe（コエ／試験）、kani（カニ／うさぎ）、koi（コイ／蛾）、mono（モノ／スキー用ブーツ）、hanko（ハンコ／干し草用三つ叉 or 地名）、susi（スシ／狼）、me（メ／私達は）、te（テ／あなた（達）は）、he（ヘ／彼（女）達は）などである。傑作は、osake ja osinko（オサケ　ヤ　オシンコ／株　と　配当）である。次に、一部、品がないものもあるが、例示したい。aho（アホ／未耕作の焼き畑）は、人名にも使われ、以前その名の首相がいた。Ahokainen（アホカイネン）という姓もある。この名字を持ったアイスホッケー選手がかつて日本に滞在していた。Henna（ヘンナ）という女子の名前もある。逆に、フィンランド人の耳に奇妙に聞こえる日本語もある。hana（ハナ／水道蛇口）、kana（カナ／鶏）。これに ko（コ）をつけると疑問文になる。ハナコ→蛇口なの？　カナコ→鶏なの？　極めつけは、kakka（カッカ／幼児語で「うんち」）である。駐フィンランドの日本国大使が出席したある文化行事で、別の日本人賓客が挨拶し、思いっきり「大使閣下」と言ってしまった。参加していたフィンランドの子供達は笑いをこらえていた。

さらに脱線したい。フィンランド語やその他のヨーロッパ語を学んでいて、感じたことがある。特にフィンランド語は、日本語に比べて「民主的」な言葉であるとの印象がある。地域による方言はあるものの、イギリスのように社会階級間の「方言」はない。男女が、良くも悪くも同じ言葉を同じ調子で話す。女性も、社会階層により、英語で言う「Ｆワード」的な、かなり「野卑な」言い回しをする。ある時、フィンランド人から、日本語の「Ｆワード」には、どんなものがあるかと聞かれたことがある。「神」に関連していたり、あるいは性的な「ののしり語」の「豊富な」、フィンランド語含む諸外国語の話者にとっては、日本語の「馬鹿野郎」や「こん畜生」は、マイルドすぎるようである。日本の場合、女性同士の会話は分からないが、少なくとも、筆者が人生で会話した日本人女性が、「下品な」言い回しをするのを聞いたことがない。フィンランド人の女性から、ある時、日本の女性は、家庭外の男と話す時、つまり、「そとづら」の会話は、少し甲高くトーンを上げなければならないのか、と聞かれたことがある。確かに、筆者の世代やその上の世代には、声色を変える女性がいる。若い世代のことはよく分からないが。言い換えれば、日本的女性らしさを求められているということである。フィンランドでは、男女同権なので、女性らしさはほとんど要求されない。むしろ、声色を変えようものなら、男に媚びているとして、まわりの同じ女性からヒンシュクを買いかねない。また、フランス語やロシア語のように、文法上の女性形というものがない。これも、女性らしさが出ない点である。筆者が留学時代、あるフィンランド人女子大生が日本語を学んでいた。彼女いわく、女性が男性と違う言葉を話すのはおかしい、自分は、「ワタシ」ではなく、「ボク」を使いたい。これに対し、筆者が、男性も改まった場所では「ワタシ」を使う、つまり女性は丁寧な言葉遣いをすることを期待されているのであって、女性言葉自体が、差別されているわけではない、と説明した。納得してくれたようであった。

語彙の点でも、日本語は「非民主的」である。例えば、人称代名詞であるが、フランス語（vous／tu）やドイツ語（Sie／du）のように、フィンランド語の二人称は、te「あなた」とsinä（あるいはsäi）「君」の二分類しかない。なぜ、日本語には「無駄に」沢山あるのか。相手が自分より「えらい」かを見極めて、使わなければならない。敬語と言われるものも無駄の類いではないか。筆者の印象であるが、日本語は「平安時代的」身分制を引きずっている、極めて「封建的」な言葉であるように思える。古典などに出てくる「崩御」や「おおとのごもる」など、高貴な人物には、庶民と別の単語が使われる。複雑な「敬語」という体系は、偉い人が威張るためのものでしかないであろう。英語以外のヨーロッパ語のように、家の外で使う「丁寧語」と、家族や友達と使う「タメ口（ためぐち）」の二種類で十分であろう。筆者は大学が大阪だったが、大阪弁は、東京弁ほど男女の違いがないように思える。ドラマを見る限り、東北弁も男女の差がないように見える。江戸・東京の言葉には、男尊女卑の激しかった武家社会の文化が残っているのではないか。つまり、いまだに「民主化」されていないのである。書き言葉では、それまで「暇な」知識人に独占されていた、無駄に多い漢字は、戦後、「当用漢字」そして「常用漢字」へと、庶民が学びやすいように整理されてきた。漢字だけでなく、語彙や文法も「民主化」すべきであろう。ただし、大陸中国のように、漢字をあまり簡略化してしまうのも、古典語との差が開きすぎて、それへのアクセスの障害となりかねず、文化の継承の点で、やり過ぎとは思うが。

フィンランド語は、英語やフランス語のような気取った言い方は出来ないが、温かみと親しみを感じさせる心地よい言葉である。筆者が留学の際、ロシア（ソ連）からフィンランド領内に入った時のことである。列車に乗り込んできた税関職員のkiitos（キートス／ありがとう）という生のフィンランド語を最初に聞いた時は、外国人旅行客に対して半ば「犯罪者」を扱うように接してくる強面のソ連官憲から解放された、という安堵感でいっぱいであった。余談だが、ソ連の官憲についてのエピソードがある。筆者が乗り合わせたフィンランドに到着する直前の列車で、ソ連官憲によるチェックがあり、オーストラリア人カップルが引っかかった。アメリカの「プレイボーイ誌」を所持していたのを、ポルノ所持ということで咎められたのである。そこになんと、他のソ連人官憲達が群がってきたのである。「ポルノ雑誌を持っているそうだ」と、興味津々でお互いに会話しているのが分かった。なにか、仲間内でのぞき見をするため、税関チェックをしているようで、不愉快であった。

フィンランド語に話を戻す。フィンランド語は気取らない言葉である。言い換えれば、会話は言葉どおりの意味で、裏はないということである。京都弁で何かを頼んだとき、「考えときます」という答えがきたら、それは断りの意味だ、とはよく言われるところである。フィンランド語には、こうした「回りくどい」表現はない。例えば、Do you speak English ? と聞かれて、A little. と答えると、相手は、こちらは本当に少ししか話せないのだと理解する。つまり日本的な「謙遜」という概念はない。もちろん、「控えめ」や「思いやり」の気持ちは文の流れに込めることはできるが。フィンランド語によるややこしい貴族社会がなかったから、「駆け引き」の文化が発達しなかったのかも知れない。

④「絶滅危惧種」から「公用語」へ

フィンランド語は、十九世紀半ばに、ようやくスウェーデン語に加えたもう一つの公用語として、ロシア皇帝アレクサンドル二世に認めてもらうことになった。フィンランド知識人によるフィンランド語の「文明化」の努力について見てみたい。

フィンランドは、十九世紀初頭までは、スウェーデンの東部地域であった。つまり、公用語はスウェーデン語であった。フィンランド語で書かれた文献は、ほとんどが宗教関係で、一部、裁判などで、フィンランド語系住民向けに使用される行政文書の翻訳があった程度であった。宗教改革の時代から近代にかけて、スウェーデンはバーサ王朝の下で、近代的な国家づくり、つまり、領土全般を王権の監視下に置くべく、官僚機構の整備が進められてきた。それは、とりもなおさず、スウェーデン語の強化であり、フィンランド地域も例外ではなかった。「出世」するためにはスウェーデン語の能力が必須であった。教育もすべてスウェーデン語であり、それによりエリート層のスウェーデン語化が進んでいった。もし、フィンランドの切り離し、つまりロシアへの併合がなかったら、フィンランド語は、アイルランド語のように、僻地に残存する俚言になっていたかも知れない。消滅の危機にあったと言える。これを救ったのが、ロシアへの併合である。

ロシア帝国時代になりロシア政府は、フィンランドでスウェーデンへの回帰の念が起きないようにするため、高度の自治権を認め、フィンランド語を尊重する姿勢を見せた。ただし、フィンランド語による出版は、当初は宗教、民族歌謡に限られ、政治的な文献は、西ヨーロッパの「革命思想」を庶民に流入させないため、禁止されていた。エリート層は、スウェーデン語のみならず、フランス語、ドイツ語、ラテン語など当時の先進言語に精通していたので、西ヨーロッパの政治思潮には通じていた。
ロシア政府による宥和政策の下、フィンランド語の研究は、当時の言語ナショナリズムの大きな影響を受けながら、急速に進んだ。このフィンランド語研究は、大きく二つに分かれる。一つは、これまで述べてきたような、シベリアに散在する親族言語の探求を通して、フィンランドは世界史の中でどこにいるのか、フィンランド（語）人の故郷や歴史を探ろうとするものである。つまり、「先祖」探しである。もう一つは、フィンランド語そのものを研究し、農民の俚言から文明語に育て上げる試みである。

これまでフィンランド語で書かれた文書は、聖書のフィンランド語訳を含め、ほとんどが宗教関係であった。フィンランド語のステータスを上げるためには、行政や文学にも使えるレベルに持って行かなければならない。こうした動きは、すでにスウェーデン時代末期にもあったが、本格的になったのは、ロシアへの併合後である。それまで、フィンランド語は、中心都市であったトゥルクの所在する西南部、つまり西方言を基に書かれていたが、より強い民族の純粋性を求める民族ロマン主義の影響を受け、よりフィンランド的で、スウェーデン語に「汚染」されていない東部方言を中心とすべきとの主張が強くなってきた。この学者間における東西方言の綱引きに決着をつけたのが、民族叙事詩カレワラを著したレンルートである。カレワラの言葉は、言語学的にいうと、形態論、統語論的には東方言で、正字法的には西方言である。レンルートは、精力的に両方言の融和を図り、彼の権威により、方言論争は決着した。

十九世紀から二十世紀初めにかけてのフィンランド語研究は、言語学で言う「通時的」つまり、歴史に重点が置かれていた。当時は、「青年（or新）言語学派」と呼ばれる比較言語学が全盛で、フィンランド語の音韻の歴史や親戚言語の研究に力が入ったが、他方で「共時的」つまり、今話されているフィンランド語の文法などの構造研究は、必ずしも大きな関心の対象とはならなかった。本格的な現代語フィンランド語の辞書が作られるのは、第二次世界大戦後であった。「ルーツ探し」に忙しく、相対的に、今の自分を見つめることに関心が薄かったと言える。

なお、具体的なフィンランド語の地位向上のためのアカデミックな分野での動きとしては、一八三一年に、フィンランド語の研究・発展のため「フィンランド学芸協会」が設立された。大学関係では、大学が一八二七年にヘルシンキに移設されたのを機に、常設のフィンランド語講座が開始された。一八五一年に初めてフィンランド語の教授職が設置され、フィンランド語が公用語として認められた一八六三年になると、単位の取れる講座に昇格した。庶民の教育に関しては、一八五八年には、中部の都市ユバスキュラの中等教育学校で、初めてフィンランド語の授業が、スウェーデン語に加えて行われるようになった。その成果としてフィンランド語系の学生が大学で増え、一八八〇年代に入ると、スウェーデン語系学生の数を上回るようになった。一方、大学の教授陣に関しては、フィンランド語での授業がスウェーデン語での授業より多くなったのは、二十世紀に入ってからである。

⑤フィンランド史の偉人（ii）フィンランド語文語の父、アグリコラ

一五四八年、ミカエル・アグリコラ(「農民」の意味)による聖書の翻訳が出版された。これは、ルターの宗教改革で、聖書はそれまでのラテン語ではなく、庶民が理解できる「民族語」で読むべきとされた、ヨーロッパの多くの言葉に翻訳された巨大な宗教・文化活動の一環である。フィンランド語が、権威ある文語として初めて登場した。そのため、アグリコラは、フィンランド語文語の創始者という位置づけになっている。その翻訳作業には約十年の年月を要した。なぜなら、それまで、フィンランド語には書き言葉というものがなく、そのため、聖書の思想を表す、適当な抽象的文言を新たに作り出すことが必要だったからである。アグリコラは、フィンランド南海岸地帯の裕福な家に生まれ、その後、ビープリ(現在はロシア領内、当時の「大都市」の一つ)の教会学校に通い、トゥルクで牧師を務めた後、ルター派宗教改革の総本山であるドイツのウィッテンベルク大学で三年間学び、修士号を取得した。帰国後は、当初トゥルクで教会学校の校長を務め、その後トゥルクの司教に任命された。

当時は、母国スウェーデンでも、グスタフ・バーサ王の主導で、宗教改革というより、教会権力と財産の強奪が露骨に進められていた。具体的には、教会人の任命権を国王が握り、また、中世末期には、スウェーデン国土の五分の一を教会が所有していたが、これを、教会の財産は国民に属するとして、ほとんどを没収した。さらには、カトリック的儀式を廃止することで、それに使用されていた、高価な儀式用装飾品が不要になったとして、召し上げた。このように、宗教人にとって厳しい時代ではあった。アグリコラは、グスタフ王の「改革」に心底から同調したわけではないが、従順に対応し、トゥルク司教区の司教に任命された。しかし、この際、トゥルク司教区は分割され、東部にビープリ司教区が設置され、トゥルク司教は全フィンランドの代表ではなくなった。アグリコラにしてみれば、不本意であった。国王が、フィンランド司教区を二つに分けたのは、宗教活動の効率化のためではなく、司教の力を削ぐためであった。グスタフ王が、宗教を実質無視していた例として、三度目の結婚がある。相手は、亡妻の姉妹の十六歳の娘である（国王五十六歳）。これは、キリスト教の教えに反していた。

アグリコラは、一五五七年、和平交渉団の一員としてモスクワ訪問の帰途、病に倒れた。彼が交渉団に加えられたのは、ドイツ留学経験者で、ドイツ語に堪能であったからである。実際の交渉で何か実績を残したとの記録はない。なぜ、交渉団がロシア訪問をしたかというと、当時スウェーデン・ロシア国境で小競り合いが頻発していたからである。その背景には、一三二三年に最初の対ロシアとの国境を定める条約が結ばれたが、その後、スウェーデン側から国境を越えた東への植民が増加して、ロシア側は脅威に感じていたことがある。二百年以上比較的平穏であった対ロシア関係が、スウェーデンのバルト帝国への野心により、大きく変動する嚆矢とも言える出来事である。言い換えれば、アグリコラは、グスタフ王の軍事的野心により、数ヶ月にわたる過酷なロシア訪問の旅を強いられ、健康を害し命を落としたとも言えなくない。司教という高位にまで上り詰めたが、時代に翻弄された一生であった。

ところで、アグリコラは、フィンランド人、つまりフィンランド語を母語、家庭語としていたのか、それともスウェーデン語を母語としていたのか、という点で、両国の学者の間で論争がある。彼は、聖書翻訳後、長らく忘れられた存在であった。十九世紀になり、フィンランドでナショナリズムが興隆すると、フィンランドに貢献した偉人捜しが始まった。そこで「発掘」されたのがアグリコラである。フィンランド語系の学者が、それまでの通説に意義を唱え、フィンランド語を能くするアグリコラはフィンランド語人だと言い出したのである。この論争は、資料がないので決着はついていない。他方で、アグリコラが生まれたのは、フィンランドの南海岸地帯、つまり、スウェーデン語地帯である。また、十四世紀に、ローマ教皇が、司祭は赴任地の言語が流暢でなければならないと定め、それにより、教会人であるアグリコラは、フィンランド語を学習せざるを得なかった状況にもあった。状況証拠は、彼の母語がスウェーデン語であったことを示しているようにも見える。いずれにせよ、彼は、フィンランド語、スウェーデン語のみならず、ラテン語、ドイツ語さらにはギリシャ語にも堪能な（ヘブライ語は苦手であったが）、その時代として一流の知識人であり、国際人であったと言う方が合っている。彼の生きた時代は、まだ、ナショナリズムなどない時代である。

V　ロシアとの関係

第十四章　隣に住む獰猛な熊

ナポレオンがヨーロッパ中にまき散らしたナショナリズム（国民国家）という「猛毒ウイルス」は、十九世紀末には、各地でますます凶暴化してきた。そして、ついに、ロシアも他民族の自主性を尊重する「寛容な」帝国主義を捨て、偏狭なナショナリズム、汎ロシア主義、つまり、ロシア帝国の全面的ロシア化政策を取るに至り、その刃をフィンランドにも向けてきた。

この、第一次世界大戦開始少し前の時期から第二次世界大戦までの時期が、フィンランドのロシアからの独立戦争の時期であった。独立したのは、一九一七年の十二月六日であるが、このときは、ロシアが、ロシア革命という大混乱に陥り、一時的に譲歩したに過ぎない。フィンランドは、その「隙間」で「棚ぼた的」に独立した。しかしロシア（ソ連）としては、フィンランドを含めた旧ロシア内の諸民族に認めた独立は、一時的な撤退策に過ぎず、いずれ、国力が回復したら、また取り戻すつもりであった。実際、フィンランド以外のバルト三国、ウクライナ、コーカサス地方などは、第二次世界大戦中にロシア（ソ連）に併合されてしまっている。

筆者は、フィンランドの独立戦争は、前哨戦がロシア化政策が開始された一八九九年に始まり、国家の存亡を賭けた熱い独立戦争は、一九一七年の「独立」ではなく、一九三九年から一九四四年までの冬戦争と継続戦争であると見ている。フィンランドは、多大な犠牲を払いながらも、再併合を免れ、独立を維持したのである。まさに、この冬戦争と継続戦争が、独立戦争の名に値するのではないか。ということで、ここでは、十九世紀からのフィンランド史を対ロシア関係に視点を置いて見てみたい。

（1）ロシア皇帝の臣民となる

①ロシアの宥和政策、ペテルブルクでの可能性

十九世紀初め、スウェーデンがロシアとの戦争に敗れ、領土の東半分であるフィンランド「地区」を割譲した。その際、兵士は捕虜になり虐殺されたのか。女子供は奴隷として売られたのか。フィンランドに所領を持つ大貴族達は財産を奪われ放逐されたのか。実際は、その正反対であった。

フィンランド自治大公国は、スウェーデンの制度を、ほとんどそのまま継続することを認められた。具体的には、法律はスウェーデン時代のままで、自らの中央政府、すなわち「元老院」が設置され、ペテルブルクには、重要案件についてロシア皇帝と協議する「特使」も常駐した。スウェーデン時代は、フィンランドで得られた税収の半分はストックホルムの中央政府に上納していたが、すべてフィンランドで使えるようになった。さらには、独自の通貨、税関、郵便、軍隊なども認められた。独自の税

関収入は、国庫収入の四十%にも上った。フィンランド大公はロシア皇帝の兼任であったが、現地のトップとして総督が派遣され、ロシア兵も駐屯していた。しかし、経済は現地のフィンランド政府に任せられ、総督は、警察権を統括していたものの、直接的なものではなく、地方の長官などを経由しての間接的な権限行使であった。フィンランド人貴族も、フィンランド独自の貴族院を構成し、ロシア貴族を実質的に排除していた。

フィンランド在住の住民には、ロシア(つまり、フィンランド大公国)か、スウェーデンか、どちらかの国籍を選ぶことが認められた。フィンランドに所領を持つ貴族は、どちらかの国籍を選ぶことを迫られた際、財産を維持するため、フィンランドに留まった。フィンランドに留まった将校には、「恩給」が与えられ、ロシア帝国軍での就役も認められた。つまり、むしろ優遇されたのである。ロシアに併合された後は、フィンランドに留まった貴族の子弟が、ロシアの士官学校などに優先的に入学を認められ、軍隊で昇進していった。ロシアの教育機関への優先的入学は、スウェーデンへの留学を阻止する狙いもあった。三千人ほどのフィンランド人が、ロシア軍内で将軍などの高位に昇進している。当時の軍人の教育は、単なる軍事関連の科目ではなく、教養を重視していたので、彼らは、文官、つまり役人としても、ロシア政府内でむしろ重用された。

教会もルター派の信仰を維持することが認められ、スウェーデンの大司教から独立し、独自の教義を作成していた。ロシア正教を強制されることはなかったので、牧師達も、フィンランドに留まった。エリート達がフィンランドに留まったのには、ロシアによる宥和策だけでなく、すでに十八世紀から、スウェーデン王国内間での仕事場の移動、例えば、フィンランド出身者がスウェーデン本土に赴任することが少なくなり、ある種の「土着化」が進行していたことがあった。フィンランド生まれの軍人は生まれ故郷の連隊に所属し、宗教界は、牧師階級の世襲化が進み、地元の教会に着任するようになっていたこともある。とくに牧師の場合は、仕事柄、住民との距離が近く、フィンランドでは、スウェーデン語とフィンランド語の両方が堪能である必要があり、スウェーデン本土からの赴任は、難しくなっていた。

文化面では、ヘルシンキに大学が、かつての中心都市トゥルクから移動され、文化の中心地としても発展した。フィンランド語の出版については、伝承文化などに関してのみ認められた。ロシア政府は、フィンランドにロシア語を普及させようとしたが、フィンランド人の消極性、あるいは、「無視」により、結局、断念した。

つまり、ロシアは、外交以外は、ほとんど「独立国」のように行動することをフィンランドに認めたのである。フィンランドを征服地として略奪するよりは、フィンランドのエリート層、つまり、貴族、高級軍人、牧師、裕福な商工人をロシア皇帝に忠実な臣民にする道を選んだ。彼らがスウェーデン時代に戻りたいと思う意識がおきないよう、いろいろな策を講じたのである。

ロシア併合後、ペテルブルクに大量のフィンランド人が、可能性を求めて移住するようになり、フィンランドの人口の二%ないし三%が居住する「最大級の都市」になった。フィンランド貴族階級の十五%はロシア在住で、二十七の家族は全員がロシアに移住した。貴族以外で、移住した者のうち、軍人、医師、薬剤師などは特に重用されていた。また、こうした高級職だけでなく、靴職人、仕立屋、金銀細工職人もおり、彼らもその仕事の質で高い評価を受けていた。ただし、多くの移住者あるいは出稼ぎは、徒弟や下女など、東部フィンランドなど貧しい地域からの、移動性の高い者達で、移住後の生活実態はかなり悲惨であった。

②ロシア化に備えて

自治の容認のみならず、歴代のロシア皇帝がフィンランドへ行幸するなど臣民の人心掌握も功を奏した。これにより、フィンランドのエリート層は、スウェーデンへの復帰を望まなかった。ナショナリズムという時代の潮流もあり、フィンランドという「国家」の運営に自信を持つとともに、それによる権益への自覚が強くなった。スウェーデンに復帰すると、またストックホルムに権限が移り、フィンランドは、元の一行政区になってしまい、せっかくつかんだ一国一城という権益を手放すことになる。さらには、スウェーデンとロシアが再度事を構え、フィンランドが戦場になることも危惧された。

フィンランドのエリート達は、ロシア的なるものをほぼ完全に排除することに成功し、「フィンランド国家」というものを、固めていった。その一つが、フィンランド語の国語化である。通常、ナショナリズムというと、多民族帝国内のある民族が、自らの言語あるいは宗教を前面に出して、自治あるいは独立を要求するのが一般であるが、フィンランドの場合は違った。スウェーデン語を母語とするエリート層が、なんと、その自らの母語を放棄し、農民の話すフィンランド語に変えたのである。ただし、スウェーデン語を話すのを止めたのではなく、バイリンガルになっただけではあるが。もちろん、すべてのスウェーデン語話者がそれに賛成したわけではなく、後には、両言語間のせめぎ合いが起きる。フィンランドの「民族国家」のアイデンティティー確立と高度な自治という既得権限を守るためには、ロシア的なるもののみならず、スウェーデン的なるもの、つまりスウェーデン語も排除しようとしたのである。ロシア政府は、こうした動きをむしろ好ましく捉え、容認した。まさか、フィンランド語が文明語に成長し、ロシアに刃向かう強力な武器になるなどとは思っていなかったのである。ロシア帝国内には、多くの民族がおり、フィンランド語と親戚関係にある言語を話す民族もいる。ロシア貴族は、自らの領地に住む、そうした農奴達の現状を見て、彼らの言語が到底、文明語になるなどとは夢想だにしなかった。また一方で、スウェーデン語系住民を本土スウェーデンと同一視し、分離主義者と見なした。

ではなぜ、フィンランド語が、急速に文明語化したのか。それは、それを作った知的エリート達が、スウェーデン語からフィンランド語に「文化」を翻訳したからである。無学な農民が自力でフィンランド語を文明化したのではなく、知識人達が、すでにあるスウェーデン文化をフィンランド語に置き換えたのである。ある意味、聖書を翻訳したことに似ている。フィンランド語で書かれていても、中身はスウェーデン文化である。初等教育を普及することにより、フィンランド語のみを話す農民も、急速に「文明化」することに成功した。

フィンランドがスウェーデンに復帰を望まなかったもう一つは、スウェーデン側のとった一八一二年政策にある。つまり、フランス人の新スウェーデン王は、ロシア皇帝と取引し、フィンランド回復は求めないと約束したことにある。さらにはフィンランドのエリートは、スウェーデンを破綻させたグスタフ四世への嫌悪とともに、フランス人新王への違和感を持っていた。もし、スウェーデンが、領土回復をあきらめず、フィンランドへ「反乱」を働きかけていたら、フィンランドの「平和」は維持できなかったかもしれない。フィンランドに未練のないフランス人ならではの発想が功を奏したとも言えよう。さらには、当時の人種論である。スウェーデン本土のみならず、フィンランドのスウェーデン語系エリートの中にも、フィンランド人を野蛮なモンゴル人と主張する者もいた。当然、フィンランド語系住民のスウェーデンへの反感は高まり、復帰などはとんでもないこととなる。

では、ロシアは、善意でフィンランドに高度な自治を認めたのか。それは本来あり得ない話である。ロシアの歴史を見ると、彼らには征服するか、されるかの二者択一しかなく、善意の政治などない。十九世紀の終わりが近づくとロシアは本性を現し始めた。フィンランドの自治への攻撃である。この背景には、ロシアの持つ伝統的な大ロシア主義の過激化、つまり、ロシア帝国内に居住する少数民族のロシア化があったが、他方で、ドイツの統一が実現し、ロシアに対する脅威が増大したことへの対抗という側面もある。

フィンランド人の間には、ロシア的なるものは嫌いだが、ロシア皇帝本人に対しては愛着の気持ちがあり、皇帝の配慮によりロシア化を緩和して欲しいとの期待があった。しかし、皇帝への嘆願は聞き入れられず、ロシアからの圧力が強まっていくと、それにつれて、皇帝への敬愛の念も薄れていった。数十年にわたる自治の体験を通じて、すでに、フィンランド人としての国家意識は盤石なものとなっており、ロシア化に容易に屈することはなかった。対抗手段としてロシア人総督の暗殺など抵抗を試みたが、独力での「主権」を守る戦いは困難を極めた。日露戦争の敗北でロシアが一時的に動揺したときに、多少ロシア化の攻撃は弱まったものの、また復活した。それが完全に消滅したのは、第一次世界大戦によるロシア帝国の崩壊で、これを機にフィンランドは独立した。

③戦間期に過激化する「ロシア憎悪」

フィンランド人は、ほとんどがロシア嫌いである。歴史を見ればなるほどと思う。ロシア人嫌い、あるいは蔑視のルーツは、フィンランドがまだスウェーデンの一部であった十七世紀、つまりスウェーデンがロシア帝国への侵攻を活発化した時期にさかのぼる。

ロシア帝国内の大公国となって、約百年間は、ロシアとの関係は良好、あるいは安定的であった。しかし、十九世紀末からのロシア化政策は、フィンランドの自治体制への不法な攻撃であり、「フィンランド国家」への大きな脅威と認識されるようになった。古き良き時代を知る旧世代のリーダーの中には、宥和政策を唱える者もいたが、過激な行動に移る分子も出てきた。当然、国内での反ロシア感情も高まる。この流れが急激に悪化したのは、独立直後のフィンランド内戦を契機としてである。勝利した白衛軍、すなわち右派勢力は、内戦をロシアからの独立戦争と位置づけた。つまり、真の敵は赤衛軍ではなく、ロシアとしたのである。ただ実態としては、ロシア兵士の内戦への関わりは、ほとんどなかった。この右派勢力の見解は、左派勢力、つまり、内戦後の社民党にとっても都合がよかった。内戦のきっかけとなった社民党左派主導のクーデターという負い目を、ロシアの責任として、反らすことになるからである。独立後、右派勢力の反ロシア観は、さらなるエスカレートをたどった。単に、共産主義ロシアは悪の巣窟であり、けしからん、というに留まらず、当時のヨーロッパにおける人種論の影響を受け、差別主義的ニュアンスが濃くなってきた。ロシア人はアジア的な野蛮人、さらには、「最も人間に近い動物」との認識である。こうした見解の発信の基となったのは、少数の極右勢力であったが、彼らのプロパガンダ能力は極めて高く、ヘルシンキ大学の学生、教育界、軍隊、宗教関係者の中にその思想を浸透させ、さらには彼らを経由して一般国民に影響を拡大していった。「ロシア憎悪」が時代の風潮になると、ロシア人、さらには彼らと関係があると見なす人々への物理的攻撃が始まる。ロシア兵とつきあっているフィンランド人女性、ロシア革命からの亡命ロシア人、さらにはロシア人と間違えられたポーランド人などにも及んだ。外交的には、フィンランドに赴任した新ロシア大使が大統領に信任状を奉呈する際、儀仗兵が敬意を表さないなどが起きた。なお、一九三十年代のスターリン粛清は、西欧諸国の知識人の中には信じない者もいたが、フィンランドはロシアと距離的にも近く、実体験を伴った様々なレベルの情報が入っており、ロシア憎悪を裏打ちすることとなった。

独立後のフィンランドにおいては、ロシアを憎むことで愛国心を高揚させ、自らの民族アイデンティティーを確立するという作用があり、さらには、その延長として、大フィンランド構想、つまり東カレリアのフィンランド併合を目論むという企図があった。

では、この戦間期のフィンランドの常軌を逸したとも思える「ロシア憎悪」をどう見ればよいか。確かに、ロシア人を「最も人間に近い動物」とするのは、全く科学的根拠がなく、感情的でばかげている。太平洋戦争中の日本における「鬼畜米英」スローガンにも似ている。しかし、このロシア憎悪は、実体験に基づいたロシア恐怖の裏返しでもある。本書を執筆している最中に、ロシアによるウクライナ侵攻が始まった。学校、病院などへの無差別攻撃、そして占領地では、「反ロシア派」住民に対する拷問、さらにはシベリア送りなど、まさにスターリン粛清の再来とも言うべき悪魔的所業である。フィンランドにとっては、とても他人事ではない。改めてロシアの本性を見たとの思いであろう。獰猛な熊はいつまで経っても変わらない。ロシアの隣国であるという地理的事実は、フィンランド、そしてバルト三国の宿命である、言い換えれば、時代により濃淡はあるものの、永遠に「ロシアの脅威」にさらされる可能性をはらんでいる。

(2) ロシアからの真の独立

①真の独立戦争としての「冬戦争」

第一次世界大戦で敗戦し、分解したロシア帝国から、いくつかの国家主権を持った独立国が誕生した。フィンランドもその一つであった。一九一七年の独立当時は、本当の意味での対ロシア（ソ連）独立戦争というものはなかった。また、独立翌年一九一八年のフィンランド内戦で、もし赤衛軍が勝利していたら、フィンランドは、ソ連に加盟していたかもしれない。ただし、この内戦にも、ロシア（ソ連）は、積極的な関与、つまり、軍事的にフィンランドに介入してはいない。

本格的な独立戦争は、第二次世界大戦に伴って勃発した冬戦争である。これも、フィンランドの意思によるものではなく、ドイツとロシア（ソ連）との覇権争いに巻き込まれたのであった。

一九三九年、ロシアはドイツと突如、不可侵条約を結び、それに付随する秘密協定（モロトフ・リッベントロップ協定）で、フィンランドはロシアの勢力圏に属すると、勝手に決められてしまった。そして同年、ロシア（ソ連）が、フィンランドに攻撃を仕掛け、「冬戦争」が始まった。レニングラード（現サンクト・ペテルブルク）防衛のため、領土を交換するから国境を西に移動させよ、というロシア（ソ連）の要求に対し、フィンランドがかたくなに拒否し続けたことから、業を煮やしたロシア（ソ連）が攻撃を開始したとも言われている。しかし、この冬戦争開始の原因がフィンランドあるいはロシア（ソ連）のどちら側にあるかは、フィンランド史の重大事項の一つである。筆者は、いずれ、フィンランドを併合してしまおうというロシア（ソ連）の意図が、そもそもあったと思う。現に、交渉でロシアに妥協したバルト三国は、その後ロシア（ソ連）に併合されてしまった。フィンランドがロシア（ソ連）に譲歩して、交渉がまとまったとしても、いずれロシア（ソ連）は、フィンランドを併合しようとしたであろう。つまり、一九一七年の独立は、まだ不確定要素が高かった。

大方の予想は、フィンランドは「すぐに」負けるであろうとのことだったが、これに反して、フィンランドは善戦した。冬の厳寒の中、フィンランドのスキー部隊はゲリラ的戦法でロシア（ソ連）軍を苦しめ、圧倒的な兵力を持つ敵を国境付近で押し留めたのである。当時のフィンランド首相にちなんで、「カヤンデル・モード」と揶揄された、つぎはぎだらけの軍服や全く不十分であった武器装備もあって、フィンランド人自身も含め、ロシアに対抗できるとは誰も思っていなかった。国際社会はフィンランドの善戦と勇敢さを称え、ロシア（ソ連）は国際連盟から除名された。なお、ロシア（ソ連）は、フィンランドを攻撃する際に、両国間で結ばれていた不可侵条約を、一方的に破棄している。日本も、太平洋戦争末期に破棄されているが、このフィンランドの前例を頭に入れておけば、日本も安易にロシア（ソ連）を信用することはなかったかもしれない。ロシアとの条約は信用できない。これがロシアと付き合うにあたっての第一の教訓である。

この冬戦争を始めると同時に、ロシア（ソ連）は、同地に亡命していた共産党指導者クーシネンを首班とする「フィンランド人民政府」と「援助友好条約」を結んだとして、この条約に従い、フィンランド国民の信頼を失ったフィンランド政府を粛清すると主張した。しかし、フィンランド国内からは、「人民政府」に対する肯定的反応が全くなかったので、すぐに舞台から姿を消してしまったが。ロシアが他国に侵入する際、当該地に居住する正教徒を支援するため(十九世紀のバルカン半島など)、傀儡政権から要請があったため（二十世紀のアフガニスタンなど)、ロシア系住民を守るため（二十一世紀のウクライナ侵攻）等々を口実に使うのが常套である。第二の教訓として、領土問題では、ロシアが口実に使うと予想される要素を極力排除すること。もし、日本に北方領土が返還されたとしても、同地在住のロシア人は本国に帰ってもらった方がいい。日本の領土内にロシア人を残すべきでない。のちのち、ロシア政府の介入の口実を残すことになるからである。筆者が最後に赴任したエストニアは、一九九一年に独立を回復したが、ロシア軍は撤退したものの、人口の四分の一程度のロシア系住民が残留した。ある政府高官は、外国から借金をしてでも必要経費を捻出し、彼らにロシアに帰ってもらえば良かったと述懐していた。

話を冬戦争に戻すと、最終的には、戦争に疲弊したフィンランドは休戦に応じ、一九四〇年、モスクワ条約でカレリア地方の領土を大幅に割譲することとなった。しかし、占領は免れ、独立を当面維持した。フィンランド軍の総司令官マンネルヘイム将軍は、ソ連の攻撃に反撃するにあたって、この冬戦争を、一九一八年の独立戦争（フィンランド内戦）の続きであると位置づけている。

なお、スターリンは、冬戦争の緒戦で苦戦した責任を取らせる形で、担当のソ連軍将軍など複数名を処刑している。他方、日本帝国軍の場合は、失敗しても本質的な責任を問われることはまずない。本部の言うことを聞かない満州の関東軍、インパール作戦の司令官、ミッドウェー海戦の指揮官達などへの処遇は、せいぜい解任あるいは異動程度でお茶を濁している。仲間内のかばい合いである。戦争というものへの姿勢の違いに驚愕する。もちろん、スターリンを褒めているわけではないが。

②報復としての「継続戦争」

次に起きたのが「継続戦争」である。名前の通り、前の冬戦争の続きである。つまり、この二つの戦争は、短い休戦期間をはさむ、全体として一つの戦争である。

この戦争は、前半の冬戦争と違い、実質的に仕掛けたのはフィンランドである。ただし、フィンランドとしては、ロシア（ソ連）が先に手を出した、つまりヘルシンキ空爆に対する防戦としている。なぜ開戦に踏み切ったのか。ヨーロッパ戦線で破竹の勢いを見せたドイツの尻馬に乗ろうとしたのである。冬戦争で善戦したこともあり、ロシア（ソ連）を「甘く見た」。ドイツがロシア（ソ連）を負かせば、冬戦争で失った領土が回復できる、また、民族的同胞である（とフィンランドが思っている）東カレリアを併合できると踏み、ロシア領カレリアを占領したのである。「大フィンランド構想」と呼ばれたものである。東カレリアは、冬戦争開始時、ロシアの領土であり、カレリア北部は、一度もスウェーデン領になったことがない地域もあった。ただ、フィンランド語系のカレリア語を話すというだけで、フィンランドの領土にしたかったのである。言語ナショナリズムの弊害の一つである。ちなみに、日露戦争で勝利した日本は、満州の鉄道権益を手にし、その後、実力以上の「大陸経営」に乗り出したが、フィンランドも同じように、負けなかった冬戦争の経験から、領土拡大に走ったのである。これは、もう、国土防衛ではなく、明らかな侵略行為である。占領はしたものの、フィンランドの東カレリア経営は、順調ではなかった。同地は正教徒が多く、新教徒であるフィンランド人牧師の「敵対的」布教活動は容易には受け入れられなかった。また、フィンランド人の「上から目線」の「解放政策」は、現地の人々から反感も買った。

フィンランドは、東カレリアへの野心はあったが、ドイツ軍のレニングラード（現サンクト・ペテルブルク）攻撃には参加しなかった。西側諸国に向けては、この継続戦争において、ドイツと一緒にロシア（ソ連）と戦ってはいるが、ドイツと同盟関係にはなく、独露戦とは別の戦争であるとの主張をしていた。フィンランド政府は、戦後も長らくこの主張を変えなかった。おそらく、悪名高いナチスの共謀者との批判を避けるためである。近年この「別の戦争論」に若干変化が出てきたように見える。つまり、ドイツのロシア侵攻とは別に行った単なる「国土防衛」のための「正義の戦い」でなく、ドイツの協力で東カレリア併合を企図した誤った侵攻という側面もあった、との見解が最近の歴史書に見られるようになってきた。

スターリングラードの戦い、そしてレニングラード包囲戦の失敗など、ドイツの敗戦が濃厚になると、フィンランド政府内でも戦線離脱を考えなければとの認識が出始めた。また、ロシア（ソ連）や、スウェーデン、アメリカなど西側からも、こうしたフィンランドの戦線離脱への働きかけが行われるようになってきた。

ストックホルムなどでロシア（ソ連）との交渉が秘密裏に行われるなか、こうしたフィンランドによる戦線離脱をドイツが認めるはずもなく、リッベントロップ外相がフィンランドを訪問し、対ロシア（ソ連）戦の継続を強く求めた。これに対し、リュティ大統領は、ドイツの合意なしにはロシア（ソ連）とは休戦しないと約束し、ドイツからの軍事物資など援助をとりつけた。これにより、フィンランド軍は息を吹き返し、前線が膠着した。しかし、この大統領の約束はフィンランド政府の本音ではなく、この後リュティ大統領は辞任し、後任に軍の総司令官であるマンネルヘイム将軍が就任し、フィンランド政府は、前任の大統領が行った約束は国会にかけられていないとして、反故にした。フィンランドの見事な「生き残り外交」である。しかし、ドイツから見れば、フィンランドに背中を刺されたようなものである。一緒に戦うと約束したから、武器や食料をあげたのに、それは、戦線離脱に向けた敵との交渉を少しでも良くするため、つまり、戦線の立て直しに使われたわけである。

和平交渉でのロシア側の要求は厳しく、冬戦争後のモスクワ条約を基にした領土の割譲、膨大な賠償金、そしてフィンランド自らによる、北部ラップランドに駐留するドイツ軍の追放など、過酷なものであった。このドイツ軍追放に関しては、ノルウェーに退却するドイツ軍がラップランドのロバニエミ市などを徹底的に破壊した。ラップランド戦争である。

結果として、フィンランドは講和条件を飲み、生き残った。ロシア（ソ連）軍に首都を占領されることもなかった。第二次世界大戦で首都が占領されなかったのは、中立のスウェーデンやスイスを除くと、ロンドン、モスクワ、そしてヘルシンキだけである。なぜか。冬戦争でのフィンランド軍の奮闘を見て、ロシア（ソ連）の指導者スターリンは、フィンランドを追い詰めるのは得策ではないと考えた。また、バルト三国やポーランドなどと違って、フィンランドの地理的位置も幸いした。フィンランドは、ドイツへの通り道ではなく、また、フィンランドを併合することは、中立国スウェーデンを西側に追いやることにもなるからである。

フィンランドの戦争被害は甚大であった。戦死者、カレリア人難民、フィンランド第二の都市ビープリの喪失、膨大な戦争孤児のスウェーデンへの避難等々。しかし、民間人の犠牲者は、直接の戦場とならなかったこともあり、他国に比べて相対的に軽微であった。また、国の民主主義体制が継続された。つまり、東欧諸国のように、共産党主導の「人民民主主義」が導入されることもなかった。

③クーシネン傀儡《かいらい》政権、そしてフィンランド共産党

ロシア（ソ連）は、第二次世界大戦、つまり冬戦争開始当時、カレリア地峡の国境近くにあるテリヨキと呼ばれる地に、一九一八年の内戦の際にソ連に亡命した共産主義者オット・クーシネンを首班とする「政府」を設置した。内戦時にフィンランド国民は二分された。その際、赤衛軍を支持した国民がこの暫定政府の呼びかけに呼応し、クーシネン政権を支持するであろうと目論んだのである。しかし、フィンランド国内では、「鼻で笑われた」だけに終わった。ソ連によるこの傀儡政権設置は、フィンランド情勢を読み間違えたのではなく、他国へ侵攻するときの「ルーティーン」、つまりソ連の常套手段であったとの説もある。クーシネン一派など亡命共産主義者に関連して、フィンランド共産主義について考えてみたい。

フィンランドでは、他の北欧諸国に比べて、共産主義への支持者が多い。ただし、共産党への支持と言うことではない。支持がある理由の一つは、独立直後の内戦にある。社民党左派によるクーデターで始まった内戦が、最終的には、政府側、つまり白衛軍側が勝利した。その際、負けた赤衛軍は、収容所などで白衛軍によるテロとも言える不当行為で多くの死者を出した。このことへの恨みがあり、

左派支持者の家庭では、恨みが代々引き継がれているという事情がある。また一つには、都市部の労働者や地方の貧農の労働・生活環境が長らく改善されないことにより、共産主義への期待も大きかったことがある。

内戦に敗北した赤衛軍、つまり、社民党極左派はソ連に亡命し、共産党を設立した。しかし、そこも安住の地ではなく、悲惨な運命が待ち受けていた。スターリン粛清の矛先はソ連共産党員のみならず、ソ連内のフィンランド共産党員に対しても向けられた。スターリン主義に同調しない党員達は、ほぼ全員が粛清され、その数は二万人にも上ったと推定されている。全くの無実の党員も、処刑されるかシベリアなどの収容所に送られた。東カレリアに亡命した共産主義者は、フィンランド語を公用語として同地を自治国のように統治していたが、粛清の一環として結局つぶされてしまった。彼らは、東カレリアを本土フィンランドと統合させる構想を持っていた。もちろん、社会主義国フィンランドである。共産主義者も、フィンランドの極右団体と、同じ「大フィンランド構想」を共有していたのである。他方、フィンランド共産党のトップを務めていたクーシネンは、スターリン粛清の嵐を生き延びた。彼は、コミンテルンや戦後のソ連共産党内でも出世しており、ソ連の歴史にも名前が出てくる。戦後、ホームシックとなった同人は、フィンランド帰国を希望したが、フィンランド政府が帰国を認めることはなかった。文字通りの売国奴であるから、当然であろう。

一九三〇年代、フィンランドでは共産党が非合法化され、地下に潜った。共産党は、党員あるいはシンパに対し、党の公式戦略として、社民党に加入しそこで活動することを勧めた。つまり、社民党左派の多くが隠れ共産主義者だったわけである。ただし、少数派に留まり、社民党を動かすまでにはならなかった。フィンランド国内に身を隠した共産主義者の中には、大戦中、ソ連のために、鉄道の破壊やドイツ軍動向の情報収集などの活動を行ったグループも一部いた。しかし、国民の支持は得られず、むしろ密告された。フィンランド公安警察による強力な摘発にあい、幹部クラスのほとんどが、収監されてしまった。他方で、徴兵を受け、対ソ連戦争に従軍した「愛国的」共産主義者も多数いた。なお、フィンランド国内での活動が極めて困難であったことから、ストックホルムに拠点を持ち、同地は、ソ連との中継基地にもなっていた。

共産主義者の使命の一つに、国内外のファシスト、例えば、ドイツなどの国家社会主義者、つまりナチスとの戦いがあったが、それにもかかわらず、スターリンとヒトラー間の不可侵条約、それに続くソ連によるフィンランド攻撃（第一次フィン・ソ戦／冬戦争）は、フィンランドの共産主義者を大きく動揺させるものであった。これをきっかけに、フィンランド共産党の大幹部が党を離脱している。大戦終結後、フィンランド共産党は復活した。戦争中、積極的な活動を控え、身を潜めていた幹部が実権を握り、戦争直後の連立政権に加わった。ソ連の圧力はあったものの、クーデターではなく、選挙を通じて多くの議席を獲得できたからである。しかし、国内では依然として左派勢力が強いにもかかわらず、「共産党」という名称は不人気で、選挙の際は、共産党員以外の共産主義者および社会主義者を含む「フィンランド人民民主同盟ＳＫＤＬ」という、選挙団体に隠れることになった。

共産党の最終的な崩壊は、ソ連の崩壊に伴って起きた。単なるイデオロギーとしての破産ではなく、文字通り、「株式会社共産党」が経営破綻したのである。共産党は、単なる政治団体ではなく、いくつかの事業体をかかえていたが、それらが、ソ連崩壊と同時に起きたフィンランド経済のバブル崩壊の中で倒産してしまったのである。ただし、「残党」達は、新たに「左翼連盟」という団体を立ち上げ、一定程度の国会議員を輩出しており、連合政権にも時折参加している。この左翼連盟には、ソ連が力を持っていた時代からの、筋金入りの親ソ連派共産主義者も含まれており（北部フィンランドでは高位当選者。ただし、すでに引退）、懐の深いフィンランド社会ならではの現象といえる。

④戦争裁判

フィンランドでも戦争裁判が行われ、「戦犯」が刑罰を受けた。ただ、日本とは事情が違った。第二次世界大戦末期、いわゆる「戦勝国」は、ドイツとともに戦った国々の指導者を処罰することで合意し、「平和に対する犯罪」という、適用が空前絶後の概念をひねり出した。言い出しっぺはロシア（ソ連）である。フィンランドは、日本のような無条件降伏ではなく、戦争末期に戦線を離脱することに成功し、占領は免れた。それによって戦時の政権は温存され、戦勝国で構成される「監視委員会」との協力で、国内体制を変革することとなった。この監視委員会は、ロシア（ソ連）とイギリスから成っていたが、実質的には、ソ連の支配下にあった。

戦後処理の最大の課題の一つは、戦争裁判であった。戦勝国は、軍事裁判などで即決の死刑を執行することは極力控え、「合法的」裁判を開催し責任者を追求するという、のちの世代から単なる報復と見られないような、「アリバイ」作りをした。戦争犯罪とは、本来は、民間人に対する攻撃などの軍隊行動を指していたが、今回は、戦争を起こしたとされる政治家を含めるため、「平和に対する犯罪」という特異な概念で、つまり、戦争を始めたこと、および、和平を妨害し戦争を長引かせたことを、犯罪化した。フィンランドの場合、対ソ連戦の後半、すなわち継続戦争を起こしたとの容疑をかけられることになった。確かに、継続戦争を仕掛けたのはフィンランドであるが、そもそも、そのきっかけとなった前半の冬戦争を仕掛けたのはロシア（ソ連）であるのに、こちらは不問とされた。これだけでも、この戦争裁判の不公正さがうかがわれる。

戦争裁判は、ヨーロッパのいくつかの国でも行われたことだが、フィンランドでも、こうした「犯罪」を裁く法律がないので、通常疑問視される「事後法」を、監視委員会、つまりソ連の圧力で、事後に制定した。起きたことを後から作った法律で遡及的に裁いたわけである。訴追されたのは、継続戦争開始とその後の展開に関わった、当時の大統領など数人の政治家である。裁いたのは、フィンランドの国会議員で構成される特別法廷である。形の上では、完全にフィンランド自身による「主体的」な行動である。しかし、その過程では、監視委員会から政府に対し、ソ連の意向に従わないなら、三回目の戦争もあり得るなどの恫喝を含む、猛烈な圧力がかかっており、フィンランドとしては、極めて不本意なものであった。そのストレスで、捜査の団長を務めた元フィンランド最高裁判事は、判決が出された後、自殺している。最初から有罪と決めつけるソ連およびフィンランド共産党と、無罪を確信する国民多数の狭間で苦悶した結果である。死刑を宣告された者はなく、最長で懲役十年と、日本との比較では極めて「軽い」。さらには、刑期の半分で仮釈放となり、最終的には大統領が恩赦した。

この裁判で注目されるのは、マンネルヘイム将軍（裁判時は大統領）が訴追されなかったことである。フィンランド共産党など左派勢力は、独立直後の内戦で白衛軍の指揮官であった同将軍への、報復の絶好の機会とばかりに、戦犯に仕立て上げたかったが、意外にも、ソ連は同意しなかった。フィンランド国民の間で信頼の厚い同将軍は、右派勢力への重石にもなり、フィンランド社会の混乱を避けるために、戦犯対象から除外されたのである。戦後の日本の天皇と同じような立場であったと言える。マンネルヘイム将軍を裁判にかけることを避けたため、他の軍人達も裁判を免れた。なぜなら、通常の戦争犯罪で個々の軍人・兵士達の罪を問うと、マンネルヘイム将軍まで行き着く可能性があったからである。なお、余談になるが、収監された政治家達は、皆、高度なインテリであったので、服役中にアカデミックなものを含め、膨大な著作をものにしている。

日本の場合を考えてみたい。戦勝国による「戦犯」に対する裁判は、どんなに、民主的、合法的に行われたと繕おうとも、敗戦国に対する報復であることに変わりはない。しかし、東京裁判は正義ではないとしても、だからといって、当時の日本の指導者達に非がなく無罪ということにはならない。本来なら、占領軍ではなく、日本国民自らが彼らに対して敗戦の責任を問うべきであろう。無謀かつ無責任な軍事的冒険で、多くの国民を死に至らしめたのであるから。しかし、それは行われなかった。なぜか。筆者の近所に、戦地から戻ったおじさんがおり、筆者が子供の頃、よく、自分は戦地で部下の面倒をみた、と自慢話を聞かされた。ただ、戦闘そのものの話は出なかった。ある時このおじさんが、同じく近所のおばあさんから、自分が生き残って復員できたのは真面目に戦わなかったからだ、と言われているようでたまらん、と愚痴をこぼすのを聞いた。このおばあさんには、息子が四人おり、そのうち三人が出征した。そして全員が戦死した。前線で真面目に戦ったからだ、とおじさんに言ったそうだ。これが遺族の心情であろう。軍部の暴走が惨禍を招いたと認識しながらも、息子達の死を無駄死にとは思いたくないからである。戦後、旧軍隊の幹部の中には国会議員になったものもいる。負けはしたが、無駄な戦争であったとは認めたくない気持ちが国民の中にあり、彼らに投票したのであろう。戦争指導者を糾弾することは、お国のために戦死した息子達の名誉をも傷つけることにもなると遺族達は考えるからである。

軍国主義日本は、戦後、アメリカ主導で大きく「民主化」された。残念ながら自浄作用は働かなかった。他方、フィンランドは、一九三〇年代、極右によるクーデターを排除し、日本やドイツのような軍国主義、いわゆるファシスト国家にはならなかった。そして、対ソ連戦争で負けなかったことにより、民主主義国家としての基盤をより強固とすることができた。負けていれば、恐らく「ソビエト・フィンランド共和国」として、バルト三国のように、ロシア（ソ連）に併合されていたであろう。言い換えれば、二つの戦争（冬戦争、継続戦争）は、真の独立戦争であった。

⑤フィンランド史の偉人（iii）若き日のマンネルヘイム将軍

フィンランドの独立後の内戦、そして二度のロシア（ソ連）との戦争を指揮し、最後は、大統領として休戦を実現させるという、フィンランド史の節目で大きな役割を担ったのが、マンネルヘイム将軍である。ヘルシンキのメインストリートに名前を残しており、騎乗の銅像もある。国民的英雄ではあるものの、内戦時に白衛軍の指揮官だったことで、左派勢力からは、忌み嫌われてもいる。戦後フィンランドに赴任したソ連大使の中にも、マンネルヘイム嫌いの御仁がおり、フィンランド軍を訪問する度、壁に飾ってある同将軍の肖像に「いちゃもん」をつけていた。伝記・研究が多数出版されているが、ここでは、フィンランド独立後の軍人・政治家としての栄光・業績を追うのではなく、ロシア帝国軍人として、どのように成長していったか、つまり、彼の人生の前半、ロシア時代について見てみたい。

本題に入る前の前座めいた話になるが、フィンランドが独立して国軍が整備された際、中心となったのは、ドイツで訓練を受け、内戦の際、白衛軍で重要な位置を占めた「ヤーカリ」部隊とロシア帝国から帰還した将校達であった。その後、主導権を握ったのが、ヤーカリ出身の将校達で、旧ロシア軍将校は、次第に要職から追い出されてしまった。その特殊な例外がマンネルヘイム将軍である。

(イ) ロシア帝国軍人として

先祖はドイツ系で、十七世紀にスウェーデンに移住してきた。同家は、フィンランドのロシア併合後もフィンランドに留まった。マンネルヘイムの父親は、十九世紀の終わり頃、事業に失敗し家族を捨てて愛人とともにパリに駆け落ちした。残された妻は十人の子供を育てる気力を失い、育児放棄した。そのため、マンネルヘイムは親戚の家で育てられることになった。十五歳の時、士官学校に入学したものの、卒業を間近にして、素行の悪さ、つまり夜に無断外出したかどで退学処分となった。しかし彼は捲土重来を期し、ヘルシンキで大学入学資格を得て、ロシア系のどの軍学校へも入学できることとなった。当時、ロシア軍への入隊は、フィンランド貴族の子弟達にとって、キャリアアップの通常の道であった。

彼が選んだのは騎兵養成のニコライ軍学校であった。軍人としての訓練では好成績を収めていたものの、ロシア語は苦手であった。しかしそれも次第に克服し、優等生となった。ところが、またもや卒業間近の時、泥酔して不祥事を起こし、一定期間、降格処分を受けた。そのため、首席卒業を逃してしまった。これに懲りて、彼は、飲酒しても二度と酩酊することがなくなった。ちなみに、軍学校は、授業のみならず生活全般にわたって厳しい規律があり、さらには上級生による下級生「いびり」という「伝統」もあった。血気盛んな学生達を制御するため、学生達で構成する委員会は、ある特定の遊女屋の女主人（いわゆる、遣り手婆《ばばあ》）と契約を結び、使用時間や値段まで取り決めていた。それでも、病気感染を完全に防ぐことはできなかった。

卒業後、最初の配属先はポーランドであった。同地で、地雷の敷設や撤去、塹壕の設置などを学んだ。この経験は、後の対ソ連戦で活かされることとなる。マンネルヘイムの親族は、彼をペテルブルクに呼び戻すべく、帝室に影響力のある人物を介して働きかけ、ついに、転属させることに成功した。所属は騎士衛兵隊（仮訳）というエリート部隊であった。将校となっていた彼には、ペテルブルクの上流社会に参加する機会ができ、皇帝夫妻も出席する舞踏会に招待されるまでになった。ここは、二十一世紀風に言えば、「婚活」の場でもあった。ちなみに、マンネルヘイムは、騎士衛兵隊の指揮官でもある皇妃に気に入られ、親交を深めた。ロシア革命で同妃がコペンハーゲンに亡命した後も、旧恩を忘れず、機会を見つけては花束を持って訪問した。なお、マンネルヘイムは、ロシア帝国最後の皇帝、ニコライ二世にも気に入られ、何度か、個人的な談笑の機会がもたれた。

マンネルヘイムは、ロシアの由緒ある、極めて裕福な貴族の娘と結婚した。これにより、貴族の称号を持つとはいえ、金銭的には不遇であった同人は、一気に富裕な生活を送れることになった。ちなみに、ペテルブルクの豪華な新居には、現在、在ペテルブルク日本国総領事館が入居している。馬術の名手でもあり、馬の専門家でもあったマンネルヘイムは、何度か障害レースで優勝し、その名が知られていた。重騎兵隊を経て、宮廷厩舎へ転属となり、次第に昇任していった。仕事の一環として、外国に軍馬購入の出張にも派遣されたが、ドイツでは、馬に蹴られ、左膝に重傷を負うこともあった。

一九〇五年、日露戦争が勃発すると、マンネルヘイムは、親族の反対を押し切って、前線に参加する。満州、奉天での軍功により大佐に昇任する。その後、情報将校として中央アジアに潜入する。二年三ヶ月にわたる任務であった。戦後、ワルシャワ駐在中に少将に昇任した。第一次世界大戦が始まると、オーストリア戦線に従軍し、しばらくして予備役となるが、ロシアで革命が起こり、それを機にフィンランドに帰還する。フィンランドは独立を宣言し、その直後の翌年、内戦が始まると、白衛軍の司令官に任命される。なぜか、その約一ヶ月後、ロシア軍からの退役が認められる。

軍人としては華々しい経歴ではあったが、私生活は、幸福とはいかなかった。二人の娘が生まれたが、まもなく妻との関係は冷却し、離婚するに至った。マンネルヘイムは、ペテルブルク社交界で、貴族婦人の人気者で、複数の愛人がいたとも言われている。元妻、そして娘二人も、最終的には寂しい老後を迎えている。マンネルヘイム自身も、第二次世界大戦後、戦犯にはならなかったものの、ロシア（ソ連）に拘束されることを恐れて、スイスに事実上亡命し、同地で客死した。生涯、ロシア帝室を敬愛する君主主義者で、ドイツ嫌いであった。

（ロ）日露戦争従軍記

マンネルヘイムは、志願して満州に出征し、奉天の大会戦と敗戦を経験している。彼の残した従軍記と親族への手紙が一九八二年に出版されている。

ペテルブルクで出征の準備をし、シベリア鉄道を経由して奉天（現在名は瀋陽）に到着するまで、出会った人々などを興味深く記している。部隊に配属され、装備や人物を描写する中で、将校達の過度の飲酒に言及している。ロシア軍総司令官であるクロパトキンについて、伝聞として、悪評を記している。その後、作戦の目的を知らされないまま、南下する。進軍途中、ロシア軍は村々を略奪するが、マンネルヘイムは、苦々しい思いで黙認する。それに対して、日本軍は中国人農民から敬意を払われているとしている。その例として、ロシア軍が農民から受け取る鶏はやせこけているが、日本軍は、まるまると太ったのを受け取っているとしている。営口付近まで南下したところで、日本軍の待ち伏せに遭い、敗走する。これを機に、戦局は、ロシア軍にとって一気に悪化する。記述も、前半は穏やかな描写が多かったが、次第に文章が短くなり、メモのようなものに変わっていく。いわゆる「奉天の大会戦」に、マンネルヘイムも参加した。ロシア軍は、日本軍の攻撃の前に、パニック状態に陥り、大混乱の中で撤退するのを目の当たりにしている。幸いにも、銃弾には当たらなかったもの、長年の愛馬を失い、健康も極端に悪化する。四十度の発熱があり、耳に異常をきたし、膀胱炎も患う。前線を離れ「病院列車」で北に撤退し、フィンランド医療チームの治療を受ける。日誌の最後の部分では、軍の上層部への批判についての記述が多くなる。また、大佐への昇進が進まないことへの不満も述べている。日露の和平交渉には反対で、戦争の継続を主張している。

戦死は免れたものの、健康を大きく損ねており、かなり危険な状態であったが、なんとか持ち直した。もし、マンネルヘイムが戦死、あるいは重度の障害を負っていたら、フィンランドの歴史が変わっていたかも知れない。

（3）独立維持の努力～「フィンランド化」と呼ばれた時代～

①真実、それとも西側の「でっち上げ」？

第二次世界大戦終結から、一九八九年のベルリンの壁崩壊、そして一九九一年のソビエト連邦崩壊までの期間は、「冷戦」つまり弾丸を打ち合う戦争ではないが、二つの超大国、アメリカとソ連（ロシア）が世界を二つに分け、互いににらみあう冷たい戦争と呼ばれてきた。

フィンランド史では、この冷戦時代について、「ソ連との友好協力相互援助条約（通称ＹＹＡ「イーイーアー」条約）の時代」、その外交を担った「ケッコネン（大統領）時代」、あるいは、その外交政策の中心となった対ソ連宥和政策のため「フィンランド化の時代」など、いろいろな呼び名がある。当時フィンランドの外交方針を決定づけたのは、二十五年間大統領の座にあったウルホ・ケッコネン大統領である。引退した後も含めて「ケッコネン時代」と呼ばれるほど強い影響力を及ぼし続けた。

「フィンランド化」の出発点は、ソ連と結んだ「ＹＹＡ条約」にある。当時、この手の名称は、通常、東欧のいわゆる「衛星国」あるいは、アジアの社会主義国との条約に使われる。フィンランドの場合は、名称は似ているが、中身は違っている。確かに、必要に応じてソ連と「軍事協議」を行うとの項目があって、フィンランドは、これに苦慮するのであるが、一方で、条約前文にある「フィンランドは、大国間の利害関係をめぐる争いに加わらないよう努める（筆者仮訳）」を基に、中立国であると、国際的に宣伝してきた。ただし、ソ連は戦後一時、フィンランドを中立国と認めていたが、ブレジネフ時代に「曖昧」にした。言わば、「準中立国」であった。認めたのは、冷戦終了後であった。そのため、「中立」は外交的にあまり大きな意味を持たなくなっていた。

ＹＹＡ条約は、「敗戦国」となったフィンランドにとってみれば、実質的には大きな外交的成果であった。確かに、フィンランドを拘束する側面のある条約であるが、戦争直後のフィンランドとソ連の力関係を考えると、他の東欧諸国のように、「属国化」を防いだという点で、大きな意義があった。かつてロシア帝国に属しており、その後、短期間独立していた国々は、ソビエト連邦の一員となるか、衛星国になってしまった。フィンランドは、「赤く」はならず、「ピンク」がかった、というところである。

しかし、西側諸国では、YYA条約とそれに伴うフィンランドの外交について、ネガティブな理解が広まり始めた。「フィンランド化」である。この「外交用語」は、西ドイツで使われ出した概念で、社会民主党政権の対東方・ソ連政策を、野党保守党が批判するために作り出されたものである。東側への行き過ぎた譲歩は、隣国であるソ連の影響で独立国家としての主体性を失ったフィンランドのようになってしまう危険があるという見解である。ドイツ政界の要人が発言したため、欧米マスコミの報道に乗って、瞬く間に、ヨーロッパから世界に広まり、フィンランドは、東欧諸国のような衛星国ではないが、「半独立国」というレッテルを貼られてしまった。フィンランドとしてはいい迷惑である。そのため、長年、フィンランドは、その「反論」を続けていた。駐留するアメリカ軍に首根っこを押さえられている西ドイツが、フィンランドを批判するのは奇妙な話であるが、この点は、ほとんど疑問視されなかったようである。なお、「フィンランド化」を最初に言い出したのはオーストリアの外相で、一九五二年のことであった。

西ヨーロッパでは、「フィンランド化」という概念が流布したが、日本にも伝わってきた。ソ連が崩壊して間もない頃、日本のある要人が、フィンランド外務省を訪問し、政務局長と会談した。筆者も同席していたのだが、なぜか、その要人は、フィンランド化を話題にあげた。それに対して、政務局長は「でもフィンランドには外国の軍隊はいない」と返した。東京では、右翼の街宣車が、「外務省は土下座外交を止めろ」と叫んでいた。アメリカに頭が上がらない日本に、フィンランド化などと言われたくなかったのであろう。ちなみに中曽根元首相も、フィンランド化を口にして、その後フィンランドを訪問し、実質的に謝罪している。

こうした西側での論調に対して、フィンランド政府は戦後一貫して反論し続けたが、フィンランド化は、果たしてなかったのであろうか。ソ連崩壊後、フィンランド化はあった、でもそれは「必要悪」であったというのが、フィンランドにおいても常識となった。「いじめっ子」がいなくなったので、いじめられていた、とようやく言えるようになったわけである。ネガティブな側面とポジティブな側面のあるフィンランドの対ソ連関係を検証したい。まず、ネガティブな意味での「フィンランド化」から始める。第十六章では、ポジティブと言われるソ連との貿易を扱う。

フィンランド化にはいろいろ定義があるが、一言で言えば、「ソ連への過剰な気配り」で、まとめてみると、その程度に三段階ある。まず、「自粛」である。ソ連を批判するような発言は、政治家もマスコミもしない。次が「忖度」である。ソ連が、何か「いちゃもん」をつけてこなくても、フィンランド側からおもねるような行動をとることである。三段階が「共謀」である。ソ連側と緊密なコンタクトを持ち、その影響力をバックに、内政面で政敵をたたくことである。

強大な社会主義国ソ連の圧力の前で、フィンランドはどう対応したのか。まず、フィンランド化のレベル一の「自粛」である。一言で言えば、政府はもちろん、マスコミ、学会もソ連を刺激・批判する発言、あるいは、批判とソ連が見なすかもしれない発言は一切しないようになった。一九四八年のＹＹＡ条約締結に際して、フィンランドは、国内法を改正し、外国（実体的には、ソ連が対象）を誹謗中傷する記事の掲載を犯罪化し、二年の懲役刑を課することが可能となった。この法律が実際に適用されたことはないが、一九七五年、ケッコネン大統領は、ある編集長を、この法律を理由に脅しをかけたことがある。なお、この条項は、一九九五年、フィンランドのＥＵ加盟とともに削除された。

報道の自粛の典型例と見なされているのが、一九七〇年代半ばに起きた、ロシア人ノーベル賞受賞者、アレクサンドル・ソルジェニツィンの著作『収容所群島』の翻訳出版「事件」である。フィンランドの大手出版社は、この著作のフィンランド語版出版を見送った。内容が、ソ連に存在する強制収容所の実態を暴露するもの、つまりソ連にとって好ましくないものであったので、対ソ連関係を考慮して、自粛したというものである。しかし事実は、出版社の自粛ではなく、ソ連から大統領にクレームが入り、大統領の指示で首相が出版社に「コンタクト」したというものであった。首相は、最終判断は出版社に任せるとして、直接の出版差し止めを求めたのでなかったということであるが、出版社としては、その意を酌んで自粛したというもの。その背景には、出版社の大株主である建築会社が、ソ連との大型のプロジェクトを進めており、それへの影響を危惧したためである。この件は結局、「自粛」ではなく、実質「介入」であった。

ジャーナリズム界への、ソ連による巧妙な浸透もあった。フィンランド共産党は、ソ連によるチェコスロバキア（当時）侵攻をきっかけに内部分裂し、ユーロコミュニズムを掲げる多数派と、親ソ連派でスターリン主義者と揶揄される少数派があった。この少数派が、ジャーナリスト団体の一つを牛耳っており、これに所属する記者達が、国営放送や有力新聞内で、ソ連の意向に沿った記事を書いていたというものである。

一九八〇年代、ロシアからの亡命希望者が、フィンランドに不法に越境するという事件が起きた。そのときのマスコミは、「亡命希望者はロシアにいたくなかった」とのみ報じた。詳しい動機については、政府もマスコミも報道しなかった。越境者は、その動機を語り、ソ連批判をしたに違いないのだが。正に報道の自粛である。正義を振りかざして、大国を批判しない、というのが、フィンランド・メディアのリアリズムであったが、アメリカに対してはある程度の批判はしていた。一例をあげれば、レーガン政権になってアメリカ人外交官の態度が横柄になったなど。

ソ連批判を控えるというのは、一つには、政治主導で、つまりケッコネン大統領、そして次のコイビスト大統領が、対ソ連外交はどうあるべきか、公に議論してよい議題はなにかについて、長期にわたって、国民やメディアを「教育」した結果である。ケッコネン大統領が進めた対ソ宥和路線は、「コンセンサス（国民的合意）」と呼ばれ、次第に、フィンランド国内の常識になり、各政党も追従するようになった。

次の段階の「忖度」であるが、政界、財界、学会など、あらゆる分野で、ソ連との「友好」が進められ、ソ連からの「批判」が来る前に先を読んで行動するようになった。ソ連崩壊後、フィンランド内でこうした「積極的」友好推進派への批判が起きている。なかでも、在ヘルシンキのソ連大使館は、陰の政府とも陰口をたたかれ、多くのフィンランド要人が足繁く通い、ソ連の意向を推察した。

レベル三が、「共謀」である。ケッコネン大統領は、特に大統領選挙に関連して、ソ連からの「介入」に対して、ソ連指導者との個人的信頼関係を強固にすることで凌いできた、というのが公式の「戦後史」である。しかし、ソ連崩壊後、その公文書が公開されると、フィンランドの研究者が、その中から見つけ出した「証拠文書」を基に、ケッコネン大統領への批判を始めた。同大統領はソ連の介入をはねのけたのではなく、そもそも、ソ連と示し合わせて外交問題を発生させ、彼の尽力で解決したかのように見せることで、政敵を倒した、との主張がなされた。ことの真偽はともかく、ケッコネン大統領、次のコイビスト大統領も、在フィンランド大使館に駐在する、悪名高いソ連諜報機関ＫＧＢの高位のエージェントと密接な関係を維持していたことは事実である。

日本から見ると、日本の首相が、在東京のアメリカ大使館に駐在する諜報機関ＣＩＡのエージェントと定期的にコンタクトを持っているというのは、想像しにくいが、フィンランドの場合は、ソ連の特殊な政治体制のせいもあり、ソ連共産党の中枢と迅速に意思の疎通を図るには、最も効果的であったのであろう。当然、こうしたケッコネン大統領を「ソ連のスパイ」扱いする議論には、ケッコネン崇拝者達から「英雄の冒涜」であるとの批判が出されている。なお、ケッコネン大統領は、政敵を倒すに当たって、ためらいがなく、大統領権限を最大限に使い、国会は、ほとんど「追認」機関になってしまったのは事実である。長く大統領府長官を務めた要人が、ケッコネン大統領没後、ＴＶインタビューで、こうした強権体質を批判的に回想していたのが印象に残っている。ソ連崩壊後の最初の大統領選挙で、国連で活躍していたアハティサーリ氏が、社民党の大統領候補本命であるベテラン首相経験者を押さえて党の候補となり、そして当選した。当時は、ソ連と関係の深かった政治家が嫌われた時期であった。しかし、アハティサーリ大統領は、内政上の権力闘争の経験がなく、また、「親藩」の支持者もいなかったこともあり、在任中、国会による「クーデター」（著名なフィンランド人歴史家の解釈）で、つまり、政党主導に憲法を改正することで、国政の実権の多くが、大統領から首相に移されてしまった。これも、強すぎたケッコネン大統領への反動であろう。この後は、ケッコネン時代のように、内閣が頻繁に変わるのではなく、四年の任期を満了するようになった。

ソ連が崩壊し、ロシア弱体化の間隙を突いてEU加盟を果たした後は、さすがに、こうしたロシアとの「共謀」関係はなくなったが、「自粛」は依然として対ロシア政策の基本であった。そして、また、大統領が保守党出身になっても、ロシアの指導者との個人的信頼関係構築は、大前提であり続けた。フィンランドは、第二次世界大戦の苦い経験から、外国勢力を頼りにしてロシア（ソ連）と対抗するのではなく、絶対にロシア（ソ連）攻撃の前線基地にはならないと確信させることで、国家の独立を維持してきた。ソ連への気配りは、当時稼働を開始した四基の原子力発電所のうち二基がソ連製で、二基がスウェーデン製であったこと、そして輸入する兵器・軍需品も西側・東側で半々としたことなどからも分かる。

このフィンランドとロシア間の状況を、二〇二二年のロシアによるウクライナ侵攻が大きく変えた。

これを機に、フィンランドはスウェーデンとともに、NATO加盟を申請したのである。これにより「報道の自粛」がどう変わっていくのか。戦間期のような「反ロシアキャンペーン」に戻ることはないと思うが。

ところで、全く「フィンランド化」しなかった分野がある。それはロシア語学習である。フィンランド人は、自治大公国時代からロシア学習には後ろ向きで、特に、独立から第二次世界大戦終了までの期間は、反ロシア感情が高まり、学校や大学でのロシア語教育が排除された。日本でも、太平洋戦争中、英語が「敵性語」として排除されたのと似ている。第二次世界大戦後は、対ソ連宥和路線の一環として、学校教育でもロシア語の普及が図られたが、ほとんど効果がなかった。ロシア語をどの程度採用するかは、地方レベルに権限が下ろされていたので、戦争を経験した教師達に拒否感が強かったのである。また、ソ連は、「腐敗した資本主義の悪影響」を避けるため、鎖国政策を取っており、フィンランド人とロシア人が個人レベルで交流することが不可能であり、学習のモチベーションが上がらなかった。しかし、大きな要因は、国家の政策がフィンランド化したことへの国民としての抵抗であった。超大国ソ連に対し、政治的には下手に出なければならないが、ロシア語なんか勉強するものか、というのが一般的感情で、ほとんど人気がない。むしろ嫌われている。ロシアに長く駐在していたフィンランド人商社マンから聞いた話である。息子さんは、流暢にロシア語を話せるそうなのだが、フィンランドに戻ってからは、ロシア語を話すのを嫌がるようになった、さらには、意図的に忘れようとしているとのことだった。学校で「おまえはロシア人だ」といじめられたようだ。筆者は、専攻したフィンランド史の必須科目として、ラテン語ではなく、ロシア語を選んだ。大学のロシア語コースには、かなりの学生が参加していた。ただし、学生が大勢集まったのは、最初の二・三週間で、学生が多すぎて入りきれなくなった教室が、次第に空席が目立つようになってきた。単位を取った学生は、最初の半分もいなかった。筆者の印象であるが、ロシア語コースを最後まで学んでいた学生は、ソ連については、特段の悪い感情は持っていなかったようである。かといって、ソ連の共産主義に共鳴しているわけでもなかった。ロシアのウクライナ侵攻でロシアとの貿易が一段と縮小する中、従来からの否定的なロシアへの感情に加え、経済的メリットもなくなってきたため、ロシア語学習はさらに冷え込むとみられる。

外交では、フィンランドは、国連を重視し、紛争地域の安定のため、国連平和維持軍に積極的に派遣した。政府は、中立外交推進の重要項目と考えていたが、参加した元兵士に話を聞いたことがあるが、外国製自動車が安く買えるなどの特典に魅力を感じていたようである。もちろん全員ではないが。また、国際緊張緩和、とくにヨーロッパの緊張緩和のために、ヘルシンキで成功裏に国際会議を開催したりした。外交の重点は、そんほとんどが対ロシア（ソ連）にあったが、一方で、中立国フィンランドというイメージを世界に広げることにも尽力した。余談だが、一時期、フィンランドは、「国威発揚」の一環として、国名を「フィンランド」ではなくフィンランド語の「スオミ」を世界に普及させようとしたことがあった。同時期、日本も、「ジャパン」ではなく「ニッポン」に変えようとしたことがあった。戦後の経済復興で自信をつけた両国が同じ発想をしたということであろうか。結局は両国ともうまくいかなかったが。

「フィンランド化」は存在し、それは、コンセンサス（国民的合意）の名の下に、政界、国防軍、ジャーナリズム、学界のみならず、経済界、スポーツ界、さらには教会にまで浸透した。ロシア（ソ連）の影響力（圧力）は巨大であった。しかし、フィンランドは、それに飲み込まれることなく、国の政治体制は議会制民主主義を維持し、市場経済を基本として西ヨーロッパとは各種の経済協定で緊密な関係を構築し、貿易立国に励み、福祉国家を発展させ、市民生活を豊かにしてきた。冷戦時代、東欧のユーゴスラビア、ルーマニアなど、ソ連から外交的には自立していても、内政的に豊かな社会の構築に失敗した国もある。日本も日米安保条約の下、友好関係維持に努め、経済発展に力を注ぎ、格差の比較的少ない経済大国となった。軍事的敗北を経済でリベンジした。戦後の日本の親米政策は「ニッポン化」である。つまり「フィンランド化」とほとんど異音同義ではないだろうか。もっとも日本では、フィンランドのようなコンセンサスは発生せず、長期の保守政権への批判勢力はかなり大きなものであったが、いずれにせよ、日フィン両国とも、やり方に違いはあるにせよ、超大国とうまくつきあう点で成功し、国が豊かになった。フィンランド化は、成功体験であって、不名誉ではない。もちろん、世界の経済大国になった日本のニッポン化も不名誉なはずがない。

「成功体験」と言ったが、相手があってのことである。なぜ、ロシア（ソ連）は、フィンランドに自主性の余地を認めたのか。三つの点がある。まず、スターリンが、第二次世界大戦の経験を踏まえ、ソ連に「負けなかった」フィンランドの英雄的、愛国的戦いに敬意を表したことにある。このしぶとい民族を、下手に属国化、さらにはソ連に併合すると、やっかいな要素を持ち込むことになるからである。次に、現実的な外交・安全保障の観点がある。フィンランドをソ連圏に引き込むと、スウェーデンが中立をやめ、ＮＡＴＯに加盟する危険がある。それよりも、スウェーデン、フィンランドという、二つの「中立国」を緩衝地帯にする方が得策である。三番目が、フィンランドを、西側との共存関係の成功例としてのショーウインドーとすることである。しかし、二〇二二年のウクライナ侵攻で、状況は一変した。スターリンが気を配った北欧との関係を、プーチンは一瞬でダメにしてしまったのである。一般的に、フィンランドとスウェーデンをＮＡＴＯに「追いやった」のは、ロシアの「オウンゴール」と見られている。

②フィンランドから垣間見たソ連の日常生活の断片

アルコールの値段が高いフィンランド、外貨がほしいロシア（ソ連）。その一致点が、ロシア（ソ連）へのフィンランド人旅行者である。安いウオッカをもとめてレニングラード（現サンクト・ペテルブルク）やエストニアの首都タリンに殺到するフィンランド人旅行者は、ロシア（ソ連）の外貨獲得に、幾分かの貢献はあった。ソ連におけるフィンランド人旅行者の泥酔ぶりは、どこへ行っても有名であった。

一九七〇年代のレニングラードでの筆者の体験であるが、ホテルのバーでアルコール・ドリンクを頼み紙幣を出すと、釣りはないと言われる。旅行者は、泣く泣く「大金」を払う羽目になる。小銭で支払う客もいるので釣りはあるはずだが、紙幣しか持たない客から差額をせしめて懐に入れているわけである。筆者は、フィンランドと日本の往復ため、モスクワ経由の航空便を何度か使った。モスクワで飛行機の乗り継ぎをする際、いつも、国営旅行代理店の職員から理不尽な追加料金を要求された。フィンランドで購入した航空券が不当に安すぎるというのである。もめるのがいやなので、おとなしく払ったが、全く釈然としなかった。

レニングラード工科大学でのロシア語コースに、フィンランド人学生に混じって参加したときのことである。現地の労働者の労働モラルの低さに何度か驚かされた。学生寮がコース参加者の宿泊所であったが、週に二度ほど掃除婦が来る。なんと小さく切って、水で濡らした新聞紙を床に散らして、軽く拭いて終わりである。子供の頃、親から「床は丸く拭くものではない」ということを聞かされていたので、ダメのお手本のような掃除の仕方を見たようであった。しかも、この掃除婦の態度がかなり偉そうなのであった。

また、語学コースの授業の合間に、美術館や史跡巡りなどがアレンジされたが、あるとき、宿舎に戻るはずのバスが、市内の同じところをぐるぐる周っていて、一向に目的地に着かないのである。不審に思ったフィンランド人学生が理由を質すと、予定の到着時間までまだかなりあるので、時間つぶしのために街中を周っているのだという。結局、フィンランド人学生が、語学コースの責任者に連絡して、ようやく帰途につけた。予定より早く着くと、運転手は逆にサボっていると叱られるそうなのだ。これでは、経済の生産性は上がらない。語学コースの一環として、医者の診察を受けたときのことである。特に病気をしたわけではないので、単なる形式的な回診だったと思う。そこで驚いたのは、同席していた看護婦の態度である。医師が診察している間、いすに腰掛けて、つまらなそうに、あご肘をついているのである。職業意識の高い、日本やフィンランドの看護婦を見てきていたので、そのやる気のなさは、まさに、驚愕であった。医者は医者で、筆者に日本の医師の給料水準はどうかと、いろいろお金にまつわることを聞いてきた。後で聞いたことだが、ソ連は労働者優先の国なので、医者や教師、つまり、知識層の給料はかなり低く押さえられているとのことだった。同一労働同一賃金なので、先のバスの運転手も、叱られないようノルマを守ることしか考えておらず、客へのサービスは全く考えていないとの態度だった。労働者のモラルがこれでは、経済は発展しないと感じた次第である。さらには、現地で購入した、日刊新聞の「プラウダ」か「イズベスチア」だったか、記憶が定かでないが、流通の問題がのっていた。倉庫にある農産物が道路の反対側にある食料品店に一向に回らず腐ってしまう、と糾弾しているのである。しかも、一面の記事でである。確かに、食料品店に生鮮野菜はなく、野菜と言えるのは、瓶詰めのキュウリやトマトだけだった。他方であまり新鮮には見えないリンゴなどの路上販売を見かけた。近隣の農家らしい。行列ができていた。ソ連は「戦時経済」が終わっていないし、流通もほとんど機能しないのだな、と感じた。

ソ連崩壊後ロシアと国名が変わって、「市場経済」に移行すると、多くの成金、つまり億万長者が発生した。彼らは、大金を持ってフィンランドに押し寄せ、大のお得意様となった。フィンランド東部のカレリア地方では、土地を購入するロシア人が増え、安全保障上問題だ、とする新聞論調も出た。

ただ、ロシア人を顧客とする人々は、スタッフにロシア語堪能者が少なくて接客に困ると嘆いていた。大金を落としていくロシア人は歓迎であるが、以前のソ連時代ではそうではなかった。ロシア人観光客は、外貨の持ち出しが厳しく制限されていたので、安ホテルに滞在し、古着屋に殺到したりしていた。こうした状況を、からかうような報道もフィンランド国内で時折あった。「フィンランド化」の「自粛」報道で、あからさまではなかったが。あるとき、ホテルのオーナーが、ロシア人宿泊客は、ロシア独特のたばこを吸うため、変な臭いが部屋につくので受け入れないと公言し、差別ではないかと、問題になった。

庶民の生活必需品を犠牲にして、軍事的に強大化したソ連を、自らの目で見て、多くのフィンランド人は、たとえ、「フィンランド化」と外国から後ろ指を指されようが、「ソ連圏」に引き入れられなかった「幸運」を噛みしめ、ケッコネン大統領の対ソ連宥和路線を支持した。

③フィンランド史の偉人（ⅳ）ケッコネン大統領

筆者がフィンランド留学を始めた一九七〇年代初めは、ケッコネン大統領の最盛期であった。圧倒的な国民の支持を受け、コンセンサス（国民的合意）というスローガンで政治的反対派を押さえ込み、彼はさながら皇帝のようであった。ロシア（ソ連）との関係を一手に引き受け、フィンランドの国家の安全を確保した、そして、これは他の誰にもできないことであった、というのが、四半世紀にわたる長期政権の存在理由であった。

このフィンランド史に残る「偉大な」大統領の足跡を辿ってみたい。そこには、必ずしも「きれい事」ではすまされない、政治の現実があった。ロシア（ソ連）との関係を中心に見ていきたい。博士号を持ち、スポーツ選手としても一流で、まさに「スーパーマン」のような人物であったが、子供の頃は、だいぶ違った。あまり裕福でない家庭に生まれ、転校先では、方言の違いから当初いじめに遭った。しかし、すぐに「悪ガキ」としての本領を発揮し、担任の教師から、「おまえは将来、刑務所の中で過ごす」と言われるほどになった。独立直後の内戦に際しては、白衛軍に所属し、赤衛軍捕虜の処刑を指示する係になった。これは、生涯、彼を苦しめる「汚点」となった。信条は、フィンランドという国へのおおいなる愛国心で、ロシア（ソ連）そしてスウェーデン語系フィンランド人が大嫌いであった。政治的には「農民同盟」、つまり右派に属していたが、だからといって、極右の大陸系の独裁的ファシズムには賛同せず、嫌悪を示していた。つまり、民主主義を尊重していたのである。青年期には、公安警察に所属し、「赤狩り」の前線部隊に立っていた。この職場で恋愛結婚をすることになった。ただ、私生活は必ずしも順調ではなく、妻が双子を出産した後、夫婦の関係は冷却した。息子の一人は、親の引きで官務についたが、能力が伴わず、次第に酒に溺れ、自殺してしまう。

ケッコネンは若くして政界に入り、三十六歳で法務相になっている。彼のロシア嫌いに転機が訪れたのは、二度目の対ソ連戦、つまり継続戦争の終盤である。スターリングラードでドイツが大敗し、その敗戦が濃厚となると、ケッコネンは、国家・民族の存続のためには、ソ連との妥協が必要であると痛感し、同志とともに、戦線を離脱する行動に出た。ソ連崩壊後、公開されたロシア公文書によれば、スターリンは、フィンランドに勝利したら、フィンランドの全人口四百万人をシベリアに移住させると息巻いていた。玉砕的に戦うより、領土割譲を含む多くの犠牲を払ってでも、ロシア（ソ連）とは妥協して、国家の主権を守らなければならないとのケッコネンの考えは、正しかったと言える。

敗戦処理、つまり国民を二分するような「汚れ仕事」を彼は引き受けた。ソ連との信頼関係を醸成するためである。まず、監視委員会（ソ連およびイギリスがメンバーだが、実質ソ連）の圧力により、事後法を制定し、フィンランド自らが、フィンランド人「戦犯」を裁く。次が、ソ連との関係「正常化」のため、二国間条約、すなわちYYA条約のお膳立てである。実質、彼が事前の交渉で中身を決めた。それには、フィンランドの中立を示唆する前文もあったが、軍事協議の条項もあった。これが後に火を噴くことになる。

ケッコネンは、一九五六年、そして六二年と二度の大統領選を、薄氷を踏む思いで切り抜けている。当時は、現在のような全国民による直接選挙ではなく、選挙人によるものだったので、五六年の時は一票差で当選している。六二年には社民党と国民連合党が手を組み、ケッコネン降ろしが脅威となった。これに対し、ソ連カードを使って政敵を追い詰め、当選している。具体的には、ソ連が、欧州情勢の悪化を理由に、フィンランドに軍事協議を提案する（覚え書き危機）。ケッコネンは、ソ連との交渉でそれを引き下げさせる、という連携である。そして有力対立候補は辞退する、というものであった。この選挙運動に際しては、それから数百万ルーブルの資金がケッコネン陣営に流れ込んだ。ただ、社民党側にも、アメリカから豊富なドル資金援助があった。一方的に、ケッコネン陣営のみが「汚い」

選挙をしたわけではない。当時はそのような状況であったということである。ところで、このケッコネンとソ連の合作による「覚え書き危機」については、のちにソ連スパイがアメリカに亡命し、暴露したことから、アメリカから直にケッコネンに真偽を質しに来るなど、アメリカとの関係が微妙になった。

ケッコネンは、ソ連のフルシチョフ首相とはとりわけ馬が合い、一緒にサウナに入って酒を酌み交わし、毒のあるユーモアを交わすなど、個人的な信頼関係を築き上げていった。他方、つぎのブレジネフ書記長とは親密になることはなかったが、彼はフィンランドには関心を示さず、レニングラード（現ペテルブルク）出身のコスイギン首相に任せたので、良好な関係は維持することが出来た。このようにソ連との関係を安定させつつ、フィンランドの「東欧化」つまり、国の共産主義化は、断固として阻止し、対外的には、北欧協力を進め、国連にも加盟する。

内政的には、手練手管を使って、敵対する社民党や国民連合党の「骨抜き化」、つまり、対ソ宥和路線を認めさせることにも成功した。最初にケッコネンの軍門に降ったのは社民党である。かつては反ケッコネンの急先鋒であったバイノ・レスキネンは、閣僚や幹事長を経験している党の大物政治家であったが、飲酒運転で少女を死亡させるという事件を起こし、五ヶ月刑務所で刑に服しているにもかかわらず、要職に留まっていた。彼は、まずソ連を訪問し、共産党中央委員による「転向試験」にパスした後、親ケッコネン支持を明確にし、社民党をケッコネン支持に導いたのである。ＣＩＡの支援も受けていたというのであるから、大した「役者」である。左派の社民党に続いたのが、右派の国民連合党である。両党とも、戦後しばらくは、反ケッコネンの急先鋒であったが、世代交代とともに、ケッコネン路線、つまり対ソ連宥和路線に賛同する若い政治家が増えていった。いつまでもケッコネンに敵対し、政治の表舞台に立てない、つまり入閣できないでいるより、仲良くして与党になりたいと考えるようになったのである。

蛇足めくが、ケッコネンは、ウオッカの飲みっぷりはロシア人に負けない酒豪であり、何人もの愛妾を渡り歩いた艶福家でもあった。もちろん、愛人関係は、本人達が認めたわけではないが、社会の全員が知っていた。絵に描いたような「英雄、色を好む」であった。二十一世紀の今からすると考えられないような社会の許容度であるが、かつて、フランスのミッテラン大統領が、記者団から「各県に『ご落胤』がいるそうだが」と質問され、「それが、なにか」と返し、石原慎太郎元東京都知事が、やはり婚外子について質問され、「おまえらにとやかく言われる筋合いはない」とどなりかえしたとか。スキャンダルで失脚しない、オーラを持った政治家達である。皆、長期政権であった。

第十五章　スパイ大作戦

ロシア（ソ連）という国の体制は、様々な点で、西側民主主義から見ると奇妙な点があった。その一つが、外交である。フィンランドとソ連の関係では、通常の外務省間のルートではなく、諜報機関（KGB）を通した方が、話が円滑に進むというのである。では、フィンランドにおけるロシア（ソ連）のスパイ活動はどのようなものだったのか。それは、まさに、ハリウッドのスパイ映画の上をいく徹底したものだった。

ソ連が崩壊するまでの冷戦時代、フィンランドの首都ヘルシンキは、スイスのジュネーブ、オーストリアのウィーンと並んで、三大スパイ拠点と見られていた。こうした環境の中で、ソ連共産党のフィンランド代理店でもあったフィンランド共産党が情報提供していたというのは、素人にも分かりやすい話であるが、諜報のネットワークは、より広範にわたった。ただ単に、ある時点で、必要に応じて、親ソ連派の人物、あるいは金銭目的の者を情報提供者としてリクルートするだけではなく、将来、政財界で出世しそうな若者に目をつけ、早い時期から、ソ連のシンパ、つまり協力者に育て上げるということも行われていた。また、フィンランドで活発に活動していたのは、ソ連だけでなく、その衛星国である東ドイツもそうであった。この東ドイツという要素を入れて、見てみたい。ドイツが統一されて日が経つので、日本の若い世代は、かつて東ドイツという国があったことをあまり知らないかもしれない。フィンランドでは、この国を、ＤＤＲ（デーデーエル）と呼ぶことがある。Deutsche Demokratische Republik（ドイツ民主共和国）の頭文字を取ったものである。この国の実態は、国家というより、ソ連による占領地域といった方が正しかった。日本ではアメリカのＣＩＡ、ソ連のＫＧＢに比べて、東ドイツの国家保安省、通称シュタージ（Stasi）はあまりなじみがないが、冷戦時代のフィンランドでは、スパイ活動の一大勢力であった。彼らソ連と東ドイツの諜報機関は、協力して、フィンランド政治経済に影響力を行使してきた。ただ単に秘密情報を入手するのではなく、マスコミの中のシンパ（協力者）を使って、ソ連の意に沿わない政治家に悪評を立て、失脚させるという、文字通りの内政干渉も行った。クーデターで政権を倒す計画もあったとの研究もある。

（1）筆者の断片的実体験

本章の食前酒として、筆者の体験を少し述べたい。一九八〇年代の終わり頃、在フィンランド日本大使館に勤務していたが、あるとき、大使館の仕事でフィンランドの北の都市で催された外交団関係の行事に出張した。その際、ソ連大使館の文化担当参事官という人物に話しかけられた。温厚そうで、とても良い感じに見えた。ヘルシンキに戻ったらソ連大使館に遊びに来てくれ、と誘いを受けた。このことを、上司に報告して、対応策を伝授された。不謹慎ではあるが、スパイ映画に出てくる「ハニートラップ」なるものにも関心があったので、怖いもの見たさで、ソ連大使館を訪れた。

大使館内では、サウナでもてなしてくれた。その際、サウナには、最初に知り合った参事官のほかに、別の男性書記官がいた。これはまさに、上司から聞かされていた筋書き通りであった。上司は、ロシア語の専門家で、何度かソ連に勤務しているソ連通であった。ソ連の手口は、まず、感じの良い人物が近づいてきて、そこに、後から別の人物が参加する。いつの間にか、最初の人物がいなくなり、後から別の人物がコンタクトを続けてくる。この人物が、諜報員である、というものであった。まさに、その通りの展開であった。なぜ、二番目の人物が諜報員であると分かったのかというと、数日前のフィンランドの新聞に、諜報活動でスウェーデンを追放された人物がフィンランドに来たと、写真入りで報道されたからである。まさにこの人物が、筆者にアプローチしてきたのである。上司にソ連大使館訪問の報告したところ、あまり深入りしない方がいいだろうとのことだったので、二度ほど多忙を理由に誘いを断ったところ、自然にコンタクトが来なくなった。

次に、東ドイツでの体験である。フィンランド人学生に混じって、研修旅行で同国を訪問したことがある。一九七〇年代のことである。まず印象に残ったのは、当時の街の暗さである。目的地である北部の都市のみならず、東ベルリンも、夜間ほとんどイルミネーションがなく、わずかな外灯のみでとても暗かった。人々の表情も暗く、無愛想だった。街角に明かりのついていない小さなボックスのようなものがあったが、何と、中に警察官がいたのである。何か気の毒のような気がした。

そして、我々訪問団への歓迎会での席のことであるが、東ドイツ側からフィンランド人学生のカウンター・パートとして同席したのは、なぜか、大学生ではなく職業学校の相対的に若い学生達であった。歓迎会の最後に、校長という人が挨拶したが、スピーチのおわりに「アメリカ帝国主義はけしからん」と一言付け加えた。他の場所での挨拶も全く同様であった。見た感じ、どうも言わされているようなのである。我々の団体行動に同行するが、交流には加わらない中年の男性がいた。共産党から派遣された監視役であった。彼の目があるため、どこに行っても、東ドイツ人主催者から枕詞のように、「アメリカ帝国主義」うんぬんの文言が出てきたのであった。こうした教員達の表情は微妙に暗い、と筆者は感じたのであるが、一方で、我々団体に同行し、案内係だった二十代の男性や交流会での学生達は、明るく自信に満ちていた。おそらく、かなりのエリートなのであろう。東ドイツの体制に疑問を持っているようには、全く見えなかった。自由時間での我々の行動は、以外と制限されることがなく、フィンランド人学生と一緒に招待された一般人のパーティーでは、東ドイツ人といろいろ話をすることができた。彼らから聞かされたことは、ほとんどが、経済事情への不満であった。たとえば、労働者が優遇されすぎで、教員である自分の給料は安すぎるなど。

（2）レベルの高い諜報網

スパイ活動と言えば、お金をもらって外国のスパイに自国の秘密文書を渡したり、あるいは、政治的信念で協力すること、というのはなんとなく分かる。しかし、情報提供していたのが、国のトップクラスの政治家となると、次元が違ってくる。

なぜ、こうした状況が分かるようになったのか。それは、ソ連が崩壊し、また東欧では東ドイツが西ドイツに併合され、膨大な秘密文書が暴露されたからである。それによれば、フィンランドのあらゆる機関で、協力者がリクルートされ、ソ連や東ドイツの諜報機関に情報提供していたのである。驚きは、そのレベルの高さである。研究によれば、フィンランド社民党の党首、首相経験者（複数）が、週刊誌的表現で恐縮だが、「ずぶずぶ」の関係であったというものである。彼らのほとんどは、ソ連崩壊後も、「国家反逆罪」に問われることもなく、権力の座に座り続けた。

では、彼らは、本当に「国をソ連に売った」のであろうか。一九七〇年代は、まだ、社会主義が「輝いていた」時期であった。アメリカは、ベトナム戦争の泥沼にはまり、西ヨーロッパは、オイルショック後の経済停滞で、「ユーロ・ペシミズム」が蔓延していた。軍縮を求めるソ連主導の「平和運動」と「失業のない」ソ連社会は、それなりの魅力があった。しかし、ソ連崩壊後明らかになった実態は、全く違ってはいたのだが。当時フィンランド社民党内では、左派勢力が党の主導権を握り始めていた。恐らく本気で、社会主義は素晴らしいと考えていたのではないか。筆者の留学時代、歴史科の同級生から、社民党青年部の勉強会を見てみないかと誘われ、覗いてみた。なんと、「スターリン全集」をテキストに使っていたのである。また、別のグループ、共産党左派、つまり親ソ連派に属する学生が、「スターリン粛正は無かった」と主張するのには、驚いた。もちろん、「フィンランド化」の時代でもあったので、ソ連に協力的であることは、政治的成功の大前提ではあったのだが。また一方で、ソ連の外交のやり方は独特であった。通常、外務省、あるいは大使館を通じて、諸々の交渉を行うのであるが、これに、諜報機関、すなわちKGBが大きく絡んでいた。フィンランドの大統領も、KGBとコンタクトを持っていたことを認めており、このルートを通した方が、上層部に早く伝達されると言っていた。冬戦争（第一次フィン・ソ戦争）前の交渉でも、ソ連は、外務省と諜報機関のダブル・チャンネルを使っていた。つまり、フィンランドの政治家は、ソ連との交渉（さらには東ドイツ）に際して、普通なら国家機密の漏洩と見なされる情報提供あるいは交換も、外交交渉の一環として考えていたのではないか。筆者の憶測であるが。

なお、ソ連と東ドイツの諜報機関文書が公開されたので、こうしたフィンランドの協力者があぶり出されたわけであるが、アメリカのCIAや映画「007」シリーズでおなじみのイギリスMI6の協力者については、何の情報も出ていない。ある研究書に、社民党が一時期CIAから資金援助を受けていたという記述があるくらいである。戦友であるドイツを「裏切って」、彼らをフィンランドから追い出し、ソ連と分離和平をした、したたかなフィンランド人のことである、同じフィンランドの要人が、ソ連のみならず、米英の諜報機関ともつながっていたということもあり得るかもしれない。

これも筆者の憶測であるが。

いずれにせよ、ソ連や東ドイツの「鉄壁の」諜報網も、国家の崩壊を止めることができなかった。政治の基本は、国民を豊かにすることである。これができなければ、国民の不満は鬱積し、やがて爆発する。

第十六章　金《カネ》の生る木、ソ連貿易

第二次世界大戦後、敗戦国となったフィンランドは、ソ連に対して巨額の賠償金を払うことになった。ただし、その支払いは、外貨などではなく、モノ、つまり、フィンランドの工業製品であった。

この戦後賠償が終わると、フィンランドとソ連は、「東方貿易」とフィンランド側が呼ぶ特殊な貿易関係に入る。ドルやポンドなどの外貨を介した貿易でなく、ルーブルを通貨としたクリアリングと呼ばれる制度を介し、輸出と輸入を均衡させるというものである。直接の物々交換でなく、ルーブル貨で計算して、輸出した分、輸入するというものである。この制度は、ソ連の五カ年計画に合わせて計画され、年度ごとに調整するというものである。こうしたやり方は、ソ連が東欧の衛星国と行ったものである。

フィンランドとソ連の友好関係を象徴するものとして、五年ごとの調印式は、賑々しく行われた。つまり、政治主導の貿易であった。フィンランドからの輸出は、紙製品や製紙機械、エレベータ、クレーンなどの機械、ハシケや漁船、海洋探査船、のちにはタンカーなどの船舶で、ソ連からは、穀物などを輸入した。その後、輸入は石油が主流となった。フィンランド対ソ連貿易は、平均で全貿易の十五％程度であった。フィンランド国内では、もっとソ連貿易を増やしたいという企業がある一方で、あまりにソ連に依存するのは危険であるとの声も大きかった。フィンランドからの輸出の「花形」は船舶であった。様々な船がソ連の需要を満たした。なかには、軍用に転用されたものもあった。フィンランド製の船舶は、その質の高さと、納期の遵守で、ソ連側の信頼を得ていた。フィンランドの造船業にとっては、代金の支払い方式に大きなメリットがあった。簡単に言うと、契約した段階で、巨額の代金の一部が前金でもらえるのである。企業によっては、造船の投資に余剰があると、「闇金融」でもうけるところもあった。フィンランドの造船業は、品質が高いものの生産コストが高く、西側の市場では競争力がなかった。ソ連は、大のお得意先であった。また、フィンランド造船業の繁栄は、フィンランド内政上も重要であった。造船業の工場労働者は、多くが共産党支持者で、会社がうまくいっていれば、彼らが先鋭化することがなかった。なお、二〇〇〇年代前後に、携帯電話で世界を席巻したノキア社は、ケーブルなどの通信機材や施設をソ連に輸出することで、会社としての自力をつけていき、その後の飛躍の基礎を築いた。

なお、このクリアリング貿易では、フィンランド銀行、つまり中央銀行が間に入り、輸出した企業は、稼いだルーブルをフィンランド銀行でフィンランド・マルカに交換してもらった。

一九七〇年代の二度のオイルショックで原油価格が大幅に上がり、ソ連からの輸入額も巨額になった。つまり、フィンランドからの輸出枠が膨らんだということである。この頃から、衣料、靴などの消費物質の輸出が大幅に増え出した。しかし、これらのフィンランド製品は、西側貿易では競争力がないため、ソ連貿易の崩壊とともに、多くの企業が倒産した。

輸出と輸入を均衡するのが建前ではあったが、現実にはフィンランド側の大幅な輸出超過であった。そのため、ゴルバチョフ改革の失敗、それに続くソ連の崩壊で対ソ連貿易が破綻し、フィンランド側は、巨額の不良債権をかかえることになった。間に入ったフィンランドの銀行は、その損失額を公表していない。ただし、ソ連を継承したロシアは、プーチン大統領の時代になって、フィンランドを含む債務の返済を完了している。

なぜ、フィンランドのソ連貿易は、ソ連崩壊まで、長期にわたって存在し続けたのか。それは、お互いにメリットがあったからである。フィンランドは、競争力のない製品を輸出できたし、ソ連は、COCOMなど冷戦時代の西側貿易に課された制限の中で、フィンランドからの輸入で一定のニーズを満たすことができた。また、フィンランド人とロシア人は、貿易交渉で「馬が合った」と言われている。サウナに入り、ウオッカを飲み、歌を歌い、そして賄賂をもらった。賄賂については、筆者がフィンランドに在勤していたとき、一度だけ新聞の記事に出ていたことがあるが、ほとんどニュースになっていなかった。ロシア側の担当者で、別荘やクルーズ船をもらった者もいるとのことだが、発覚して処刑された由。贈賄したであろうフィンランド側では、逮捕されたという話は聞いたことがない。そして政治的には、両国の友好関係を国際的に示すことができた。

ソ連の崩壊で、突然、「金の卵を産むにわとり」が死んでしまったわけであるが、半世紀にわたる長期の「安定した」貿易で、多くのフィンランド企業が潤い、ソ連国内プロジェクト輸出はフィンランド人労働者の失業対策にもなり、その間、技術とノウハウを蓄えることができ、それによってつけた競争力で、その後、国際社会での競争に伍していけるようになった。フィンランド人はしたたかであったと言えよう。

VI スウェーデンとの関係

第十七章　かつての母国でもあり、目標でもあったスウェーデン

隣国とは、世界中どこでも微妙な存在である。ロシアは、フィンランドにとって、民族国家の存在を脅かす危険な国である、というのは単純明快で分かりやすい。では、スウェーデンはどうか。

フィンランドは、ロシアに切り裂かれるまで、六百年にわたってスウェーデン王国の東半分を構成してきた。その意味では、スウェーデンは母国でもある。しかし、別の道を歩み出してもう二百年を超えた。現在では、どちらの国にも、もう一度一つの国になろうと考える者は、まずいない。

フィンランドは、一九八〇年代から、経済的に大きく成長して、二十一世紀の今では、国際調査で、「世界一幸福な国」と評価されるまでになり、スウェーデンに対する「劣等感」も、消えつつある。筆者が留学した一九七〇年代は、フィンランド人労働者がスウェーデンに出稼ぎに行き、「ぼろ雑巾」のようにこき使われたが（当時のスウェーデンを知るある外国人記者の言葉）、それでも、一財産つくって、帰郷してきた。スウェーデンとの経済格差は、あまりにも歴然としていた。

冷戦下のフィンランドは、ロシア（ソ連）との良好な関係維持に汲々としており、その舵取りは、ケッコネン大統領の双肩にかかっていた。他方で、スウェーデンは、「中立」を謳歌し、国際舞台でも、

一家言を呈していた。しかし、ソ連の崩壊はこの状況を劇的に変えた。EUに両国は加盟し、フィンランドは、早々に「中立」を止め、「軍事的非同盟」に衣替えした。中立の長い伝統を持つスウェーデンは、そう簡単に、国家の存在意義としての「中立」を捨てることはできない。スウェーデンは、冷戦終了、ソ連の崩壊とともに、単なる北欧の一小国に沈んでしまった。反対に、ソ連という重しの取れたフィンランドは、国際的な活動を活発化させた。

(1) スウェーデンから見たフィンランド

フィンランドがスウェーデンの一部であった時代は、スウェーデン本土より経済発展が遅れてはいたものの、「フィンランド人」対「スウェーデン人」などという認識・対立はなかった。フィンランド人、つまり、フィンランド生まれの貴族、宗教人、農民、商工民も対等に身分議会に代表を送っていた。

スウェーデンは、ロシアに併合されたフィンランドをどう見ていたのか。当然のことながら、スウェーデン国内には、しばらくは、フィンランドをスウェーデンの一部と考え、領土回復を夢見る人々がいた。しかし、スウェーデン政府は、フィンランドを扇動し、スウェーデン復帰の動き助長するような政策をとらなかった。スウェーデン王国の皇太子となったフランスの元将軍、ベルナドッテは、一八一二年のロシアとの条約で、領土としてのフィンランド回復を断念することを約束した。

「一八一二年政策」つまり、ロシアを敵視しない中立政策が劇的に変わったのが、二〇二二年のロシアによるウクライナ侵攻である。フィンランドが、ロシアに併合された後、徐々に「国」としての統治制度を整えていくにつれて、また、スウェーデンでの世代交代が進むにつれ、フィンランドを「外国」と認識するようになってきた。

一九一七年、フィンランドは、ロシア革命を機として、独立を宣言した。フィンランドは、スウェーデンに国家承認を求めたが、スウェーデンは、まずロシア側の承認が先だとした。スウェーデンは、フィンランドという、新しい国家の持続性を確信していなかった。フィンランド国家誕生に際して、内戦という悲劇が発生する。白衛軍が勝利し、赤衛軍の指導者達はソ連に亡命し、フィンランド共産党を立ち上げる。一方で、右派政権による新生フィンランドは、安全保障を求めて、国際関係の藪の中でさまよい続ける。結局、独立時と同じく、ドイツを頼るようになる。こうした、右派による政権運営に、スウェーデンの右派政党、また国民の多くは、理解を示したものの、左派であるスウェーデンの社民党は、快く思っていなかった。ロシア（ソ連）に亡命した多くのフィンランド社民党員は、かれらの友人であったことも一因である。また、フィンランド語とスウェーデン語をめぐる言語闘争、つまり、フィンランド語人によるスウェーデン語人への「敵意」とそれに対するスウェーデン語人による「人種差別」的反撃もあり、スウェーデンとの距離は大きくなった。むしろ、スウェーデンは、どさくさに紛れて、住民が全員スウェーデン語を話すオーランド諸島の併合を企んだりした。

しかし、第二次世界大戦の緒戦とも言うべき冬戦争（第一次フィン・ソ戦争）が勃発すると、全スウェーデンは、フィンランドの味方となった。ただし、スウェーデン政府は、公式な軍事的な支援を行うことはなかった。義勇軍がフィンランドに赴いただけであった。「一八一二年政策」が変わることはなかった。

第二次世界大戦後は、フィンランドは、劇的な社会・経済的発展を遂げる。日本に似ているところであるが、戦後の荒廃から急速に立ち直り、八〇年代のバブル（フィンランドでは「カジノ経済」と呼ぶ）が、ソ連の崩壊とともに破裂し、大きな経済危機に見舞われる。しかし、フィンランドはいち早く回復する。ここは、「失われた二十年」などと言われる日本と違う。そして、ついに、スウェーデンに追いつくことになる。経済分野での成長のみならず、スポーツにおいても、フィンランドのアイスホッケー・チームは、スウェーデンに並んで、世界選手権での優勝候補の常連になるまで成長した。スウェーデンから見て、フィンランドは、もはや、「兄貴面して」上から目線で見られる存在ではなくなったのである。

（2）人の交流～フィンランド語とスウェーデン語～

フィンランドとスウェーデンの関係を、人の移動の観点から見てみたい。十九世紀のナショナリズム勃興以降、人々は、原則、話す言葉により民族分けされてきた。フィンランドは、近年のロシア人、エストニア人、あるいはソマリア人などのフィンランド版「ニューカマー」を除くと、フィンランド（語）人、スウェーデン（語）人、そしてサーメ（ラップ）（語）人の三つの「民族」からなっている。サーメ人は、北極圏を主な居住地としており、スウェーデン、ノルウェーそしてロシアにまたがっている。かつてフィンランドがスウェーデンの東半分をなしていた頃は、スウェーデン語人もフィンランド語人も同じスウェーデン国王の臣民で、その移動・移住も国内の出来事であり、「異民族」との意識は全くなかった。

現在、フィンランドの南海岸とスウェーデンに面する西海岸には、スウェーデン語を母語とする人達の居住地帯がある。彼らはフィンランド・スウェーデン人と呼ばれる。彼らがフィンランドに移住してきたのは、スウェーデンがフィンランドに行った「十字軍」時代、つまり、十二から十三世紀にかけてである。フィンランドの貴族、つまり上層階級を成したが、多くは、農民であり、漁民でもあった。

十九世紀初めに、スウェーデンがロシアとの戦争に敗れ、フィンランドがロシアに割譲され、フィンランド語ナショナリズムが高揚すると、それが、スウェーデン語に対する「敵対的」な性格を帯びていたため、スウェーデン語系住民は、自分達はスウェーデン人であるとの意識を高めるようになった。ただし、フィンランドから分離独立して、スウェーデン本土に合体しようとはしなかった。こうして、フィンランド・スウェーデン人としての「民族意識」ができあがっていった。つまり、かつての同じスウェーデン国王の臣民が、お互いを「異民族」として意識し始めたのである。

次に、スウェーデンのフィンランド語少数派を見てみたい。まず十七世紀には、主として、フィンランドのサボ地方、つまり、ロシア国境を挟んだカレリア地方の西側にある地域から多くのフィンランド人が、スウェーデンの中心地帯である中部スウェーデンのノルウェー国境沿いの地域に移住した。彼らは、「森のフィンランド人」と呼ばれ、主に、焼き畑を生業としていた。そしてフィンランド語を維持していた。

第二のグループは、スウェーデン北部のフィンランド語系住民である。フィンランドがロシア領になった際、北極圏では、スウェーデンとロシアの国境線を、バルト海ボスニア湾の北の先端に流れ込むトルニオ川とすることになった。そのため、トルニオ渓谷のスウェーデン側に多くのフィンランド語人が残ることになった。

こうした、中部地域や北部地域のフィンランド語人に何が起きたかというと、組織的な「スウェーデン化」であった。十九世紀はナショナリズム、すなわち民族主義と国民主義の時代である。スウェーデン政府はスウェーデン語による初等教育、つまりスウェーデン語の徹底に力を入れた。北部では、ロシアと国境を接していることもあり、フィンランド語人は、ロシアの「スパイ」の可能性が疑われた。

現在では、中部地方の「森のフィンランド人」のフィンランド語は、完全に消滅してしまった。言葉を復活させようという動きはないが、祖先の伝統を再評価する動きはある。他方、北部では、フィンランド語、つまり独自の北部方言は、まだ生きており、維持しようと努力されている。

三番目のスウェーデンのフィンランド語人グループは、第二次世界大戦後、六〇年代から七〇年代にかけて、フィンランドからスウェーデンに労働者として移住した人々とその子孫である。この移民労働者には、スウェーデン語系のフィンランド人も含まれている。主な移住先は、スウェーデンの経済先進地域である中部スウェーデンである。筆者がフィンランドの大学の学生であった頃、学友や知り合いの家族の多くが、「出稼ぎ」に行っていた。学生達も、夏休みのアルバイトにスウェーデンに行ったりしていた。スウェーデンは、中立国として戦火を免れ、国力を蓄えていた。そして、戦後は、ヨーロッパの復興に際して、好景気に沸いていた。その人手不足解消に「貢献」したのが、戦争で疲弊し、失業率の高かったフィンランドからの未熟練労働者である。例えば、スウェーデン西海岸の大都市、ヨテボリ市のボルボ車の工場にも多くのフィンランド人労働者がおり、彼らは、「一財産」作って、つまり、自家用車を持参して、帰郷したりしていた。当時、両国間の経済格差は大きく、フィンランドでは、労働者が「冬に動く」自家用車を所有できるほど、稼ぐのは難しかった。筆者の住んでいた学生寮のまわりにも、冬の間、雪に埋もれている自家用車が多くあった。また、冬には、高速道路でエンストしている車を頻繁に見かけた。地方都市では、まるで、博物館にあるような古めかしい日本の中古車が多く走っていた。つまり、七〇年代初めまで、スウェーデンは、ある種の「エルドラド」であった。

こうして、出稼ぎに出たフィンランド人労働者は、フィンランド語系の半分、スウェーデン語系の六割がスウェーデンに残留し、多くがスウェーデン国籍を取得した。しかし、フィンランド語系移民の中には、フィンランド語、そしてその文化を維持したいと考え、長く、言語の地位向上のため、スウェーデン政府と交渉してきた。スウェーデン政府は、フィンランド人移民も他の国の移民と同じとの認識で、特段優遇措置を認めてこなかったが、スウェーデンのEU加盟をきっかけに、ためらいながら、フィンランド語を少数派言語として認定するにいたった。フィンランド語系住民は、基本的には、母国フィンランドでスウェーデン語系住民が享受しているような対等な言語関係を理想としていたが、現実的な解決策として、私立のフィンランド語による学校を設立する等の方法をとっている。

なお、スウェーデン語系フィンランド人は、若干立場が微妙である。彼らは、自分達はスウェーデン人であると思って本土スウェーデンに渡っても、本土のスウェーデン人からは、彼らのスウェーデン語は、デンマーク人やノルウェー人と同じ、「外国語」としか認識されない。近年では、フィンランドに住む、スウェーデン語系住民は人口の約六%、スウェーデンに住むフィンランド語系住民は約五%で、同じような「少数派」を形成している。一言で言うと、両国の、二つの少数派は、傾向として、将来多数派の言語に同化している可能性が高い、つまり「絶滅危惧種」である。

第十八章　フィンランドのスウェーデン人

スウェーデン語を母語とし、スウェーデン人としての独自の伝統と文化に誇りを持ちつつも、フィンランドを祖国と考え、愛国心を持つフィンランド・スウェーデン人について考えてみたい。彼らは、民族的には「スウェーデン人」との認識を持っているが、国籍はフィンランドである。フィンランド・スウェーデン人、すなわち、スウェーデン語話者として登録している人々は、フィンランドの全人口の約六％弱である。

フィンランドに居住するスウェーデン語話者の間で、「民族意識」が高まってきたのは、十九世紀にフィンランド主義者が台頭し、「一つの国、一つの言語」というスローガンで、フィンランド語の地位向上、つまり公用語化を主張し、スウェーデン語に対する「敵対的姿勢」を強めてきたことがきっかけである。ただし、このフィンランド語の地位向上運動を始めたのは、スウェーデン語を母語とする一部の知識人である。他方で、この運動とは別に、フィンランド語を母語とする庶民から見ると、スウェーデン語を母語とするヘルシンキの上層階級、地方の領主あるいは大地主は、フィンランド語話者、つまり農民・労働者を「抑圧」しているとの認識が強かった。実際は、スウェーデン語系住民全員が裕福な上層階級に属しているわけではなく、農民や漁民が多数であった。

十九世紀半ば過ぎに、フィンランド語がもう一つの公用語として認められると、フィンランド語による学校教育の普及もあって、次第にフィンランド語の勢力が強くなっていった。政治的には、二十世紀初めの議会改革で、身分制議会で多数派であったスウェーデン語系が、少数派に転落した。自らの力を自覚しはじめたフィンランド語系勢力は、行政やヘルシンキ大学の完全フィンランド語化を要求するなど（歴史上「言語闘争」と言われる）、圧力を強めた。現在でも、フィンランド語を母語とし、「フィンランド人的なるもの」の重要性を標榜する「真正フィン人党」は、全土のフィンランド語化を主張している。同党はまた、外国人移民受け入れに反対し、EUに批判的である。この政党は、当初、泡沫政党と見なされていたが、次第に影響力を強め、大政党に成長し、政権にも参加している。

フィンランド語への「転向」を良しとしない、スウェーデン語系エリートは、劣勢に立たされてはいるものの、スウェーデン語と彼ら独自の文化保持を標榜して、辛抱強く対抗してきた。こうした言語と文化を守るためとして、「スウェーデン国民党」が結成され、歴代のほとんどの政権に与党として入閣し、一定の政治的影響力を維持してきた。しかし、彼らは孤軍奮闘したわけではない。フィンランドの社民党は、イデオロギー的に、言語・民族を対立軸とするのではなく、労働者・資本家を対立軸としており、同党の中には、スウェーデン語系の有力幹部もいて、スウェーデン語話者の権利・地位の保全には好意的であった。そして、戦後の冷戦期に長期にわたりフィンランドに君臨したケッコネン大統領も、自らの政権維持およびスウェーデン本土の政府との良好な関係維持のため、フィンランド・スウェーデン人の利益擁護には理解を示していた。

フィンランド語系強硬派からの攻勢に対し、スウェーデン語系は、数百年の歴史に裏打ちされた強力な上層階級ネットワークを有しており、ロシアからの独立後から第二次世界大戦まで、一貫して、政治・軍事、経済および文化の基幹部分を占め、強い影響力を持っていた。さらに、フィンランド語とスウェーデン語を「国民語」、すなわち公用語とする旨、独立後の新憲法に規定され、法的に守られてもいた。そして、スウェーデン語による大学や、新聞・雑誌、TV・ラジオプログラムなど独自の文化発信装置も持っている。

しかしながら、従来のスウェーデン語地帯にフィンランド語系住民が大量に移住してきたことにより、長期的には「言語消滅」の脅威に晒されていることには変わりなく、その防衛策として、スウェーデン語地帯の自治州化や、高等教育でのスウェーデン語による授業や教授職の確保などを主張してきた。自治州設置については、成功したのは、フィンランドとスウェーデンの間に位置するオーランド諸島（フィンランド語でアハベナンマー）のみであった。この島嶼地域は、古くから戦略上の要地として扱われ、フィンランドがロシア（ソ連）から独立した際には、スウェーデンが一時、併合を目論んだが、当時の国際連盟の裁可で、従来通りフィンランドに帰属することとなった。その際、同地域を非武装地帯とすること、スウェーデン語のみを公用語とすること、兵役を免除されることなどが条件とされ、また独自の議会を有し、高度な自治が認められた。フィンランド国会にも一議席割り当てられている。スウェーデン語のみを公用語としたことは、同地の住民がすべてスウェーデン語話者であり、自らを、本土スウェーデンと同じスウェーデン人であると認識し、フィンランドから分離しスウェーデンに合併することを希望していたので、それへの配慮であった。

なお、オーランドのスウェーデン語系住民は、独自のオーランド・アイデンティティーを持っている。ただしこのアイデンティティーはそれほど歴史的に裏打ちされたものではなく、帰属をめぐる国際連盟との交渉をきっかけに発生したものである。フィンランドの交渉団の中心を占めていたのは「愛国心」を持つヘルシンキ系のスウェーデン語系で、外交交渉の場で、オーランドはフィンランドの領土であると強く主張した。これに対して、オーランドの住民は、スウェーデン本土への併合を望んでいたため、結果、同じスウェーデン語人に裏切られたとの思いを持つこととなり、いわゆる「フィンランド・スウェーデン人」とのアイデンティティーとは決別することになった。彼らは、王国スウェーデン人と全く同じスウェーデン人であるとの認識を強め、その「学問的」証拠として、オーランド諸島に点在する遺跡を基に、牽強付会とも言える独自の「歴史理論」を展開している。

なお、話がそれるが、国際連盟の裁定でオーランドのフィンランド帰属が確定された件に関し、日本で出版される書籍で、新渡戸稲造が尽力したのでフィンランド帰属となり、それが、フィンランドが親日になった一因とされることがある。また、それとともに、日露戦争での日本勝利がロシアを揺るがしたことも、併せて言及されることがある。オーランドについては、フィンランドの歴史書で、日本への言及、ましてや新渡戸稲造について言及されるのを見たことがない。フィンランド人との会話で話題に上がったこともない。日露戦争については、フィンランドの要人や外交官が言及することはあるが、「一般人」との会話で、「独立に向けての側面支援となった」と、筆者が感謝されたこともない。トルコの「エルトゥール号」のような美談はない。

話を戻すと、フィンランドにおいてスウェーデン語が押されっぱなしであったわけではない。一九六〇年代に、初等教育でスウェーデン語の学習が義務化され、スウェーデン語は逆に「普及」している。ただし、これについては、フィンランド語系強硬派からは、「強制スウェーデン語」として、反発もある。

総体としてのスウェーデン語系住民は、フィンランド社会の中で、対等な言語・文化の維持を主張しているが、居住する地域により、対応には温度差がある。大まかに分けると、スウェーデン語の力が強い順に、オーランド自治州、ボスニア湾を挟んでスウェーデンと相対する西海岸地帯、そしてヘルシンキのある南海岸地帯の三つの地域がある。それぞれの地域は、文語は本土スウェーデン語と同じであるが、日常語はそれぞれの方言に別れている。フィンランドでのTV・ラジオで使われる標準口語としてのスウェーデン語は、ヘルシンキ方言を基にしたもので、本土スウェーデン語とはかなり違う。つまり、本土スウェーデンとフィンランドでは、別の標準口語があるということである。

オーランド諸島の住民は兵役の義務もなく、フィンランド語を話す義務も意欲もなく、従って、フィンランド国民との意識がほとんどない。つまり、フィンランドに取り残されたスウェーデン人との認識である。一九八〇年代に、筆者は、オーランド出身者に一人だけ出会ったことがある。フィンランド人男性と結婚するとのことで、フィンランド語を学習していた。なお、同地に観光で行ったこともあるが、英語で話してしまったので、「生のオーランド語（方言）」に触れることはできなかった。
次に、スウェーデン語が残っているのが西海岸地帯である。すでに、多くのフィンランド語話者が移住してきているものの、純粋にスウェーデン語だけの郡部がある。スウェーデンに近いこともあり、以前から、スウェーデン本土からのＴＶ放送を受信していて、フィンランド語の放送はあまり見ない。婚姻も同じスウェーデン語系同士で行われる。従って、フィンランド・スウェーデン人としての意識も高い。

南海岸は、若干、複雑である。首都ヘルシンキ市は、かつては、スウェーデン語系が多数であったが、十九世紀の終わり頃に逆転した。筆者が留学していた一九七〇年代当時は、街中でスウェーデン語をよく耳にした。最近では、ほとんど聞くことがない。しかし、スウェーデン語が消えてしまった訳ではない。全体としては、フィンランド語系が大多数を占めるようになったが、スウェーデン語系の多くがバイリンガル、つまり、両言語に堪能になっており、家や学校ではスウェーデン語を話すが、外では、フィンランド語で用を足している。

スウェーデン語話者には、スウェーデン語を話すことでフィンランド語系ともめたくないとの意識もある。あるいは、週末の夜などに、レストランでスウェーデン語で話すと、フィンランド語系の酔っ払いに絡まれるからなど。残念ながら、いまだに、スウェーデン語系と分かるといやがらせを受けるという。二〇二三年八月のＴＶ報道では、四人に一人がそうした経験をしている由。また、法律上は、スウェーデン語で役所手続きができるはずだが、職員が必ずしもスウェーデン語が堪能でなく、面倒なので、フィンランド語で済ませてしまうこともあるという。

両言語間の通婚も多い。大体が、スウェーデン語話者の男性とフィンランド語話者の女性で、役所への登録をどちらの言葉にするかは、それぞれの家庭の考え方による。バイリンガルもスウェーデン語系の一部と考えると、統計上のスウェーデン語話者は六％弱ではなく、もっと増える。

他方で、スウェーデンに住むフィンランド語話者は、世代が交代するにつれ、スウェーデン語化が急速に進む可能性が高い。これは、言語間のステータスの差による。移民の第一世代はフィンランド語を維持しようとの意識が高いが、第二、第三世代となると、ステータスの低いフィンランド語に関心がなくなってくる。他方、フィンランドのスウェーデン語話者に関しては、強力な伝統と制度があり、誇りも高いので、その維持に力が入る。そのため、今、目の前に言語存続の危機があるわけではないが、「危機感」そのものは強いと言える。

「言語闘争」（スウェーデン語系では、「言語論争」という）に際し、若者の間で多少の殴り合いはあったものの、他のヨーロッパ諸国で起きたような武力衝突、あるいはジェノサイド（集団虐殺）はない。言語間の平和共存は、フィンランドのセールス・ポイントの一つでもある。

Ⅶ フィンランドは、どう社会が回っているのか

現在のフィンランドは、世界的に見ても、最も豊かで公正な国の一つとされている。では、そこには、フィンランド的な独自の要素があるのだろうか。

第十九章　経済的繁栄～短期間で経済先進国～

イギリスなど、植民地を持ち産業革命を進めていた西欧先進国に比べ、フィンランドは、貧しい国の一つ、つまり北の最果ての「寒村」であった。ロシア時代の中頃から産業革命が始まり、経済は急速に進展したものの、社会が本格的に豊かになり出したのは第二次世界大戦後のことであった。一九六〇年代には、給与水準がスウェーデンの半分程度で、スウェーデンへ多くの出稼ぎ労働者を出していたのが、八〇年代には追いつくまでになった。さらに、二十一世紀には、対等と言えるほどに成長し、国際競争での生き残りをかけ、スウェーデン企業との合併・提携も進んだ。いわゆるグローバル化である。

ただし、経済発展の道のりが平坦だったわけではない。十九世紀後半の大飢饉では人口の十分の一が失われ、その後、独立後の内戦、二度の対ソ連戦争による損害と巨額の賠償、そして喪失したカレリア地方からの膨大な避難民への対応などで経済は停滞した。その後、奇跡の回復かと思われたが、一九七〇年代にはオイルショックに見舞われ、九〇年代初めには、ソ連崩壊により貿易が激減し、同時に「カジノ経済」がはじけて金融が破綻し、国は膨大な対外債務を抱え込んだ。筆者は、七〇年代初めのオイルショックと九〇年代初めのカジノ経済崩壊の時期に、フィンランドに滞在していたが、すさまじい勢いで失業率が増加するのに驚いたものである。経済に占める貿易の割合が大きいので、欧州経済が不況になると、マイナスのインパクトも大きい。しかし、さらに驚いたのは、それからの回復の早さであった。失われた十年とも、二十年とも言われた日本とは、対照的であった。

なぜ、フィンランドは、西欧・北欧の「最貧国」から駆け足で「優等生」になったのか。様々な要因はあるが、一つには政治的伝統である。スウェーデン時代から、ロシアのような農奴は存在せず、自作農が社会を支え、身分制議会にも代表を送っていた。つまり自主独立の機運がもともとあった。独立前に世界に先駆け、普通選挙を実施した。産業革命が始まるのは、先進西欧諸国に比べ遅かったが、逆に後発国としての利点を活かし、世界の先端技術を貪欲に吸収し、効率的に経済を発展させてきた。独立国となって、本来の能力が発揮されたと思われる。

フィンランドは、EUやユーロに加盟することで、その利点を最大限活用し、グローバル化の恩恵を得てきたと言えるが、筆者としては気になることがある。それは、代表的な「民族企業」をいとも簡単に、外国資本に売却してしまうことである。一つは、携帯電話で一時期世界制覇したノキア社である。その急成長は「ノキア神話」などと言われたが、スマートフォンで躓き、事業の一部をマイクロソフト社に売却してしまった。ただし、本社はフィンランドに留まっている。また、銀行分野でもグローバル化が進んでいる。日本の郵政公社にあたる郵便事業が民営化され、銀行部門がフィンランドの保険会社に売却された。すると、なんとその保険会社は、しばらくして郵貯銀行をデンマークの銀行に転売してしまったのである。さらには、かつてのフィンランド一位と二位の銀行、つまりライバルであったフィンランド・スウェーデン人系資本とフィンランド人系資本が合併し物議を醸したが、今度はその銀行が、スウェーデンの銀行と合併してしまい、銀行の「民族性」が分からなくなってしまったのである。

（1）経済構造変遷の大筋

フィンランドは、ヨーロッパの「北の果て」に位置するので、寒冷で農業には適していない。筆者が七〇年代に留学していた頃は、野菜はキュウリとトマトぐらいしかなく、それも新鮮ではなかった。九〇年代にEUに加盟したこともあり、いろいろな食材が入ってくるようになり、少しずつ食生活も変わるようになった。またグローバル化の中で、若いビジネスエリート中心に「グルメ」が増えたように思う。二十一世紀に入ると、日本食は、若い女性達のおしゃれな食事になった。知り合いが経営する日本食材店は、大繁盛するようになった。感慨無量である。

近代以前は、国民の大多数が農業に従事しており、ほとんど自給自足の生活で、十九世紀後半になっても大飢饉にみまわれた。フィンランド東部地方では、焼き畑農業が一般的であった。十八世紀前半、つまり、スウェーデンが大国の座から滑り落ちる頃から、人口は増え出し、十九世紀の終わりにかけて、拍車がかかりだした。農業の商業化が始まり、乳製品を輸出し穀物を輸入するようになった。この頃の産業は、まだ、個人的な商人が中心で、輸出はレベルの低い森林産業製品であるタールや木材、つまり西欧で需要が増大する造船の資材であった。十九世紀の半ばから二十世紀の半ばにかけて、産業革命が進展し始め、経済活動を阻害する規制も緩和されるようになり、会社組織による経営も始まった。森林産業に加え、繊維産業が中心となった。

二十世紀に入ると、森林産業がさらなる発展を遂げ、金属産業も力をつけてきた。株式会社が一般的になり、国主導の国内産業の保護・育成のため規制が強化され、フィンランド銀行（中央銀行）も大きな役割を果たした。企業側でも、大銀行主導の産業別カルテル形成を進めた。農業面では、独立後の内戦という苦い経験を踏まえ、社会不安解消を目指して農地法が制定され、小規模農家が多く出現した。また、生産者の利益を守る農業協同組合も組織された。

二十世紀も終わりに近づくと、産業面では、八〇年代から徐々に金融面などで規制緩和が始まり、九〇年代には、ＥＵ加盟もあって、外国人による株式や土地の所有を認めるなど各種の規制緩和が進み、フィンランドの基幹産業の一つである森林産業（すでに重点が原料に近い木材から高付加価値の紙製品に移行）、金属分野や、新たに急成長したテレコミュニケーションなど、フィンランドの得意分野での巨大化、グローバル化が進んだ。農業では、二十世紀後半に入ると、生産性が順調に向上する一方で、農産物過剰生産の問題が出てきた。また、国の産業構造の変化、つまり都市化が進み、農村部の人口減少が始まった。一九九〇年代にＥＵに加盟してからは、ＥＵの共通農業政策への順応に迫られるようになった。農業従事者が大幅に減少し、他方、小規模農業から、耕作面積のより大きい農業に移行しだした。

視点をロシアに向けてみると、フィンランドが十九世紀の初めにロシアに併合され、自治国となったことで、スウェーデンの統制から解放され、巨大なロシア市場を活用する形で、鉄道網の拡充などを通して産業革命が始まった。そして、ロシアとの関係が悪化した戦間期を除き、戦後も、安定的な対ロシア（ソ連）貿易は大きな比重を占め、フィンランドは大きな利益を得た。さらに、ソ連が崩壊すると、その政治的影響から「解放され」、ＥＵ加盟が可能となり、それによって経済活動の範囲が大きく広がり、世界経済のグローバル化、つまり新自由主義とも言われるアメリカ型資本主義が大きく拡大する中で、フィンランドは成功裏に対応してきた。見方を変えると、隣国ロシア（ソ連）との関係が、政治のみならず、フィンランド経済にも大きく影響してきたと言える。二〇二二年のロシアによるウクライナ侵攻を機に、フィンランドはＮＡＴＯ（北大西洋条約機構）に加盟した。必然的にロシアとの関係は悪化する。経済にどう影響するかまだ不透明である。

森林以外に資源のほとんどないフィンランドの経済は、人的資源に投資して、またその勤勉さで、悲惨な戦争による荒廃を克服し、民主主義と市場原理を維持しながら、急速に発展してきた。この点、日本の場合と似通っているところが多い。森林産業は、フィンランドの「魂」とも言える産業で、中世の主要輸出品目であったタールなどの原材料から、木材、船舶、パルプ、さらには高級紙へと次第に付加価値を高めてきた。自国に豊富にあった森林という資源を基に発展してきたが、今では、技術の向上で、国内資源だけでなく、ロシアから相対的に安い木材を輸入したり、南米に、より効率の良い森林資源を求めて工場を建設するなど、企業活動はまさにグローバル化している。ソ連崩壊後のグローバル化で、ロシアや中国は経済が資本主義化したものの、政治の民主化は進んでいない。先進西欧諸国は、移民問題など植民地主義の負の遺産に悩まされている。アメリカの経済格差には驚くしかない。フィンランドにも、当然、解決すべき問題は多々あるが、日本と同じく、格差の拡大を比較的押さえ込んでいると言える。北欧内でも、石油の出るノルウェーや、欧州諸国が戦火にある中、中立政策で富を蓄積したスウェーデンに比べ、人的資本で国を発展させたフィンランドは、模範的優等生と言える。

(2)「世界に冠たる」福祉国家

フィンランドは、他の北欧諸国とともに、高度な福祉国家として知られている。二〇二四年現在で、フィンランドは、七年連続で「世界一幸福な国」一位にランク付けされている。では、この点についてフィンランド人はどう思っているのか。恐らく、誇りには思っても、自慢はしないと思う。なぜなら、フィンランド人は、国や社会のどこに問題、つまり改善すべき点があるか、皆が謙虚に理解しているからである。

国際的教育調査でフィンランドは高く評価されているが、この点につき、「改革をつねに続けることが重要である」と、当時の大統領から、直接聞いたことがある。この謙虚さは、国民も共有しているように思える。二〇一九年に幸福度でフィンランドが世界一にランク付けされたとき、これを報じたフィンランドのTVニュースで、キャスターが最後に「あなたは（フィンランドが世界一幸福な国であると）信じますか、どうですか」と締めくくっていた。筆者には、キャスターが苦笑いしているように感じた。彼が表情に出したわけではないが。

別の例も挙げたい。筆者は、合計で三度、在フィンランドの日本大使館に赴任したが、これをフィンランドの女性外交官に話したところ、「それは、栄転かそれとも左遷か」とまじめに聞かれた。また、別の女性外交官に、「フィンランド大好きの日本人の多くは、フィンランドは天使が住む天国のような素晴らしい国だと思っている」と、若干、外交辞令をこめて言ったところ、「フィンランドは、そんな素晴らしい国ではない」と真剣にしかられた。おごらないフィンランド人の一面に感動した次第である。

話を福祉に戻すと、筆者が感じた、フィンランドの社会福祉で一番素晴らしいと思ったのは、教育制度である。原則、無償である。日本ではすでに、裕福な家庭に生まれた子弟の方が、より評価の高い大学に進学しやすくなって久しい。フィンランドでも、一部に、エリート校と言われる高等学校があるが、日本のような学校間格差はない。貧乏な家に生まれても、学費がかからないので、努力次第で進学できる。他方、医療は、日本の方が断然よい。日本は、医療はよいが他の分野は弱いと言うことは、福祉が高齢者優先になっているということである。若者や女性が能力を発揮できるよう、もっと資源を使うべきであろう。

フィンランドは「世界一幸福な国」とのお墨付きをもらったが、実態は、問題が山積みである。その最大のものは、経済格差の拡大である。なぜ、福祉国家なのに格差が拡大したのか。理由は単純である。労働者の福祉を切り詰め、企業の負担を軽くして経済成長を目指す政策転換をしたからである。

第二次世界大戦後、フィンランドは、スウェーデンの経験を参考として、福祉国家建設に邁進してきた。そして、一九八〇年代にようやく追いついた。しかし、八〇年代に金融を緩和したことで、バブル経済が発生し、それが九〇年代に入り崩壊した。また同時に、旧ソビエト連邦が、一瞬にして瓦解したため、フィンランド経済の重要要素となっていた対ソ貿易が消滅し、ダブルパンチとなった。ソ連の消滅は、経済面だけではなく、イデオロギー、つまり、社会の基本理念でも大きな影響を及ぼした。社会主義というものが、「神通力」を失ってしまったのである。北欧では、社会民主党が強力で、北欧型社会主義が影響力を持っていたが、その重要な社会主義理念である「完全雇用」と「富の分配」が必ずしも「正義」ではなくなってしまったのである。九〇年代初めのバブル崩壊で、フィンランドは日本同様深刻な経済危機に見舞われた。国の財政は破綻寸前で、手厚い社会保障制度の維持が極めて困難になったのである。この財政上の理由だけでなく、社会主義がなくなったため、アメリカ型の「新自由主義」という弱肉強食の経済理論が、一世を風靡することになった。その「津波」はフィンランドにも押し寄せてきたのである。また、ＥＵも競争による経済力の強化に重点をおいている。フィンランド政府は、従来の社会保障制度を維持するのではなく、国の競争力を強くする方向に大きく舵を切った。つまり、グローバルな競争に互していくために、企業優先の政策をとったのである。法人税の削減、失業手当の削減など、安い労働力を確保しやすくしたのである。ただし、福祉国家を放棄したとは、どの政党も表だっては言ってはいない。

結果どうなったか。フィンランド経済はV字回復し、その後のリーマンショックなども乗り越え、国民の大多数は豊かな生活を享受できるようになった。筆者が感じた目に見える変化は、食生活にある。かつて七〇年代には、黒パン、ジャガイモそしてソーセージを食べていた若いエリート達が、二〇〇〇年代にはランチに寿司や天ぷらなどを食するようになったのである。この点を見れば、「世界一幸福な国」に見えなくもない。しかし、一方で、日本と同じく非正規雇用などが増加し、社会の底辺から浮かび上がれない層が出現したのである。政府や政党も、「高い所得税・高度な福祉」という看板は下ろしていない。しかし、国の財政を支えるため、累進課税が軽減される一方で、付加価値税(日本の消費税にあたる)は、二十%を超えている。これは、経済的弱者の方により多くの負担がかかることになる。

本書を執筆している二〇二四年現在、コロナ・パンデミック、ウクライナ戦争、そしてそれに続くガザ紛争は、フィンランド経済にも大きなダメージを与えている。早期の回復を願うばかりである。

もう一つ、筆者にとって気がかりなことがある。フィンランドは、一九八〇年代まで、比較的「単一民族国家」を維持してきた(もちろん、スウェーデン語系住民やサーメ人などがいるが、社会を不安定化する要因とはなっていない)。つまり、あまり移民(ニューカマー)がいなかったのである。むしろ、伝統的に北米やスウェーデンに移民を出していた。しかし、二十世紀終わり頃から、国が豊かになるにつれ、福祉国家維持のため安価な労働力としての移民の導入や、あるいは中東、アフリカなどからの戦争難民の大量流入が発生する可能性が高まってきた。言い換えれば、他の中央ヨーロッパで見られるような、こうした移民が十分社会に溶け込むことができず下層階級化し、最悪の場合テロの温床と化すような状態も、起こりうるようになってきた。隣のスウェーデンでは、すでに、「進歩的、人道的」移民政策が行き詰まり、事態に対応できなくなってしまっている。フィンランドは、これまで通りスウェーデンの先進的政策を見習い、一方で、その「失敗」も十分考慮に入れ、ヨーロッパの模範的かつ平和な社会を維持する政策を取って欲しいと願う。

なお書きで恐縮だが、本書では、フィンランドの特性、つまり、フィンランド語によるナショナリズムに焦点を当ててきたので、福祉国家建設における社会民主党の貢献にはほとんど言及してこなかったが、付け加えておく。

第二十章　独自の安定した内政

（1）「合理的」な政治・経済体制

フィンランドの国内政治を、日本との比較で見てみたい。まず、元首は大統領である。ロシアからの独立後、ドイツから王様を呼び寄せる案があったが、ドイツの戦争敗北で実現しなかった。そして、この大統領は、もともと想定されていた「強い」王権を引き継いだ。第二次世界大戦後、この大統領権限を最大限活用し、四半世紀にわたり君臨したのがケッコネン大統領であった。しかし、この強すぎる大統領への反動（反省？）から、二〇〇〇年に憲法が改正され、大幅な権限の縮小が行われ、最高権力者は首相となった。この「事件」について、フィンランドの著名な歴史学者は、国会による「クーデター」であると評価していた。縮小されたとはいえ、大統領が「儀礼」担当になったわけではなく、特にロシア関係では、友好関係維持の極めて重要な役割を担っている（ただし、二〇二二年のロシアによるウクライナ侵攻とフィンランドのNATO加盟でロシアとの関係がどうなるかは、不透明である）。また、全国民の、父あるいは母としての信頼を得ている。

最大の権力者となった首相であるが、日本と同じく、選挙で最大となった党の党首が組閣するのが慣習となっている。ケッコネン大統領時代と違って、近年では、議員の任期である四年が全うされる。フィンランドの特徴として、その連立政権の組み方がある。経済界、ホワイトカラーなどが支持し、都市部に強い「国民連合党」、地方など、農村部を基盤とする「中央党」、労働組合をバックとする「社会民主党」、この三大政党が国政の中心となり、選挙ごとに、この三党のうち二つが、連立政権の中核を作る。それに、グリーン、スウェーデン国民党、左翼連盟、キリスト教民主同盟、そして、真正フィン人党が、適宜加わる。ただし、最近の国会選挙では、中央党の退潮が目立ち、真正フィン人党が第二党に勢力を伸ばしてきている（二〇二三年三月の選挙）。この真正フィン人党は、民族主義的傾向が強く、EUに批判的で、移民の受け入れにも否定的である。ただ、同党の主張は国民感情を反映している点もあり、選挙に強く、主として中央党を浸食し、その勢力は三大政党に匹敵してきている。

他の北欧諸国では、強力な社会民主党を軸に、左派と右派が「イデオロギー的に」対立する構造となっているが、フィンランドでは、それと違い、左派系では社民党が比較的弱く、また、他の北欧諸国にはない、強い共産党系の勢力（左翼連盟）が存在する。右派系では、都市部を中心とする国民連合党と農村部を支持基盤とする中央党は、利害が対立する。結果として、どの連立政権も代わり映えしないことになる。むしろ、首相が誰になるかで、その指導力の差により、政策とその実行に違いが出てくる。なお、目を引く日本との違いでは、女性の政界進出が顕著な点がある。閣僚の半数程度が女性で、閣僚も平均四十代と若い。また、国会議員の中にも若い世代が多い。

政治家に関しては、日本よりは信頼度が高い。議員の世襲については、フィンランドでもなくはないが、日本ほど「酷く」はない。社会全体でも、エリートとされる階層が固定化され、閉鎖的な特権階級を作ることはなく、適宜「入れ替わり」がある。北欧一般に言えることだが、民主主義が機能しているといえる。

役人に関しては、日本では、高級官僚の人事権が内閣府に移ったことにより、各省庁の「裁量力が弱くなった」とされているが、フィンランドでは、そもそも、日本ほど「独立王国化」しておらず、逆にEU加盟により、実務の増加に伴い力を持つようになってきている。役所の、日本との驚くべき違いは、その働き方にある。まず、残業がほとんどない。ほとんどが定時退庁である。公務員の労働組合が強く、サービス残業はない。風呂敷残業、つまり仕事の持ち帰りは、多少あるようである。働いた分は、法律に基づいて、きっちり要求する。日本では、霞ヶ関のみならず、大企業でも、残業手当があいまいなところが多々あると聞いている。知り合いの話では、深夜午前二時まで残業しても、手当は前日の午後一〇時まで分しか出されないなど。フィンランドの国家公務員が残業しないもう一つの理由は、国会との関係にある。日本には、国会における質疑応答の準備のため、官僚が夜遅くまで、場合により明け方まで居残る「国会待機」という「非人道的な制度？」がある。優秀な人材の能力と体力を無駄遣いしていると言わざるを得ない。フィンランドでは、これはない。国会では基本的に閣僚が、野党などからの質問に自分の言葉で答えている。もちろん、官僚が作成するペーパーがないわけではないが。あるとき、テレビで国会中継を見ていたら、首相が、これからアポがあるので答弁はここで終わりにすると言って、途中退席してしまったのには驚いた。日本で首相がこんなことをしたら、議事のストップでは済まないであろう。また、質問の順番が後回しにされた新人議員の質問が夜遅くにずれ込むと、関係閣僚と国会議長あるいは副議長など少数関係者のみが対応するなど、ほとんど人のいないフィンランドならではの「合理的で」「寂しい」国会風景が時々見られる。

公務員の働き方もかなり違う。日本では、公務員は原則、副業が認められていないが、フィンランドでは、勤務時間外は可能である。民間企業の役員になっているケースもある。以前は、大統領が社民党出身であると、局長クラスの外務省の幹部のほとんどが、社民党の党員であった。日本のような「中立」という考え方はない。「天下り」については、有力政治家がEUの要職に就いたり、大企業の役員になったりすることはある。ただ、日本のように、元高級官僚が、「出勤は週一回にしてくれ、運営には口を出さないでくれ」などの条件をつけられ、実質なにもせずに高給をとるような外郭団体への天下りはない。フィンランド外務省も「伏魔殿」などと言われているようで、フィンランドにはフィンランドの事情があるようである。筆者には、もちろん実態は分からないが。外務省の事務官一人一人の能力が高いのには驚いた。語学力、企画力がすばらしい。少ない人数で世界を相手にするのであるから、当然といえば当然であるが。なお、ヘルシンキの本省では、皆、個室で仕事をしている。大部屋の日本とは大違いである。日本との大きな違いは、閣僚の仕事の仕方にもある。大臣が首相府での閣議に出席するため、書類をかかえて道路を歩いているのを何度か見た。また、空港で、大臣がアタッシュケース一つを抱え、秘書の同伴もなく、一人でカウンターで搭乗手続きをしているのも目撃した。別の面から見ると、閣僚が一人で歩いていても、テロに遭う危険がほとんどないからとも言える。街のだれも、特に気にとめないのである。

地方自治については、選挙で選ばれる都道府県議会に相当する機構がなく、国会の次は、市議会あるいは町議会である。例外はオーランド州で、高度な自治権を持った州議会がある。日本から見て不思議なのは、国会議員が市議会議員を兼任していることが多いことである。市議会の会議は、週末に地元に帰る国会議員でも参加できるよう、開催の日程が調整されている。次に、市長・町長は公選ではなく、議会が選出する。近年、財政状況の悪化のため、日本と同じく、地方公共団体の合併が進められた。病院を広域化して数を減らし、効率よくするためのようであるが、うまくいっているかは、よく分からない。

フィンランドのエリート、あるいは上層階級は、他の北欧諸国と同じく、外向けには、豊かさをひけらかすことはない。これは、プロテスタントの倫理観、つまり、清貧の伝統であるとも言われている。ただ、近年のグローバル化の波に乗り、一部経済エリートが飛び抜けて富裕化している。なお、フィンランドの街づくりは、意外と、住民の経済状態が分かるようになっている。例えば、ヘルシンキを中心とする首都圏にはいくつもの独立した居住地域がある。日本のように、住宅が東京から大阪までつながっているようなことはなく、それぞれの居住地域が、一定の間隔を置いてまとまっている。大まかにいうと、中心には高層マンション群があり、その外側には、主に二階建ての低層のマンションがある。そして、さらにその外側には、戸建ての高級住宅が並ぶ。この、外に向かって輪のように広がる三つのグループそれぞれに駐車してある自家用車を見れば、その経済力が一目瞭然である。

（2）間近に見た大統領

筆者が留学していた頃は、ずっとケッコネン大統領であったが、残念ながら、直接お目にかかれる機会はなかった。その後の各大統領とは、日本からの要人訪問の際、通訳をするなどして、人柄に触れる機会があった。筆者の、全くの主観的印象であるが、記してみたい。

①コイビスト大統領（社民党出身。在任一九八二年〜一九九四年）

長身で、学者肌で、オーラを感じる方であった。同大統領の発言は、時々「哲学的」過ぎて、記者泣かせであると言われていた。筆者が通訳をすることになった時、大統領発言の趣旨をきちんと理解できるか、不安であった。幸いにも、平易なフィンランド語で話してくれたので、事なきを得た。会談が終わった後、筆者に通訳をしたことへのねぎらいの言葉をかけてくれた後、自分（大統領）の名前は日本語に似ているだろうと、ニコッとされた。コイビストは、コイビト（恋人）に聞こえると言うことだった。大統領は、この「相似」にまんざらでもない感じだった。

②アハティサーリ大統領（社民党出身。在任一九九四年～二〇〇〇年）

ノーベル平和賞を受賞した国際的な人物である。希代のコミュニケーションの達人である。見た目は大柄で、若干いかついが、相手をほっとさせる人柄である。日本から新大使が着任し、筆者が通訳をした際、「事務方からこう言えといわれてるんだけど」と、発言要領のペーパーを筆者に見せてくれたのには驚いた。

また、その後、日本の皇族がフィンランドを訪問し、大統領の官舎で会談があった。なぜかその際、歩きながら、筆者に、この建物には電話の受話器がたくさんあって、どの電話が鳴っているのか分からなくて困っていると、おっしゃられた。

三度目に、さらに言葉を交わす機会があった。筆者が中東クウェートに勤務していたときのことである。同国に大統領が来訪し、同地に在住しているフィンランド人と面会の機会を持つとの情報が入った。そこで、同地の大使館に、筆者はフィンランド滞在が長いし、大統領とも面識があるので、この会合に参加させてもらえないかと頼んだところ、快諾してくれた。筆者が外交官だったとはいえ、本来の趣旨に合わない外国人に参加の許可を出すフィンランドの柔軟性に感激した。

③ハロネン大統領（社民党出身。在任二〇〇〇年～二〇一二年）

女性初の大統領で、気さくさから、国民から「ムーミン・ママ」などと呼ばれていた。通訳をした際、話題が、国際的に高い評価を受けているフィンランドの教育になったとき、大統領から、評価が高いことに決して満足しておらず、常に改善の努力をしている、との発言があったことが印象に残っている。

④ニーニスト大統領（国民連合党出身。在任二〇一二年〜二〇二四年）

三十年ぶりの保守系の大統領で、フィンランド人としては比較的小柄で、柔和な人柄は威圧感を感じさせない。最初に会ったのは、野党の党首になったばかりのときであった。表敬に訪れた日本大使とは英語で会話したので、筆者は通訳の必要がなかったが、大使が使ったある単語に、それはどういう意味ですかと、率直に聞き返されたのが印象に残った。

その後、日本からの要人訪問の際、何度かお目にかかる機会があった。会談の中で、必ず、一九八〇年代後半からのバブル経済（カジノ経済）が九〇年代に入り崩壊した際、フィンランド経済立て直しのため、日本の金融機関に世話になったと話された。随分と、義理堅い方だなと感じた。人柄と実務能力で、国民から絶大な信頼を得ており、二期目の大統領選挙では、第一回投票で過半数を獲得した初めての大統領である。

⑤ストゥブ大統領（国民連合党出身。在任二〇二四年〜）

何度かお会いしたのは、外相時代である。さわやかな弁舌に加え、長身でスポーツマンでもあり、当時、若い世代に絶大なアイドル的人気があった。ストゥブ外相がヨーロッパの国際会議に参加した際、いつもの日課通り、早朝にジョギングに出た。ホテルに戻ったところ、警備員に本物の外相とはなかなか信じてもらえず往生した、というエピソードの持ち主である。

父親はスウェーデン語系、母親はフィンランド語系の家庭に育ち、自らは二言語フィンランド人であるとしている。これらに加え、英語、フランス語、ドイツ語、そしてイタリア語を話し、博士号を持つ国際的教養人である。

第二十一章　変わる社会、変わらぬ社会

（1）宗教はまだあるか

フィンランドに長年住んでいた筆者の感触であるが、日本の常識に従って行動していれば、宗教的な問題を起こすことはない。筆者は、中東クウェート国に勤務した経験があるが、同国はイスラム教の戒律の厳しい国なので、気を遣うことが多かった。例えば、豚肉は食しない、アルコール飲料は禁止、ラマダン（断食月）期間は、日中はレストランが休業、ご近所にも、複数の奥さんをかかえるお宅が散在していた、など。

ヨーロッパでは、「世俗化」ということがよく言われる。つまり、簡単に言えば、教会の影響力がなくなったということである。フィンランドもその例外ではない。ただ、フィンランド人の宗教心がなくなったということではない。この宗教心という点では、日本人に似ているのではないかと思う。フィンランド人の大多数は、国教である福音派ルーテル教会に属している。しかし、筆者の印象ではあるが、現在では教会の意義は、ほとんど冠婚葬祭にあるといっていい。結婚式や葬式は教会でやる

が、日常的には、教会の「説教」を聞きに行くことはほとんどない。聖書もほとんど読まない。他方で、多数のフィンランド人は、唯一神を信じ、天国や悪魔の存在なども信じる。キリストは神の子であると思っている。つまり、伝統的な教会の教義を受け入れている。日本人も、お寺に説教を聞きに行くことはない。しかし、神社仏閣でおみくじを引いたりして、願い事をする。いわゆる神頼みである。神の存在をなんとなく信じているからそうする。葬式・埋葬はふつうお寺である。フィンランドにも日本にも、アメリカや中東のような過激な宗教原理主義者はいない。両国民とも、大多数は日常的に積極的な宗教活動はしないが、それぞれの伝統的な神や仏の教えを血肉化した、道徳心が高く、かつ穏やかな篤信者であると思う。

筆者のフィンランド滞在中に起きた、宗教にも関連する大きな変化が二つあった。一つは、女性牧師の認可である。かなり社会的に大きな議論になった。二つ目は、同性愛者に対する考え方である。一九九〇年代は、まだ、おおっぴらにはできない雰囲気があった。しかし、二十一世紀に入ると、同性愛者が大統領候補になったりした。また、知り合いのフィンランド人が、公式行事に、堂々と同性の恋人を同伴するようになったりして、寛容が一気に進んだのに驚いた。

なお、筆者の断片的ではあるが、印象に残った一九七〇年代から九〇年代の経験を記しておく。もちろん、フィンランド人を代表する者達の話ではない。

その一　ある女子学生は、成績が足らず希望の学部に入れないので、神学部に入学した。ちなみに彼女は「ゴリゴリ」の共産主義者であった。いったい、どんな卒業論文を書くのだろうと思った。

その二　さらに同じく、共産主義者を自認する女子学生と世界の宗教について議論する機会があった。彼女によれば、キリスト教、特にプロテスタントが最もすぐれた宗派であるとのことであった。宗教を否定する共産主義者が、なぜ、キリスト教を評価するのか分からなかった。

その三　日本政府の招待で日本を訪問した若い男性の新聞記者がある神社を訪れた。一緒に来日した女性記者は、まわりの参拝者にならって、手を合わせて拝んだ。しかし、男性記者は、そうすることを拒んだ。異教の神を拝みたくないようであった。男性記者は、とくに宗教に熱心ということではなかったのだが。

（2）サーメ人（ラップ人）～もう一つの少数派～

フィンランドを語る上で、忘れてはならないのが、もう一つの少数派住民、つまりサーメ人である。彼らが歴史上、政治的に主導権を持つことはなかったが、フィンランド、広くは北欧を語る上で、欠かせない存在である。現在、フィンランドのみならず、スウェーデン、ノルウェーそしてロシアの北極圏に居住する人達である。全体で数万人である。ノルウェーのサーメ人が一番人口が多い。なお、十七世紀末のフィンランド・サーメ人は約千五百人であった。彼らの言語は、フィンランド語と親族関係にあるが、筆者には、サーメ語は全く理解できない。サーメ人の外見は、テレビで見る限り、フィンランド人よりは小柄であるが、風貌は北欧人に似ている。日本では、以前、モンゴル系のアジア人であるかのような写真を載せていた書物があったが、筆者が見た限りでは、アジア人とはほど遠い。かれらは独自の言語を維持し、近年では、地域的に公用語化され、自らの言語で、公的手続きを役所で行えるようになってきている。他方、彼らは、所属する北欧諸国の公用語も話す、バイリンガルであることが多い。フィンランドで彼らについて語られるのは、極北の地ラップランドの観光との関連で、トナカイの飼育に焦点が当てられることが多い。なお、サーメ人が、トナカイの飼育を始めたのは十八世紀を過ぎてからで、それほど伝統的なものではない。

歴史的には、彼らがフィンランドという土地の「主人」であった。かつては、もっと南の地域にも居住していたが、次第に北に「追いやられた」。スウェーデン人がフィンランドにやってきた頃、国土の五分の四ぐらいはサーメ人地域であった。十六世紀にスウェーデンにバーサ王朝が成立し、近代的国家に向けた国づくりが始まると、王権は北部への開拓植民を奨励し、また、もともとはサーメ人のものであった土地を、王のものとした。これは、現在も国有地として続いている。いわゆる先住民の権利として、サーメ人は返還を求めている。フィンランドでは、十九世紀に入ってフィンランド人の移住が急速に進み、サーメ人は、北極圏の地でも少数民族化していった。

この状況を見ると、フィンランドに限って言えば、サーメ人は日本のアイヌ民族に似ていなくもない。ただ、筆者はむしろ、フィンランドがアイヌ民族の地で、一方、海を渡ってきたスウェーデン人が和人に相当し、彼らがフィンランドを支配下に置いた、と見ている。全くの私見ではあるが。

少し、横道にそれた。筆者には、実際にサーメ人と話す機会はなかった。テレビや新聞などの報道で見るだけであった。あるドキュメンタリー番組で、サーメ人女性が、自分の人生を語っているのを見た。十九世紀には、先住民を文明化しなければならないという風潮が欧米に広まり、フィンランドでも、その女性は家族から引き離され、フィンランド人家庭に引き取られ（拉致され？）「文明的」生活をさせられた。つまり、フィンランド語の環境で育てられ、文化的アイデンティティーを喪失したというものであった。この手の「文明化」は、カナダで大々的に行われたという報道を読んだことがある。

サーメ語は、言語的にはフィンランド語の親戚である。しかし、フィンランド（語）人はサーメ人を民族的には親戚と認めていない。この背景には、フィンランド（語）人の、西ヨーロッパにおける「人種偏見」との「闘い」がある。十九世紀には、言語と民族は同一視されており、それでなくても、ヨーロッパ語ではないフィンランド（語）人はモンゴル人であると見なされる傾向があったので、サーメ人を親戚と認めてしまうと、「モンゴル人理論」を補強してしまう恐れがあったからである。フィンランド（語）人は、人種論の非科学性を指摘するのではなく、サーメ人を切り捨てることにより、文明人であると証明したかったのである。言い換えれば、政治判断が科学的判断に優先したのである。

筆者の限られた経験ではあるが、フィンランド人との会話でサーメ人が出てくることは、ラップランドの観光関連以外ではほとんどなかった。もちろん、差別意識を持って語られることもなかった。そうしたニュアンスを感じたのは、ジプシーについて語られる場合であった。

(3) アルコール問題、すなわち、火酒の痛飲について

フィンランド人を語る上で、あえて、一言いっておいたほうがいい国民性の特徴がある。それは、飲酒問題である。フィンランド大好きの筆者であるが、フィンランド人の酒の飲み方は勘弁というところである。

なお、フィンランドの名誉のために断っておくが、この問題はフィンランドだけでなく、北欧やロシアにもある。フィンランドは、アルコール問題で、スウェーデンの経験を参考にしていた。つまり、スウェーデンにも同じような問題があると言うことである。ロシアでは、現在でも男の寿命が六十代である。その原因の一つは、過度の飲酒である。また、イギリスでは、泥酔は労働者のすることとされていると聞いていたが、筆者は、紳士淑女でも、同じような飲み方をする御仁がいることを経験した。

各国で抱える飲酒問題であるが、ここでは、フィンランド的特徴について考えてみたい。まず、筆者の実体験から始めるが、フィンランド愛好者にとっては、「あら探し」に思えるかもしれないので、不愉快に感じたら、読み飛ばして欲しい。

① フィンランドの「正しい」酒の飲み方

まず、酒の飲み方が、日本とかなり違う。空きっ腹に火酒(ウオッカのような強い蒸留酒)、ビールあるいはワインをたらふく入れ、泥酔する。これが、フィンランド式である。知り合ったフランス

人によれば、フィンランドでブレンドされたワインは、早く酔いが回るとのことである。度の強い食用アルコールが混ぜてあるらしい。つまり、良い酒とは、効率的に酔えるものということになる。

外国でのフィンランド人の評判であるが、筆者が行った旅行先では、筆者がフィンランドから来たというと、ラトビアではツアーガイドから、アイルランドではタクシーの運転手から、フィンランド人の「御乱行」について聞かされた。そして筆者のエストニア在勤中のことであるが、来訪者を出迎えるため、深夜近くにフェリーの船着き場へ行った時のことである。中年フィンランド人女性がフィンランド行きの切符売り場でなにやら大声で叫んでいるのである。明日仕事があるので今日のヘルシンキ行き最終便に乗らなければならない、でもお金は全部飲み代に使ってしまったので、ただで切符を出してくれと、しつこく販売員に迫っているのである。もちろんこの女性はそうとう酔っていた。

フィンランド国内での経験では、七〇年代、筆者が留学した際、最初に滞在したのは、大学生や専門学校の学生が入居している学生寮であった。毎週末、その寮のまわりに、しこたま酒を飲んだ若者達が集まり、決まって殴り合いの喧嘩をしていた。北欧は、男女平等が進んだ国なので、女性の酔っ払いもいる。レストランで、腰の抜けた女性を何度か見かけた（近年、日本の繁華街でも増えているようだが）。また、千鳥足の高学年の小学生も見かけた。さらには、筆者の自家用車は何度か、週末の酔っ払いにサイドミラーなどを壊された。これは九〇年代の経験である。なお、歴史的には、三十年戦争でドイツに進軍したフィンランド人兵士は、現地ワインに対し、他国の兵士よりも大きな関心を示したと、記録されている。フィンランド人の酒好きは歴史的伝統と言える。

なぜ、フィンランド人は、酩酊で目立つのか。酒癖の特徴の一つに、「からむ」ということがある。レストラン、旅客船など、酒を飲むところにおいて、ときには公園などでも酔っ払いに話しかけられ、ときに、しつこく絡まれる。フィンランドに来た筆者の友人達もこの事態に遭遇し、驚いていた。もちろん、フィンランド人全員がこうした飲み方をするわけではない。彼らはフィンランド社会の中では少数派である。しかし、他の国の酔っ払いに比べて、なぜか目立つ。そのため海外でも「有名」になる。フィンランド人の酒癖の列挙は、この辺で止めにしておく。

②「百年河清《かせい》を俟《ま》つ」

こうした「火酒の痛飲」とそれに伴う数々の問題は、フィンランドの「国民病」と言っていい。ここ二十年ほどの統計によれば、フィンランドの六ないし八家族に一件は、アルコール問題で崩壊している。アルコール中毒、それに伴う体調疾患、家庭内暴力等々。もちろん、こういった事例は、国民全体から見れば少数派ではある。しかし、国民全体の関心事でもある。テレビのドラマや映画にも、アルコール問題が必ずと言っていいほど取り上げられる。

酒を飲む理由は、ストレスの解消、酔いを楽しむなど、いろいろあろう。では、フィンランドの飲酒のどこに問題があるのか。まず、飲み方に原因がある。火酒、つまりウオッカ系の度数の高い蒸留酒を泥酔するまで飲むのである。なぜ、このように飲み過ぎるのか。一つには、体質がある。つまり人種的な体内酵素の関係で、大量の酒が飲めてしまうのである。筆者も酒は好物であるが、ワインで言えば、せいぜいボトル半分である。それ以上は、気分が悪くなる。フィンランド人の中には、強い酒を、体が受け付けなくなるまで、一週間も飲み続ける「アル中」がいる。ラジオを聞いていたら、あるパーソナリティーが、尻から血が出るまで飲むと言っていた。自虐的とも言える飲み方である。

このような飲み方をするのは、子供の時から、大人の飲み方を見ているからである。父親から息子に引き継がれるのである。かつては、アルコール問題は、男の問題であったが、第二次世界大戦頃から、女の「飲んべえ」も出てくるようになった。一九六〇年代に男女同権が進み、現在では、割合は男の方が多いものの、女の痛飲者も増えている。昔は、女性の飲酒に対してまわりの目が厳しかった。

もちろん、こうした飲酒の「伝統」には、厳しい目が向けられ、問題を解決するために、フィンランドは、数世紀にわたって格闘してきた。禁酒を目的とした団体活動が活発に行われた。興味ある一例として、子供達、とくに男の子を「酔っ払い」にしないため、二〇世紀には九十年にわたって実施されてきた少年少女による「禁酒作文コンクール」があった。小さいうちから、自らの経験を含め、文章にすることによって、自覚を高めようとしたのである。問題の深刻さが分かる。

飲酒は人生の楽しみの一つと考えるフィンランド人もいるが、むしろ、心の奥では、火酒（ウオッカ系）は「悪魔のささやき」、つまり「悪徳」と見ている人達が多い。十七世紀ごろから、火酒の製造が始まり、その痛飲が一般化し、問題が深刻化するに従い、こうした考えが広まった。十九世紀には、宗教的復興運動が盛んになったが、それに伴い、禁酒運動も盛んになった。飲酒は諸悪の根源であるから一滴も飲んではいけない、という考えである。この運動は、特に住民の大多数が居住する農村部では、一定の成果を納めた。これに勢いを得て、独立後まもなく禁酒法が施行され、第二次世界大戦の始まる前まで続いた。

しかし、この禁酒法は大失敗であった。フィンランドの南にあるエストニアなどから、大量の密輸が始まり、火酒の闇販売が大々的に始まってしまったのである。おまけに、酒の密売買については、国民の間で罪を犯しているとの意識が低く、国家としての順法精神に悪影響を与えだしたのである。

禁酒法時代には、閣僚が、警察が押収した酒で宴会を催したなどというエピソードもあった。結果として、禁酒法は禁酒運動の役に立たないとの結論になり、その法律を廃止して独占的国営酒造販売会社「ALKO（アルコ）」を設立し、酒の販売を規制する政策に変更された。販売店に監視員を導入したり、「クーポン券」で購入を規制したりして、たちの悪い「酔っ払い」や酒の横流しを押さえようとしたのである。

この新たな「禁酒」政策もやがて行き詰まり、発想を変えて、モラルの低い「よっぱらい」を規制するのではなく、「アルコール依存症」、つまり病人として対処すべく方向転換が行われた。アルコールそのものを悪と決めつけるのではなく、間違った飲み方を是正し、過度の飲酒による弊害を少なくしようと考えである。それに伴い監視員制度も廃止された。こうして、完全な禁酒を目指すのではなく、「穏健な飲酒」の啓蒙に舵を切り、そのために取った政策の一つが、ビール（度数は日本で販売されているものに近い）のスーパーでの販売を認めるというものである。火酒やワインは引き続き国営の酒店でのみ購入可能、つまり、入手に若干手間がかかるというわけである。ビールの入手を緩和したことで、従来の問題の多い火酒から、腹はふくれるが酷く酔わないという方向に誘導したのである。一九六〇年代終わりのことである。また、火酒には高額の税金をかけて（小売価格の七十%近く。ただし、比較的頻繁に変更されている）、入手を困難にしている。

言い換えれば、フィンランドの飲酒の歴史を見ると、かつてはサウジアラビアのような全面禁酒という「原理主義」を掲げていたが、実行不可能と認識し、「火酒はだめだがビールならよい」という現実路線に変更した。では、アルコール問題は解決の方向に向かっているのか。筆者の見たところ、改善はされているものの、フィンランド化とは違って「百年、いや数世紀、河清を俟つ」と言ったところではないか。

Ⅷ フィンランド人のアイデンティティーは確立したか

第二十二章　フィンランド・アイデンティティーとは

最後に、改めて、フィンランド人とは何か、つまり、フィンランド（語）人の「アイデンティティー」あるいは「フィンランド的なるもの」について、考えてみたい。

十九世紀の初め、フィンランドという行政地域名のスウェーデン東部がロシアに割譲された。つまり、フィンランドは、もう一つのスウェーデンであり、文化的、社会構造的に、全くスウェーデンと同質であった。地方的な特色はあったが。

ＥＵに加盟するまで、フィンランド人は、ずっと、フィンランド的なるものを考え続けてきた。日本でも、日本人とはなんぞや、という書籍が多く出版されてきたが、フィンランドも似ている。ところが、ＥＵに加盟すると、こうした問いかけを、あまり見かけなくなった。「フィンランド人とは何か」ではなく、「どうやったら『立派な』ヨーロッパ人になれるか」が関心の中心になった。ここでは、伝統的にフィンランド（語）人が、アイデンティティーと考えて来たこと、つまり、国民性・民族性、あるいは国の政治経済体制から見てみたい。

（1）自画像

フィンランドでは、「フィンランド的なるもの」あるいは「フィンランド民族の特徴」について、いろいろ論じられ、出版されてきたが、結局、言語、つまりフィンランド語しかないのである。そして、フィンランド語を話す「無学な」農民による「文化」、というより「風習・慣習」が、それに付随している。フィンランドの地方の博物館に行くと、農民の家財道具のようなものしかない。そして、見学者がほとんどいない。なぜか。フィンランドの国づくりの出発点が、「我々はロシア人ではない、スウェーデン人にはなれない。ゆえに、フィンランド人になろう」をモットーとしたため、ロシア的なるものを否定するのは理解できるとしても、フィンランド（の）文化を担ってきたスウェーデン文化とスウェーデン語も「フィンランド文化」から排除してしまったからである。残ったのは農民の俚言であるフィンランド語である。ロシア帝国併合後、フィンランドは、歴史の始まりの段階で、スウェーデンからの十字軍で占領されたとの認識も高まり、キリスト教も本来のフィンランドにとって「異質」なものとされた。そのため、キリスト教会が目の敵にしていた、迷信だらけの「原始信仰」が、フィンランド的なものとされた。雷や熊などを神聖視しているなど、日本の八百万の神信仰に似ていなくもない。民族叙事詩「カレワラ」の筋立ても、基本、原始宗教である。他方、キリスト教会に配慮して、叙事詩の最後でキリスト教に道を譲ることを示唆して、教会との対決を避けている。

「もの」に関する農民文化の例を幾つか挙げると、例えば、工芸品としては「木製のビール・ジョッキ」あるいは「白樺の木の皮で作ったクツ」のようなものがある。しかし、日本の漆器など、洗練された伝統工芸と比べると見劣りし、伝統的ではあるが、「文化」とは言いがたい。また、フィンランド独特の「ナイフ」がある。かつて、大人のフィンランド人男性の「誇り」とも見なされていた。しかし、結婚式などで酒が入ると、ケンカに使われるので、ナイフを携帯して良い場所や機会が法律で制限された。しかし、こうした「伝統」は、二十一世紀のフィンランド人にとっては、すでに日常から遠くなっている。

一番フィンランド的なるものは、サウナであろう。サウナは、歴史的には必ずしもフィンランドだけに存在していたわけではないが、不衛生であるとか、混浴は不道徳であるとか、様々な批判を受け続けたにもかかわらず、現在のような洗練された形式に発展させたのはフィンランドである。ところで、フィンランドの「サウナの入り方」には、一部、独特なところがある。つまり「フィンランド文化」である。一般的なサウナは、熱した石に水をかけ、その蒸気で室内を百度くらいに上げて、汗を出すのであるが、外国人がいると見ると、大量に水をかけて極めて高い温度に上昇させ、追い出すのである。筆者も学生寮で、一度その「洗礼」を受けたことがある。体全体がやけどしているような危機感を覚えた。まだ若かったので、なんとかやせ我慢し、最初に部屋から逃げ出すのではなく、フィンランド人の一人がギブアップしたのに続いて、退散した。多くのフィンランド人がコテージ（別荘）を田舎に所有しており、週末などにそこのサウナに入り、丸裸で隣接する湖に飛び込むのは、フィンランド的贅沢と言えるのではないか。別荘どうしが離れているので、まわりの目をあまり気にしなくて良い。うらやましい限りである。なお、真冬にサウナで暖まって、凍った湖に開けた穴に入るという「楽しみ方」もあるが、普通のフィンランド人はあまりやらない。なお、フィンランドの別荘生活について付け加えると、湖で魚を釣って、その場で焼いたり、燻製にして食べると絶品である。

では、メンタルな面で、フィンランド人が誇りに思うアイデンティティーとは何か。肯定的な面では、フィンランドの書物や、新聞のコラムなどでよく言われるのが、「実直で辛抱強く、独立心に富み、愛国心が強い」ということである。これは、十九世紀のフィンランド主義知識人が、国民（というより、帝国臣民）つまり農民を啓蒙する際に、植え付けようとした「理想像」でもある。それを体現したものが、sisu（シス／フィンランド魂）である。これにより、冬戦争（第一次対ソ連戦）に負けなかったとされる。日本の「大和魂」が、神風特攻隊に代表される玉砕攻撃で砕け散ったのとは対照的である。確かに、フィンランド人のいざというときの底力には驚くことがある。筆者の体験の一例を挙げたい。普段のサービス業は、日本の基準で言うと、物足りないところがあるが、あるとき、日本から首脳が訪問した際、各レストランでの食事の提供には驚嘆した。当方の要望に、まさに秒単位の正確さで答えてくれたのである。このような機会を何度か経験した。マニュアルや慣習にとらわれず、フレキシブルにかつ合理的に対応するのである。少し話は飛ぶが、先の大戦で、国家存亡の危機に際しては、事実上の「同盟国」であるドイツを裏切って、対ソ戦線から離脱し、ソ連の占領を免れたのも、sisu の現れであろう。日本人は、チームプレイが得意であるが、肝心な国家の大事に際して、リーダーに決断力が欠けるという致命的欠陥がある。第二次世界大戦がいい例である。

他方で、自らを厳しく見る目もある。フィンランド人の国民性は、陰気で酒癖が悪く、暴力的である、というものである。ある意味、上記のポジティブな性格の裏側とも言える。この点は、フィンランド人識者の中でも、西欧諸国への劣等感の現れと見る向き、自虐あるいは謙遜と見る向きなど、各論がある。

（２）外から見たフィンランド像

筆者がフィンランドに留学していた一九七〇年代、それこそ、約七年間で、大げさに言うなら千回くらい「フィンランドをどう思うか」と聞かれた。随分と外聞を気にする国民なのだなあ、と感じた。当時のフィンランド人が自国への評価を気にする背景には、フィンランドという国の存在について、世界における認知度が低く、西ヨーロッパでも、あまり知られておらず、従って、偏見も持たれていたからではないかと思う。

いくつか具体例を挙げると、筆者と同じくフィンランドの大学で学びながら、一方で、大学でフランス語を教えているフランス人に出会った。控えめな人物であった。彼によると、当時、つまり一九七〇年代のフランスの大学では、フィンランド語を学ぶと言うことは、チベット語を学ぶことと同じくらい「変わったこと」なのだそうだ。また、あるとき、テレビで、イギリスで作られたアニメを見ていたら、フィンランドは一年中暗く雪が降っているとされていた。さらには、フィンランドで知り合ったあるドイツ人男子大学生は、フィンランドに来るまで、フィンランドのみならず、スウェーデンの事情もほとんど知らなかった。七〇年代は、西欧においても、フィンランドへの認識はまだ低かったのであろう。西欧の一般市民にとっては、フィンランドがどこにあるのか、ヨーロッパの一員なのか、よく分からなかった。つまり、日本におけるフィンランド認識と同じ状況であった。

それぞれの国には外から見たステレオタイプのイメージがある。日本から見て、フランスと聞けば、芸術の国、ワインやフランス料理などが思い浮かぶ。あまり悪いイメージはない。ロシアについては、隣国に戦争を仕掛ける、得体の知れない「怖い国」。韓国については、韓国料理はおいしいし、韓流ドラマには引き込まれるが、なにかと「言いがかり」をつけてくる難しい国。アメリカについては、コカコーラ、マクドナルド・ハンバーグ、ハリウッド映画、最近ではiPhoneやgoogle、windowsなど肯定的なイメージが強い。アメリカ自身は、それに加えて、恐らく「民主主義の旗手」と思われたいのであろうが、筆者のような団塊世代は、ベトナム戦争などを経験しているので、「アメリカ帝国主義」のほうがしっくりくる。先の中東戦争で、それがさらに裏打ちされたように見える。日本が日米安保条約で「守られている」のか、「占領されている」のか、意見が分かれるところである。憲法改正派は、心の底では「占領されている」と感じているのであろう。フィンランド人から見ると、外国軍基地があるということは、「占領」そのものである。冷戦期、フィンランドは、ロシア（ソ連）

との軍事的なかかわりを全力で阻止してきた。そして、二〇二三年、フィンランドはＮＡＴＯに加盟した。これから先、フィンランドは、脅威であるロシアとは違う米軍をどこまで受け入れるのか。受け入れたとしても、アメリカは、アフガニスタンのようにフィンランドを見捨てることがないのか、そうした場合も想定にいれ、国土の防衛は自国軍を基本とするのか。フィンランド・アイデンティティーそしてフィンランド・イメージに大きくかかわる点である。

国民イメージのアネクドート（小話）を紹介したい。知ったのは一九七〇年代のフィンランドだったが、どこに書いてあったのか、あるいは、誰から聞いたのかは記憶していない。「隣人が、立派な庭付きの家を建てた。それを見たアメリカ人は、『たいしたことはない』と言った。日本人は、『もっといい家を建ててみせる』と言った。フィンランド人は、じっと見ていたが、何も言わなかった。ロシア人は、火をつけて燃やしてしまった」。五十年も前の、ウクライナ侵攻を予感させるような、笑いごとでは済まされない恐ろしい話ではある。

前置きが長くなったが、外国の著作で、フィンランドがどう語られていたか、見てみたい。対象は、フィンランドと相対的に関係の深い三カ国とする。

①近代から独立頃まで

（イ）イギリス

イギリスでフィンランドが知られるようになったのは十八世紀になってからである。しかしそのイメージは、怠惰な「原始人」というものであった。十九世紀に入り、フィンランドが自治大公国となったことが、知識人の中で知られるようになった。ヘルシンキは、ストックホルムからペテルブルクへの経由地であったので、フィンランドに来訪するイギリス人も出始めたが、その観察結果は、フィンランド人はモンゴル人種であるとの認識で、これは、一九三〇年代まで固定化されてしまった。このように、文明の遅れた民族との見方がある一方で、フィンランド人は、アーリア人の祖先であると主張する学者もいた。一八五三年のクリミア戦争の時期になると、多民族国家であるロシアへの関心が高まり、その研究の一環として、フィンランド語は、ヨーロッパ語とは違ったフィン・ウゴル語族に属すること、さらには、エストニア人やシベリアに居住するフィン・ウゴル語諸民族への知的関心も高まった。また、反ロシア感情の現れとして、フィンランド人は野蛮人ではなく、文化を持った民族であるとの認識の変化が起きた。

十九世紀の後半になると、イギリスにおけるフィンランドについて、「フィンランド人はモンゴル人」という点を除けば、一部の識者の間では、政治状況などについてかなり認識が高まっていた。十九世紀末に始まった、フィンランドの自治権を侵害するロシアの動きに対しては、民間レベルでは、義憤の声が上がった。他方、同じ多民族をかかえる大英帝国としては、フィンランドからの要請に対し、公的な支援の動き、つまりロシアを非難するようなことはなかった。そして、一九一七年フィンランドが独立すると、民主的で女性の権利も進んでいると、「礼賛」一色となった。

（ロ）ロシア

十九世紀前半、ロシア人のフィンランド人についてのイメージは、内向的で「呪術」を信じる、清潔でない民族というものであった。また、ペテルブルクには、多くのフィンランド人、つまり、カレリア人やイングリア（インゲルマンランド）人、エストニア人などのフィン語系民族が、下働きとして居住していたことから「チュホーニェッツ（フィンランド語ではチュフナ）」と蔑称されていた。しかしそれも、フィンランドが急速に経済発展するとともに、認識が変化した。

フィンランド東部のカレリア地方の、ロシアとの国境に近いイマトラの地に、美しいサイマー湖とイマトラ急流がある。この地域一帯は、帝都ペテルブルクの上流階級にとって、格好の保養地として重宝された。いく人かのロシア人文人が、その魅力を詩にしたためている。余談になるが、このイマトラ急流には、現在水力発電所が設置されており、通常は流れが止められているが、定期的に放流され、その醍醐味が観光資源となっている。しかし、かつては福井県の東尋坊のように、自殺の「名所」でもあった。親に結婚を反対された若いフィンランド人カップルの心中などが頻発した（フィンランドにもそういう時代があった）。そして、華やかなペテルブルクの生活に疲れ、この地に癒しを求めに来たロシア人も毎年何人か行動を同じくした。ある意味「魔性」の渓流である。ただし、多くの名瀑を見慣れた日本人からすると、それほどではないと感じるかも知れない。フィンランドや東北ロシアの広大な平原では、「滝」そのものが珍しいのかも知れないが。

十九世紀後半を過ぎると、保養地としてのフィンランドの状況がより詳しく知られるようになる。ロシア人のフィンランド人に対する印象は、概ね、無口、勤勉、正直といった、肯定的なものであったが、一部には、経済的に発展するフィンランドへの嫉みや大国意識による傲慢さから、「フィンランド人は酒癖の悪いこそ泥」などと揶揄したり、正直さを裏切って金銭をごまかすような行為をする者もいた。世紀末からのロシア化政策については、一方では、フィンランドはテロリストの避難場所となっていると、支持するものもいた。確かに、ロシア革命をリードしたレーニンは、一時、フィンランドに身を潜めていた。他方で、ロシア政府に批判的な勢力は、必ずしも親フィンランドという意味ではなく、より抑圧的になっていく帝政への批判から、反対の姿勢を見せた。

フィンランドの独立後は、ロシアは、社会主義国ソビエト連邦として、資本主義のフィンランドを、左翼対右翼というふうに、定型的に批判する論調となった。フィンランドにとって、「関ヶ原」とも言える「冬戦争」が始まると、ロシア（ソ連）のメディアは、「冬の作戦行動」と名付けた。二〇二二年に開始されたウクライナ侵攻を、ロシアが「特別軍事作戦」と呼んで、「戦争」ではないと強弁したのと同じである。ロシアは、百年前と何も変わっていない。

（八）ドイツ

十六世紀後半における、フィンランド人像は、サーメ人との区別がなく、魔術とサウナの民族というものであった。また、フィンランド人兵士はロシア兵士の寝首を掻く「残忍」とのイメージがあった。

十七世紀に入ると、三十年戦争への参戦など、スウェーデン王家の軍事的冒険に伴い、フィンランド人部隊、つまり「ハッカペリーッタ」が、知られるようになる。彼らのイメージは、寒さや餓えに耐え、苦役もいとわない勇猛果敢というものであった。また、船でバルト海を航行するフィンランド人「商人」は、自国で作った質の高い木製の雑貨を満載し、遠くはポルトガルのリスボンでそれらを売りさばくことで大儲けしているとの評価もあった。まだ、この当時も、フィンランド人は魔法が使えると信じられていた。

十九世紀に入り、フィンランドがロシア領となると、フィンランド人のイメージは、「穏やかな人々」となる。他方で、頬骨が高く、目がつり上がった「モンゴル人」との認識は続いていた。世界的なドイツの文学者であるハインリッヒ・ハイネやトーマス・マンも同じ偏見を共有していたことが作品の中で垣間見える。なお、第二次世界大戦後、ノーベル文学賞を受賞したギュンター・グラスは、代表作である「ブリキの太鼓」のなかで、一九三十年の出来事として、酔っ払ったフィンランド人船員のケンカについて描写している。このように、文学者によってフィンランド人のイメージが世界に広げられたのである。

②第二次世界大戦後からソ連崩壊まで

(イ)「フィンランド化」というレッテル

前記のように、ある種「エキゾチック」な国とのイメージも持たれていたフィンランドであるが、第二次世界大戦後、フィンランド側の広報努力もあって、地理的には、手つかずの美しい自然が残る国というイメージが普及しつつあった。他方で、政治的には、北欧の一角を占める民主主義国家との認識も一定程度広まりつつあったものの、いわゆる「地政学」的位置、つまり、ロシア（ソ連）の隣国ということだけで、フィンランドの中立国との主張にもかかわらず、本当の姿は半独立国、言い換えれば「フィンランド化」した国との先入観が入ってしまう時代であった。実際、ソ連も、フルシチョフの時代は中立を認めていたものの、ブレジネフの時代には、撤回されていた。さらには、フィンランドがソ連との友好関係維持に努めようとすればするほど、その行動が「フィンランド化」の「証明」として、偏見を助長することになった。

（ロ）対外イメージ向上戦略の成否

フィンランドのような新しい国、そして小規模な国、さらには脅威となる隣国を持つ国は、単なる「富国強兵」では、国として、民族として独立を保つには十分でない。広い意味での安全保障政策として、現代風にいえば、ソフトパワーが重要になってくる。フィンランドという国の存在、そして「正しい姿」を国際社会に知らしめることで、フィンランドの「友達」を増やしていくことが、第二次世界大戦後の重要課題となった。

第二次世界大戦後再出発するにあたって、まず、フィンランドという国の存在が、ヨーロッパ内ですら、依然として認知度が低いことを是正する必要があった。フランス語の学術誌で、首都ヘルシンキがHelsinski（ヘルシンスキ）と綴られていたりした。また、知られていたとしても、かなり偏見あるいは先入観があった。一つには、フィンランドは、「鉄のカーテン」つまり、ロシア（ソ連）陣営に属しており、西欧型の民主主義国ではないというもの。次に、古くからある、民族性についての偏見である。その最たるものは、フィンランド人は「魔法を使うモンゴル人」というもの。

フィンランド政府は、世界において、いや、欧米においてすら、フィンランドについて誤った認識があることを憂慮していたが、正直なところ、筆者も、フィンランド留学を目指したのは、先に北欧を旅行した大学の同期達に、フィンランドという親日国があると聞いたからで、実際どういう国かは、全く予備知識がなかった。偏見もなかったが。逆方向である日本についてのフィンランド人の認識にも似たようなことがあった。聞いた話であるが、一九七〇年代、あるフィンランド人男性が、日本の独立記念日はいつだと聞いてきた。知り合いの日本人は、日本はずっと独立国で、建国記念の日ならある、と答えたところ、そんなはずはない、中国やロシアの隣国である日本が独立国であったはずがないと、納得してもらえなかったそうである。また、フィンランドで出会ったあるポルトガル人女性は、日本の首都は北京であると思い込み、考えを直してもらえなかった。こうしたことは、例えば、首都がヘルシンキではなくストックホルムと思っているとか、日本人のフィンランド認識でもよくあることである。しかし、日本をよく知っているはずの人物、そして親日家であるはずの人物の偏見にはがっかりする。二十一世紀に入ってからのことだが、あるフィンランド人女性がいた。若い頃、航空会社に勤めていたので、何度も日本に滞在した経験があり、生け花などもたしなんでいた。また、フィンランドと日本の友好団体でも活動していた。その女性が、日本人の女性は家庭の奴隷であると言い放ったのである。これにはショックだった。確かに、日本における政界、経済界などへの、女性の進出は、先進国としては極めて貧弱ではあるが。他方で、意外と多くのフィンランド人学生が、日本について細かい知識を持っているのは驚いた。日本が四つの主な島から成っていること、北海道にアイヌ民族がいること、日露戦争の際、対馬沖の海戦でバルチック艦隊を破ったことなど。

話をフィンランド政府に戻すと、フィンランド人の「モンゴル起源論」については、一九一七年の独立時から払拭に努めてきたが、必ずしも成功していなかった。そこに大きく貢献したのが、フィンランド人女性である。大戦終了後の一九五二年、フィンランド人がミス・ユニバースで優勝したのである。世界各国から彼女についての情報提供依頼が殺到した。金髪で青い目(ではなく、緑色)の麗人は、「モンゴル人理論」を吹き飛ばす威力があった。一九七五年には、二度目のミス・ユニバース優勝者を出した。

第二次世界大戦中、カレリア問題で挫折したフィンランドは、戦後、フィン・ウゴル民族理論を捨て、新たに、アイデンティティーを、模範的民主主義国家の集まりである北欧の一員として再出発を図る。「八紘一宇」や「大東亜共栄圏」などを標榜して失敗し、平和国家として再生しようとした日本と似ている。一九四八年、フィンランドは、北欧諸国合同の「北欧年鑑」を発行することに成功し、先進工業国として、そして西側民主主義国家として、他の北欧諸国と隊列を一にすることができ、この書籍は対外イメージアップに大きく貢献した。大きなプロパガンダの勝利であった。なお、ロシア（ソ連）は、間接的に不快感を示した。フィンランドを準ソ連圏としたいのに、北欧諸国の一員と表明することが気に入らなかった。

一九六〇年代に入り、フィンランドは、国連事務総長候補にもなったマックス・ヤコブソンの主導で、広報戦略を立てる。全世界のすべての人にフィンランドを知ってもらうのではなく、ターゲットを政界、経済界、マスコミなどの要人に絞ること、しかし、一般からの情報提供要請には迅速に、的確に答えること、そして文化交流に力を入れ、フィンランドの存在、魅力を知らしめることなどである。

戦略は出来たものの、国際社会には、共産主義ソ連（ロシア）の隣国であるフィンランドは、いずれ、東欧のような「人民民主主義国」にならざるを得ないであろう、との先入観があり、その払拭は容易なものではなかった。そうした状況の中、もっとも効果的なのは、大統領の外遊、つまり外国訪問である。訪問先では、新聞、ＴＶなど、各種メディアが大きく取り上げてくれる場合がある。そして、訪問に合わせて実施される文化行事や産業見本市などで、一般市民にも関心を持ってもらえる。ケッコネン大統領以前の大統領は、全く外にでなかった場合もあり、出たとしても数回であった。しかし、ケッコネン大統領は違った。在任期間が四半世紀に及ぶという長期政権であったこともあるが、なんと、百九十回に及んだ、大半はヨーロッパ、そしてロシア（ソ連）であるが、アフリカにも足を伸ばしている。日本の総理大臣の場合では、筆者のフィンランド赴任中、中曽根総理、小泉総理がフィンランドを訪問している。いずれも長期政権である。総理になると、まず、アメリカ、アジアから始めるので、短命の政権だと、フィンランドまで足を伸ばす余裕がない。

フィンランド政府にとって、最も頭を悩ませたのは、一九七〇年代から八〇年代にかけて、「フィンランド化」という不名誉なレッテルが、フィンランドに張られたことである。「フィンランド化」とは、ざっくりいうと、「ロシア（ソ連）への過剰な気配り」である。この評判は、中立国を標榜するフィンランドにとって、極めて好ましくないものであった。フィンランド外務省は、あの手この手で打ち消しに奔走したが、結局、国際政治用語にまで定着してしまい、それを覆すことは出来なかった。策士であるケッコネン大統領は、黒を白と言いくるめるやりかた、つまり、「本当のフィンランド化」はいいことだと主張したが、功を奏さなかった。ソ連の崩壊により、ようやく収束することになる。

こうした中で、ひとつ言及したいことがある。フィンランド史学界の泰山北斗である、マッティ・クリンゲ教授は、自らのイニシアティブで、つまり、フィンランド外務省とは全く関係なく、一九七七年、外国人向けの、百ページを少し超える程の「フィンランド小史」を執筆した。この出版は、フィンランド外務省のプロパガンダにとって天佑に近く、外国でのフィンランド理解増進に貢献した。この小冊子は多くの外国語に翻訳され、その後、教授は継続的に内容をアップデートした。そして長期にわたり増版されている（教授は二〇二三年三月に亡くなっているが、同書がどう引き継がれるのかは、筆者は承知していない）。

戦後におけるフィンランド外務省を中心とした、国のイメージを変えようとする努力は、一定の成果はあったものの、結果から見ると、全体としては、残念ながら、あまり目論見通りにはならなかった。

③一九九〇年代

フィンランドのイメージは、ほとんどが、ロシアとの関係の変化に左右されている。一九一七年のロシア帝国の崩壊でフィンランドは独立し、国家としての存在が知られるようになった。一九三九年の冬戦争では、小国フィンランドが独立を維持すべく大国ソ連と果敢に戦っていると賞賛された。しかし、それに続く継続戦争では、ドイツに伍してソ連と戦ったため、評判を落とした。第二次世界大戦後は、ソ連によるフィンランドに対する有形無形の圧力の実態が西側諸国にも伝わり、それが誇張化され「フィンランド化」などと揶揄された。そして、一九九一年のソ連の崩壊により、フィンランドはついにソ連の圧力から解放された。つまり、独立時と同じく、ロシアの自滅が幸いしたのである。さらに二〇二三年、フィンランドはついにNATO加盟を果たした。ロシアは、ウクライナのクリミア半島占領成功に味をしめ、次にウクライナ全土の掌握を狙ったが、ウクライナの頑強な抵抗と西側諸国のウクライナ支援で、大きくつまずいた。フィンランドは、またもや、ロシアの窮状をきっかけに、自らの独立をより強固にし、国際的イメージを大きくアップしたのである。

ロシアの動向とは直接関係なくフィンランドの好感度上昇に貢献したのが、一時世界を席巻したノキア社の携帯電話である（一九九八年から二〇一一年まで携帯電話世界シェア首位）。最初は、社名が日本語に似ているので、日本企業と誤解されたが、身近な製品なので、あっという間に国際的な認知度が上がった。残念ながら、スマートフォンの開発に失敗し（ノキア・ショック二〇一二年）、かての勢いはなくなっているが、ネットワークや通信器機事業に転換し、国際的なリーダーの一員であり続けている。なお、ノキア社が技術をみがいたのは、ソ連（ロシア）との貿易を通じてである。つまり、全くロシアと関係ないとは言えない。この九〇年代から二〇一〇代初めまでのノキア社の爆発的な成長で、フィンランドでは、「ノキア長者」と言われる株で大儲けした人達が続出した。そして、この企業の大成長は「ノキア神話」としてフィンランド人の自尊心を大いに高めた。世界が、フィンランドをハイテクの国として認めたのである。

ソ連崩壊、つまり、ロシア弱体化の隙を狙ったEU加盟など、九〇年代のフィンランドの変化を西側大国やロシアのメディアがどう報じたか見てみたい。

（イ）ロシア

ロシアのソ連時代は、世論というものがなく、すべてのメディアはソ連共産党の管理下にあった。戦後から一九六〇年代まで、つまり、ケッコネン大統領が政権を安定させるまでは、ソ連共産党の「プラウダ」紙や政府の「イズベスチャ」紙は、ケッコネンの政敵への批判をしていた。しかし、その後、YYA条約が定着し、両国の「友好関係」がフィンランド国民の中にも受け入れられると、ソ連はフィンランドを、政治体制の違う国家間の、「平和共存」の「ショーウインドー」として、フィンランドを「礼賛」するようになった。八〇年代の後半には、全くと言っていいほど、フィンランド批判がなくなった。フィンランドのメディアも、ごく一部を除いて、ソ連批判を「自粛」した。「フィンランド化」が完成した時代である。

一九九一年、ソ連が崩壊すると、ロシアのメディアは「自由化」された。ただし、質的には客観的報道とは言いがたいものではあった。ロシアが弱体化すると、当然、フィンランド国内から、これまで言えなかったこと、すなわち「歴史問題」が提示される。ロシアの報道に、冬戦争はソ連が仕掛けたものであると認める論調が出始めた。しかし、この議論が先に進んで、フィンランドがソ連に割譲したカレリア南部地帯の返還というレベルになると、ロシアの論調は、一転して否定的になる。なお、カレリア問題については、フィンランド、ロシア両国政府とも、問題が存在しているとは認めていない。冷戦時代、ケッコネン大統領は、ソ連との友好関係構築に粉骨砕身したが、ロシア紙は、ソ連が彼の政敵打倒のため支援したと報じるようになった。一九九五年、フィンランドはEUに、スウェーデンとともに加盟した。これに対するロシア・メディアの反応は、概ね好意的で、さほど大きな関心を示さなかった。理由として挙げられているのは、当時、汚職を追及していた有力記者が暗殺されたことや、イギリスのエリザベス女王がロシア訪問していたことなどへ関心の方向が向いていたからである。また、フィンランドとはそれまで友好関係にあったこと、NATO加盟には関心を示していなかったことをロシア側が評価していたからと指摘されていた。

九〇年代のロシア・メディアのフィンランドに関する報道は、フィンランドの大統領選挙から、EUへの窓口としてのフィンランドの役割、F1レーサーなど、生活全般にわたり、全体として好意的論調であった。他方で、フィンランドに近い西北ロシア、つまりペテルブルク地域では、フィンランドに対する一定の関心があったものの、ロシア全体としては、低いものであった。国内の経済的混乱や権力闘争に関心が集中していた。

（ロ）ドイツ

ドイツの統一前、つまり、第二次世界大戦後からソ連崩壊直前まで、二つのドイツがあったということは、ほとんど忘れ去られようとしている。フィンランドは、かつての西ドイツとも、東ドイツとも良好な関係にあり、それぞれのメディアも概ね、好意的な報道をしていた。特に東ドイツとはフィンランドは緊密な関係を築いていた。

ソ連崩壊後も、統一ドイツのメディア論調は、フィンランドの文化や自然を評価し、フィンランドに好意的であった。特に経済に関心が寄せられ、ノキア社による携帯電話事業の躍進は継続的な話題となった。かつてフィンランドにとって「呪いの言葉」であった「フィンランド化」が、ソ連との友好関係を利用して経済的発展を遂げた、などと「褒め言葉」に変化した。ドイツでも、フィンランドとの関係を歴史的に振り返る記事が掲載されたが、ヒトラー時代については、スルーする傾向があった。フィンランドのEU加盟やNATO加盟の可能性について、スウェーデンと比較する論調もあった。批判的なものとしては、北部フィンランド、ラップランドで過剰な森林伐採が行われ、環境に悪影響を与えているとの論調があった。しかし、フィンランドは、世界的に最も森林を大切にしている国であると分かるにつれ、過激派環境団体の批判も消滅した。ドイツでは、フィンランドで女性の国防相が誕生したことや、かつてフィンランドの女性が世界初の普通選挙権を得たことなど、女性の社会進出にも関心が向けられた。これは、ドイツ社会が、より男性優位であることの反映であった。

（八）イギリス

イギリスにおけるフィンランド認識は、ドイツよりも低く、一番有名なフィンランド人は、F1レーサーのミカ・ハッキネンであった。政治家では、コソボ問題解決に尽力したアハティサーリ大統領であった。

ソ連崩壊前は、イギリスでもフィンランドと言えば、「フィンランド化」が一般的であったが、そのフィンランド化を、東西両陣営間で均衡外交を成功させ、ソ連貿易で益を得た、と評価する向きも出てきた。EU加盟は、フィンランドが北欧諸国であるとの認識を深めさせる効果があり、一九九九年後半、フィンランドがEUの議長国を務めると、その手堅い運営が評価された。

有力紙はフィンランドについて、ノキア社の携帯電話を筆頭に、経済的発展を賞賛するなど、概ね好意的な記事を掲載したが、一般国民のフィンランドについての認識は、未だ、サンタクロースの住む寒い雪国に留まっていた。

④二十一世紀

ここで、フィンランドの西側諸機関への加盟状況を、時代ごとにまとめてみたい。

一九五六年　北欧理事会
一九六〇年　ＥＦＴＡ（欧州自由貿易連合）準加盟
一九六九年　ＯＥＣＤ（経済協力開発機構）
一九七四年　ＥＥＣ（欧州経済共同体）自由貿易協定
一九八九年　欧州評議会
一九九五年　ＥＵ（欧州連合）
一九九九年　ユーロ通貨
二〇二三年　ＮＡＴＯ（北大西洋条約機構）

フィンランドは、冷戦下、つまり「フィンランド化」の時代にも、着実に、ソ連を刺激しないよう慎重に根回しし、東側との関係を深めると「見せかけつつ」、西側への距離を縮めてきた。フィンランドの西欧における大幅なイメージアップに貢献したのは、ＥＵ加盟であった。そして、二十一世紀に入ってのＮＡＴＯ加盟がだめ押しとなった。これにより、「ロシアの影響下にある暗くて寒い北国」との印象は、少なくとも、ヨーロッパの知識人の認識からは完全に払拭された。長い道のりではあった。

終章　ヨーロッパ人としてのフィンランド人

改めて、フィンランド人の国づくりを簡単に振り返りながら、アイデンティティーの形成を見ていきたい。

(1) アイデンティティーの模索：フィン・ウゴル語族としてのフィンランド人

フィンランドという国も民族も、十八世紀までは存在しなかった。十九世紀の初めに、スウェーデンの東半分、つまり地理的な意味でのフィンランドがロシアに併合され、「大公国」として高度の自治権が認められ、「国」としての枠が、初めて出来た。ロシア皇帝の「庇護」の下、当時のヨーロッパ思潮、つまりナショナリズムの影響を受け、次第に民族としての自覚を持つようになった。そして、アイデンティティー探しが始まった。しかし、アイデンティティー、つまりフィンランドの特質と言えるものは、大多数の農民が話すフィンランド語しかなかった。そのため、言語認識、民族意識をもって、民族のルーツを東カレリアやウラル地域に求め、具体的な行動として、国内的には、上層階級の話すスウェーデン語に敵対してその廃絶を求め、対外的には、民族の存在そのものを脅かすロシアに対抗し、さらには、ロシア領東カレリアの併合まで夢想した。言い換えれば、十字軍侵略者であるスウェーデン語系を追い出し、ロシアに抑圧されている同胞であるカレリア人を救い、純粋なフィンランド語のみの国家をつくろう、と考えた訳である。ただしこの考え方は、国民全員に共有されていたわけではなく、社民党など、「偏狭な」ナショナリズムに否定的で、インターナショナルなイデオロギーを掲げる政党はその限りではない。端から見れば、親戚言語を理由にロシア支配下の東カレリアを併合しようとすることは、フィンランドの南海岸や西海岸のスウェーデン語地帯がスウェーデンへの復帰や連合を求めることと同じではないのか、とも思う。

フィンランド語という民族言語に誇りを持って、それを民族・国家（nation）建設の中心に据えたのだが、気がついてみると、いつの間にか、フィンランド語はヨーロッパ語ではないという理由だけで、二流の人種（モンゴロイド）に貶められていた。ロシアからの独立後、フィンランド語系知識人は、学問研究によって、事態を改善しようと努力した。その結果、かつてのように、「目のつり上がった、鼻の低い醜いモンゴル人」ではないということは「証明」できたが、かといって、スウェーデン人のように「美しいゲルマン人」というわけではなく、「東の要素」が入った「混血種」ということになった。

当初、人種論・人類学は、外見、つまり、皮膚や髪の毛の色、頭蓋骨の形などで分類する「形態論」が中心であったが、第二次世界大戦後、次第に、血液や遺伝子など「血清学」の観点から、人種分類が行われるようになってきた。そして近年、フィンランド語話者の遺伝子は、四分の三がヨーロッパ系で、四分の一がアジア系、つまり、「お爺ちゃんがモンゴル人」という結果が出た。この研究者の主張は、遺伝子の四分の三がヨーロッパ系なのだから、フィンランド人はヨーロッパ人であるとのことなのだが、これで、かつての古い分類方法つまり「形態論」の調査結果である「フィンランド人混血論」を補強することになり、フィンランド語話者にとっては、少し、がっかりであった。

なお、フィンランド語系フィンランド人は、モンゴル人であるとされるのを嫌がったが、モンゴル系人種を差別する西ヨーロッパの人種論は、十九世紀にフィンランドにも入ってきており、同じアジア人に対する偏見はフィンランド国民の間で一定程度共有され、現在でも必ずしもこの差別意識は払拭されてはいない。北欧諸国は、世界で最も社会正義が徹底されている国々であり、フィンランドも、建前では人種を色で分類し差別することそのものを否定している。そして、北欧諸国は他の欧米諸国に比べて、圧倒的に平等意識が高い。しかしそれでも、フィンランド人は、モンゴル人の親戚と見られるのを嫌がる。トルコ人が言語を理由に、フィンランド人の親戚として振る舞うのも嫌なのである。「そもそも人種に優劣などないのだから、モンゴル人と言われても、何の痛痒もない、むしろ、当時の世界帝国を建設した、また仇敵ロシアをやっつけたモンゴル人を誇りに思う」とは、まだまだいかないようである。

（2）アイデンティティーの危機：ロシアに飲み込まれ、民族が消滅する危機

フィンランドがヨーロッパ文明圏の一員として認められ、「新たな」アイデンティティーを確立するには、この人種論と言語ナショナリズムの克服と、より深刻な要素、つまり「ロシアのくびき」から解放される必要があった。フィンランドの民族性を抹殺する「ロシア化」の脅威は、ロシア帝国の末期、そして、それに続くソ連併合の危機と続いた。幸いにも独立を達成し、二度の対ソ連戦争でも、「防衛的勝利」でソ連併合を免れ、民族国家としての枠組みを維持することができた。また、フィンランド語とスウェーデン語の言語を基準とした国内での「民族対立」は、対ソ戦という国難に際して、全国民が一致団結することで、ほぼ消滅した。これをフィンランドでは、「冬戦争の精神」と言う。

（3）新たなアイデンティティーを求めて：北欧の一員として

第二次世界大戦までのフィンランドは、言語ナショナリズムという、現代から見ると科学的根拠のない理論を基に、つまり、フィン・ウゴル語族の一員であるとの認識で国づくりをしてきたが、大きくつまずくこととなった。そして、第二次世界大戦後の冷戦時代、フィンランドは、新たなアイデンティティーを「北欧」に求めた。多くが、自らを北欧人であると語っていた。確かに、他の北欧諸国とと

もに、北欧理事会など、北欧内での協力関係を深めており、移動や就労の自由など、現在のEUで実施されている各種の規制緩和がすでに実施されていた。EU発足前のある種の「ミニEU」とでも言えよう。北欧の外に対しては、国連での活動などで北欧諸国は足並みを揃えており、一定の「一体感」はあったかもしれない。しかし、当時はまだフィンランドの経済は、スウェーデンに大きく後れを取っており、スウェーデンやデンマークが、フィンランドを、「彼らと対等で、同じ北欧人」と、本気で考えていたかは疑問が残る。単なる一例だが、スウェーデン、デンマークそしてノルウェーの北欧三ヶ国合同の航空会社スカンジナビア航空（SAS）は、ストックホルムは、最もアジア（日本、中国）に近いヨーロッパの空港と言っていた（今も言っているか、確認していないが）。地理的に、スウェーデンと日本の間には、フィンランドとロシアが入るが、このうたい文句によれば、フィンランドはヨーロッパではないことになる。

国際政治的には、ソ連の衛星国、極端な場合はソ連内の一共和国とも見られていた。これには、いわゆる「フィンランド化」報道の影響もあった。こうした事態に対し、フィンランド政府は、フィンランドへ国際会議を招致したりして、フィンランドは「西ヨーロッパ文明」「民主主義」を共有していること、言い換えれば、政治的には、ロシア（ソ連）の衛星国でないこと、文化的には、ロシア的世界に属しているのではなく、西欧文明圏の一員であることを、世界に知らしめる広報活動に力を入れていた。このような新たなアイデンティティーの模索に際して、ロシアからの脱却が外交方針の根幹を占めていた。しかし、この東西冷戦という時期は、いつ、ロシア（ソ連）が牙をむくか分からないという、緊張下の時代でもあった。

（4）ヨーロッパ人になったフィンランド人

①EU加盟からNATO加盟へ

そしてついに、一九九五年、フィンランドはEUに加盟し、ヨーロッパ人であると高らかに宣言できるようになった。旧ソビエト連邦崩壊によるロシア弱体化のスキをついての行動である。これを機にフィンランドは、その後、共通通貨ユーロにも加盟し、押しも押されもせぬヨーロッパの一員として経済発展を遂げてきている。経済的にも他の北欧諸国に劣らない水準になってきている。

二〇二二年、ロシアのウクライナ侵攻を受けて、フィンランドはスウェーデンと共に、NATO、つまりロシアに対抗する軍事同盟に加盟を申請し、スウェーデンより一足先に加盟した。筆者は、まさかこのタイミングで加盟申請するとは予想していなかった。外務省の元フィンランド専門家としては、面目ない限りである。フィンランドにとってNATO加盟は、もちろんロシアの脅威に対する大きな防御となる。ソ連崩壊後は、フィンランドはアメリカから戦闘機を購入するなど、NATOとの協力関係を徐々に進めてはいた。知識人の中にも推進派の声が強くなってはいた。しかし、これまで本格的な加盟には、三つの阻害要因があった。一つには、国民の間で、加盟に対する支持があまりなく、冷戦期の中立あるいは非同盟を支持する声が強かった。次に、加盟申請のそぶりを見せただけで、ロシアから強烈な反発・圧力が来ることが予想された。三番目に、加盟するなら、EU加盟の時と同じく、スウェーデンと一緒との了解があった。しかし、スウェーデンは中立政策を堅持していた。ロシアのウクライナ侵攻でフィンランドの世論は大きく加盟賛成に変わった。ロシアはウクライナ戦争に手一杯で、フィンランドへ圧力をかける余裕がない。そして、なんと、二百年にわたる中立政策を捨てて、スウェーデンも加盟に踏み切ったのである。筆者が弁明を許されるとすれば、このスウェーデン外交の歴史的大転換の予測、つまりスウェーデンについての綿密なフォローは、若干、筆者の守備範囲を超えていたということである。

フィンランドは、NATO加盟でますますヨーロッパの一員としての地位を固めることになるが、他方で、ロシアからフィンランド企業が撤退したり、ロシア人入国を制限したり、ロシアからの密入国を防ぐためとして国境線に鉄条網をめぐらしたりすることで、ロシアとの関係は当然悪化する。さらにロシアが、何年後か、あるいは何十年後かに、国力・軍事力を回復したとき（すればの話だが）、何らかの報復に出る可能性はある。懸念する次第である。

②再編されたアイデンティティーの具体例

フィンランド独立百周年の年である二〇一七年に、「フィンランドのイノベーション一〇〇」という本の改訂版が出版された（初版は二〇〇六年）。大統領も序文を寄せ、執筆者には、元大物政治家が何人か含まれている。フィンランドの智恵による幅広い分野でのイノベーションである。ITや衛星技術を駆使するEU加盟国としてのフィンランドが、改めて歴史を振り返って総括した、かつてのある意味自虐的側面のある「農民文化」とは大きく様変わりした、世界に誇れるアイデンティティーの再編である。大半が、医療福祉や住環境の改善に関係するイノベーションであるが、こうした社会の改善は日本でも行われているので、日本とは違う、フィンランド独特と思われる制度について、いくつか紹介したい。

(イ) 違憲立法審査権

国会が新たに法律を制定するにあたって、それが憲法と整合しているかを審査するのは、国会の憲法委員会である。日本のように、最高裁所が行うのではない。審査は、法律制定の事前に行われる。この憲法委員会のメンバーは、国会の政党の議席数に準じて国会議員の中から任命される。各政党の国会議員団や政府閣僚は、同じ政党から選ばれている委員に影響力を行使してはいけない。つまり、委員会は政党から独立して行動する。実際の審査は、法律の専門家の意見を聞いてまとめ、各法案を担当する委員会に意見を出す。最終的な判断は、本会議の際、国会議長が行う。日本でこのシステムを実行すると、与党に都合の良い「合憲判断」が出されるような気がする。それでなくても、「解釈改憲」をする国なのだから。

(ロ) 三者協議、「官」も入った労使交渉

日本では、賃上げ交渉は、経営者と労働組合の二者で、企業ごとに賃上げのレベルが決められる。フィンランドでは、経営者と雇用者の双方の中央団体に政府が参加し、単なる賃上げではなく、社会保障などの広い視点も含めて交渉が行われる。その結果は全国に適用される。第二次世界大戦中に「挙国一致」政策として始められ、戦後、徐々にシステムが整備発展してきた。これにより、フィンランドの企業の競争力が高まり、世界最高水準の福祉国家が建設できたとしている。

(ハ) 汚職の撲滅

フィンランドは国際的な調査で、最も汚職の少ない国の一つである。その最大の理由は、行政の決定がオープンであること、つまり、情報公開が徹底されており、どのように、ある事業やプロジェクトが決定されたのかが、すべて明らかにされている。そして、メディアがしっかり監視している。大本は、フィンランド人の順法精神が高いことにある。これは、ロシア帝国の大公国時代に、ロシア化に対して、ロシアは法律を尊重せよと戦ってきたことで、国民に根付いたとされている。

(ニ) 遊技場・ゲームセンターは官営

フィンランドは、私企業が遊技場やゲームセンターなどで莫大な利益を得ることを良しとせず、すべてのお金を賭ける賭博が国営企業の管理下にある。そしてその企業は慈善団体との位置づけで、

三千をこえる団体に補助あるいは支援金を拠出し、福祉や教育活動に貢献している。フィンランドの多くのレストランやバーには「フィンランド式パチンコ（パヤッォ）」が一台おいてあり、人気である。フィンランド人が賭け事で身を滅ぼしたという話はあまり聞いたことがない。

（ホ）スラムのない都市

フィンランドにはスラムがない。その理由の一つとしては、富裕層のための特別な区域を作らず、すべての階層が混在するような都市計画を行ってきたからである。パリのように、居住地区番号で住民の生活レベルが分かるということはない。各都市は都市計画の権限を有し、自ら決められる。ヘルシンキ市の場合、土地の七十％を所有しているので、裁量の幅が大きい。また、同市は東京都と同じく裕福な自治体である。しかし、国はこの課税権を少しずつ削減しており、ヘルシンキ市からすると「富」を奪われつつある。スラムのない理由のもう一つに、外国人移民が相対的に少ないということもある。しかし、近年いわゆる難民の増加で、状況は必ずしも予断を許さなくなってきている。難民受け入れに寛容であったスウェーデンでは、対処不能の地区も出てきている。フィンランドにとっては正念場である。なお、富裕層の地域がないといったが、一つ例外がある。ヘルシンキ市の西隣にエスポー市があるが、その中に小さなカウニアイネンという市がある。税制が低いのでスウェーデン語系の金持ちが集まっている。人口は一万人強である。以前はスウェーデン語系が多かったが、近年フィンランド語系が多数派になっている（約六割）。ただし、市議会の最大政党はスウェーデン国民党で、労働者を代表する左派系の政党はゼロに近い。

(へ)「育児パッケージ/ベビーボックス」

フィンランドの誇る福祉の一つに、出産した母親に、直後の育児に必要と思われるおむつや衣類をはじめとした各種の品々が入ったパッケージが送られるというものがある。ただし、単に出産しただけでもらえるのではなく、妊娠中に、当該のクリニックで定期健診を受けていなければならない。この制度の始まりは戦前に遡り、当初は、貧困家庭への支援であった。現在では出産家庭のすべてが対象となっている。いまや最初の乳幼児むけの絵本まで入っている「豪華」なものに進化している。他の国にも似たような制度があるが、フィンランドほど充実していない。フィンランドは、かつての高い乳幼児死亡率を短期間で劇的に減らした国で、それに貢献した制度の一つとして自慢に思っている。筆者の長女はフィンランドで生まれたので、フィンランドの出産に関連する福祉制度の恩恵を受けた。しかし、なぜか、この「パッケージ」はもらえなかった。外交官で、フィンランドに税金を払っていないからという理由だった。なお、この「パッケージ」は、日本の自治体に取り入れられている。さらに、出産に関して、「ネウボラ」という制度も取り入れられている。妊娠期から就学前にかけてワンストップで支援する制度であるが、これはフィンランド語の neuvola(アドバイスをしてくれる場所)が元になっている。フィンランド語がそのまま使われているのには、少しばかり驚いた。

（ト）リナックス（linux）

リナックスは、ウィンドウズと同じ、コンピュータＯＳである。これを一九九〇年に開発したのが、二十一歳のフィンランド人の若者である。ウィンドウズは有料で、中身は企業秘密になっているが、リナックスはオープン、つまり、誰でもその改良に参加できて、使用も無料である。スマートフォンのＯＳであるアンドロイドもこのリナックスをベースにしている。無料で使えるので、途上国などで特に重宝されている。ウィンドウズのように、ＰＣでも手軽に使えるように、早くなってほしいものである。

ところで、フィンランドは、人口的には小国であるが、先端技術では大国である。最近では、アールト大学を拠点とするICEYE（アイスアイ）社が小型の地球観測衛星を製造し、衛星コンステレーション、つまり多数の人工衛星を協調動作させるシステムを構築している。日本は、現在これを追いかけているところである。

（チ）「みんなの権利」

世界的に、通常、他人の所有する土地には、許可無く立ち入ってはならず、犯罪である。フィンランドには、独特の「みんなの権利」すなわち、森林であれば、他人の土地に「入って良い」という法的に整備された権利がある。ただし、この権利は無制限ではなく、耕作地や庭は、もちろん除外される。徒歩で一時的に森に入り、一日二日であれば、テントで宿泊しても良い。ただし、オートバイやキャンピングカーなどの乗り物はダメである。さらには、そこに生息するイチゴ類やキノコ類を採取しても良い。こうしたことが可能な理由は、まず、国土の面積のわりに人口が少ないこと、そして、かつて、人々が移動するのに、通過する土地の所有者の許可を得るのは効率的でないことなどがあった。なによりも、お互いの信頼関係があったからである。なお、この権利は、外国人にも認められている。

(リ) フィンランド野球「ペサパッロ」

フィンランドで一番人気のあるスポーツは、なんといってもアイスホッケーである。他方、野球に似た球技も夏スポーツとして人気である。この「ペサパッロ」は、一九二二年に、昔からの伝統球技にアメリカのベースボールの要素を取り入れ、創案されたもので、現在ではプロチームもあり、国内選手権が開かれ、世界選手権まである。国外には、当初、フィンランド人移民が持ち出したものだが、徐々に認知を得て国際的になり、日本からもチームが選手権に参加している。フィンランド発祥ということで、言わば「国技」である。全く筆者の個人的な感想だが、野球と比較すると、剛速球のピッチャーもいないし、ホームラン打者もいないので、少し物足りない感じがしないでもない。

③西欧の一員としてのアイデンティティーの確立

フィンランドはＥＵに加盟して、諸外国から西欧の一員と見なされるようになった。さらには、教育水準、国民の幸福度、政治がクリーンであること、ジャーナリズムに自由があることなど、国際的な調査による比較で、他の北欧諸国とともにトップクラスにあると評価されることで、日本を含む西側諸国での認知度も格段に高まっている。自らのアイデンティティー認識としては、特に若い世代には、フィン・ウゴル族の一員との認識はほとんどなく、つまり、言語的親戚民族に対する特別のシンパシーはすでになく、他方で、難しい言語としてのフィンランド語に誇りを持ちつつ、完全に西ヨーロッパの一員である、との自信がついたものと思われる。

④伝統的アイデンティティーの保持をメインに掲げる政党

フィンランドは、ＥＵ加盟などで、急速にインターナショナル化、あるいはグローバル化した。しかし、この動きに意義をとなえる勢力が根強く存在する。「フィンランド的なるもの」を守れ、というスローガンで、近年大きく成長してきたのが、「真正フィン人党」である。同党の思想的前身である「農村党」は、泡沫政党の感があったが、現在では（二〇二三年選挙）では、第二党にまで成長し、与党に返り咲いた。

勢力拡大の背景には、ＥＵ加盟でヨーロッパ人としての意識と誇りを高める一方で、フィンランドの中にも、ＥＵ懐疑派が力を付けてきていることがある。言い換えれば、ＥＵ加盟で正真正銘のヨーロッパ人になり、国家のステータスを上げてもらったという恩義はあるが、すべてＥＵの言いなりにはならない、フィンランド（語）人としての独自の誇りと社会の安定は断固守るという決意である。特に、伝統的なフィンランド（語）人としての誇りを持つ層に多く見られる。主な政策としては、移民の受け入れを制限し、フィンランドの伝統的価値観（おそらく、その根底にあるのは、質素で勤勉な福音派ルーテル教会の信仰と思われる。たとえ、教会を離脱した者であっても）を守りたい、社会の不安定化を防ぎたい、という主張にある。つまり、移民受け入れの制限である。西欧の大国のみならず、隣のスウェーデンにおいても、大量の欧州域外からの移民・難民が流入しているが、彼らを安定的に社会になじませることに失敗している。こうしたことを目の当たりにして、フィンランドは、かつては、ロシア化で社会が崩壊するという民族の危機が何度かあったが、今度は「行き過ぎた」人道主義により、民族国家の安寧とアイデンティティーが乱されるとの認識である。これは、至極、真っ当な危機感であると思われる。ただ、これは、人種差別主義と紙一重である。二〇二三年に成立した連立政権で、真正フィン人党の女性党首が財務相に就任したが、十五年前のイスラム教徒系移民への人種差別的発言が掘り返され、批判が起きた。また、以前から同党には、他の欧州諸国に見られる極右的体質があるとして問題視されている。ただし、フランスやハンガリーに見られる、ロシアの強権的体制を賞賛するような言動はない。

（5）まとめ

改めて、比喩を使って、フィンランド史をまとめてみたい。若干、屋上屋を架す感があるが、容赦願いたい。

十九世紀のヨーロッパは、ナショナリズムという第二次宗教改革の時代に入った。その大嵐の中で、フィンランドは、ロシアに併合された。そして、このロシア領フィンランドに取り残されたスウェーデン人が、スウェーデン文化という「種子」を（といっても、中身は先進西ヨーロッパ諸国、つまりドイツ、フランスそしてイギリスの文物をローカル化したものではあるが）、自治大公国というある種の「温室」の中で、住民の大多数を占めるフィンランド語系住民という「土壌」に蒔いた。これにナショナリズムという「肥料」を加え、種子から大きく「開花」させた。この花は非常に丈夫に育ったので、十九世紀末からのロシア化、さらには対ソ連戦という「大冷害」にも耐え、生き延びることができた。ソ連崩壊により冬将軍が去った後は、さらに「大輪」を咲かせている。

しかし、なぜ、フィンランドが地理的には極北の寒冷地であり、氷河に表面を削られ、農耕には必ずしも適しておらず、石油など天然資源にも乏しく、つまり相対的に「不毛の地」であったにもかかわらず、「豊穣の地」となったのか。それは、とりもなおさず、フィンランド語系のみならず、スウェーデン語系を合わせた、広い意味での「フィンランド民族」という国民統合に成功したからに他ならない。かつてのロシア帝国、ハプスブルク帝国、そしてオスマン帝国から、ほぼ同じ時期に独立した多くの国々と比較しても、その短期間での発展ぶりは、まさに「断トツ」である。秘訣は、人的資源開発の成功にあるとは思うのだが。さらに元を辿ると、フィンランド語系に関して言えば、「sisu／フィンランド魂」によるのかもしれない。しかし、それだけで片付けてしまうには、奥が深すぎる。全人口約五百五十万という小規模であるにもかかわらず、とてつもない底力を発揮するのが、フィンランド人という存在である。フィンランドの素晴らしい点は、常に、「楽園」の建設に向かって、官民が一丸となって、真摯に尽力しているというところにある。なかでも、人的資源を無駄にしないという考え方は、日本が最も見習うべき点であろう。

これまでフィンランドは、国際政治の場では控えめであり、目立つ行動は控えてきた。今後、世界に対して、フィンランドは、先進国の代表の一人として、政治、経済、環境、文化、社会などあらゆる分野で、どのように、問題解決に向け具体的な貢献ができるのか、そして世界をリードできるのか、正義と合理性があり、そしてフレキシブルな発想のできる、つまり小回りの効くフィンランドに、大いに期待したい。

なお、一つ心配なのは、日本でのフィンランド・イメージが、ある意味「良すぎる」ことである。フィンランドは、フィンランド人自らが良く理解しているように、地上の楽園ではない。他の国との比較で、相対的に「世界トップクラス」ではあるが、対ロシア安全保障、国の債務、経済格差、アルコール・麻薬、移民など、西欧の諸大国ほどではないにしても、問題は山積している。フィンランドに「盲目的に恋してしまう」と、予想外の不都合に出会ったとき、落胆も大きい。

おわりに

（1）執筆の動機

筆者が初めてヘルシンキの駅に降り立ったのは一九七二年のことで、フィンランドが独立して五十五年経ち、筆者が二十三歳の時だった。そして二〇一二年に外務省を退職するまで、約四十年間、なんらかの形でフィンランドに関わってきた。独立フィンランドの半分近くの期間である。この年月を考えると、フィンランドという国ができたのは、つい最近のことなのだと、いまさらに思う。タンペレ大学のフィンランド史科を卒業し、フィンランドの専門家として都合三度、在フィンランドの大使館に赴任し、最後の赴任地が、フィンランド湾を挟んで南に位置するエストニアだった。フィンランドには、合計で二〇年以上暮らし、同国は筆者にとって文字通り第二の故郷となった。

定年退職し時間的に余裕ができ、家族や友人から、せっかくだから、何かフィンランドについて書いてみないかとの勧めを受け、「フィンランド大好き人間」として、「フィンランド人とは何か」について改めて考え、自分なりにその思いを文章にまとめてみようと思い立った。フィンランド留学の際にフィンランド史を専攻したこともあり、観光案内のようなフィンランド紹介ではなく、歴史という切り口でフィンランドを見つめ直してみようと思った。ただし、フィンランド語で書かれた通史をなぞらえるのではなく、思い切って、筆者自身の体験を生かしてみたいと思った。どの国でも、歴史書は国づくりの自慢話が多く、フィンランドの歴史本も、大方、国民に誇りを持たせる書き方になっている（日本には「自虐史観」というガラパゴス史観があるが）。フィンランドの史書には、ロシア情勢の変化に従い、解釈に変化は出ているものの、記述に史実関係の「改ざん」などはないと思うのであるが、政治や経済の分野で個別のテーマについて書かれている書籍の方が、より批判的な観点が入っている。こちらは、一般向けの歴史書と違って、国民に自信をつけさせようとするのではなく、問題点の解決を主眼としているからである。つまり、フィンランド社会の、より「真実に」近い姿が映し出されているように思われる。また、映画やTVドキュメンタリー番組も参考になった。

なお、蛇足のさらなる蛇足のような話で恐縮だが、フィンランドの大学でフィンランドの歴史を勉強していて、ちょっと意外な、そして、ちょっぴり寂しく感じたことがあった。それは、フィンランド人は自国の歴史にあまり誇りを感じていないのではないかと言うことである。一九七〇年代のことで、学生のパーティーでの出来事である。あるフィンランド人男子学生が、筆者に、「君は何を勉強しているのか」と話しかけてきた。「フィンランド史だ」と答えると、急に大声で、「フィンランドの歴史は偉大だ！」叫びだした。かなりアルコールがまわっているようだった。これを聞きつけた、近くにいた女子学生が、「フィンランドの歴史のどこが偉大なんだ」と、男子学生に食ってかかった。

すると、男子学生は、すいませんという具合に、シュンとなってしまった。また、大学で歴史の授業が終わったときのことである。ある歴史科の助教授に、やはり何をメインに勉強しているか聞かれ、同じく、フィンランド史を専攻していると答えたときのことである。なんと、この先生は、筆者に対し、フィンランド史ではなく経済学を勉強した方がいいよ、そしてヘルシンキのトヨタの代理店にでも就職したら、とアドバイスしてくれたのである。普通のフィンランド人だけでなく、フィンランド史の専門家まで、フィンランド史に「価値」を見ていないことに、筆者はショックを受けてしまった。そのときは、何も言えなかったが、今では、胸を張って、フィンランド史は、十分に魅力的だと言える。

(2) フィンランドにはまってしまった理由

最後になったが、フィンランドとフィンランド人が大好きになった理由について述べたい。

まず、なんと言っても、フィンランド人が極めて親日的であるということがある。二〇年余のフィンランド滞在中、アメリカや中央ヨーロッパで経験するような、いわゆる「人種差別」は経験したことがない。知り合いの話を聞くと、民主主義の進んだ北欧でも、多少はあるとのことであるが、幸いにも、日本人に対してはまずないようである。少なくとも、筆者にはなかった。もちろん、仕事上、相性の悪いフィンランド人はいたが。人種差別と感じるような経験をしなかったのは、ひとえに、フィンランド全体が親日的であるからではないかと思う。ヘルシンキ在勤中に、本省から出張してきた本省要人に同行して外務省を訪問した際、フィンランド外務省の事務方トップである事務次官から直接聞いた話であるが、フィンランドで日本外交に関わる人達、つまり、当時の大統領から外務省の日本担当官まで、全員、親日であるとのことであった。外交辞令を超えたものを感じて、うれしくなったものである。もちろん、フィンランド外務省との仕事は、至極順調であった。

親日国である以外に、フィンランドに好感を持ったもう一つの理由に、彼らの真面目さ・謙虚さがある。筆者が、カウンターパートであるフィンランド外務省員と仕事をしていて、感心したのは、その真面目さと能力の高さである。人口が少なく、当然外務省員も少ないが、一人一人の能力が高く、もちろん、外国語の能力も優れており、担当案件をそつなく真摯に処理していた。例えば、国際条約結ぶ際、外国とのつきあいで形式的に同調するのではなく、その内容を本気で国内でも実施しようとする生真面目さを、何度か感じたことがある（日本の外務省がいい加減だと言っているのではない。国益のため頑張っていることはフィンランドに劣らない。ただ、時折、本省からの指示に疑問を感じることがなくはなかっただけある）。

なお、余談だが、親日の裏側についても、あえて記したい。親日への「便乗者」の話である。ある知り合いから聞いた話である。その知り合いの義兄弟であるフィンランド人が、バーで日本人だという東洋人に出会った。そのフィンランド人は日本に行ったことがあるので、新宿のことを話題に出したら、件の東洋人は、新宿そのものを全く知らず、最後に、自分は中国人であると告白したそうである。話には続きがあった。このフィンランド人が、しばらくして、同じバーで同じ中国人に再会した。声をかけ挨拶をしたところ、中国人は驚いたそうである。中国人と分かっているのに声をかけてきたフィンランド人はあなたが初めてだ、と。この話を信じるべきか否かは分からない。他方、筆者にも、フィンランドに留学して間もないころ、日本人だと言っているベトナム人に出会った経験がある。

このような「なりすまし日本人」の存在は、フィンランドでさえも、アジア人の中でランク付けがされていることであり、ちょっと驚いた。日本人の評価が高い、と単純に喜んでいい話ではないだろう。現代では、人種差別、民族差別は、諸悪の一つである。他方で、改めて、なぜ、アジア人のなかにランクがつけられるのかを考えてみると、日本人の評価が高い理由の一つに、国民性として「控えめ」なところかな、と思う。日本人は、「世間」に迷惑をかけることを極力避ける。日本人の「穏やかな国民性」と、そしてトヨタやソニーなどグローバル企業の「技術」が評価されているのであれば、うれしいことではある。

フィンランド人から受けた個人的な親切は、あまりにも沢山あるので、一つ一つ列挙するのは、「我慢して」止めておく。

こうして筆者は、二十年以上フィンランドに住み、半ば土着化した。日本国外務省員の中には、日本に友好的でない、もっと言えば敵対的である国に赴任しなければならない者もいるなか、筆者は幸運であった。フィンランド万歳！　そして外務省人事課に感謝。

参考文献

本著を執筆するに際し、参考にした書籍のうち、主としてソ連崩壊後に出版されたものを列挙した。なお、新聞記事、ＴＶ報道そして筆者がフィンランド人から直接聞いた話は記載していない。フィンランド語やスウェーデン語の書籍については、簡単に内容を紹介した。

１．フィンランド史

〈神話の時代〉

Elias Lönnrot. Kalevala.1835, 1849（拡大版）
（エリアス・レンルート（リョンロット）著「カレワラ」）

フィンランドの民族叙事詩。いわばフィンランドの「古事記」である。各種の装丁あり。挿絵の入った豪華本は見応えあり。ＣＤ版もある。また、20以上の言語にも翻訳されている。日本語版も二種類ある。

ただ、東カレリア（ロシア・カレリア）方言を基にしているので、フィンランド人でも、原文で読むのはかなり困難。そもそも大作なので、日本語版でも読破は簡単ではない。何人かの知り合いが「挫折」している。近年はやりの「超訳」で、分かりやすくしてもらえればありがたい。

なお、フィンランドを訪れた日本人から、時々、「フィンランド人を知るのには、カレワラを読む必要があると言われた」と聞くことがあった。これは、古事記あるいは源氏物語を読まなければ日本人が分からないと言っているに等しい。誰が言いふらしたのか知らないが、全く見当違いである。むしろ、フィンランド人理解のためには、ムーミン・シリーズの本や漫画を読んだり、アニメを見た方がよく分かる。そこには、気取りのない、心温まるフィンランド人気質が満載である。もっとも、著者のトーベ・ヤンソンはスウェーデン語系なので、海や島の話など、スウェーデン的特徴も兼ね備えている。純粋な内陸系のフィンランド語人とは少し違うかも知れないが。

Aulis Rintala. Kalevala : Nykysuomeksi. Pilot 2006
（アウリス・リンタラ著「カレワラ：現代フィンランド語訳」）

現代フィンランド語に再構成され、かなり簡約化されている。それでも、原文を尊重して、原語の文法をとりいれているので、読むのには力がいる。

Heikki Kirkinen, Hannes Sihvo. The Kalevala : an epic of Finland and all mankind.

the Finnish-American Cultural Institute.1985
（ヘイッキ・キルキネン, ハンネス・シヒボ著「カレワラ：フィンランドと全人類の叙事詩」）
　カレワラ出版150周年を記念して、カレワラ関連の諸事情を、英語で解説したもの。80ページほどで、コンパクトで分かりやすい。多くのカレワラ関連の絵画が載っていて興味深い。カレワラの挿絵は、ガッレン＝カッレラのものが有名であるが、ギリシャ神話風のものも描かれていた。

Kalevi Wiik. Eurooppalaisten juuret. Atena 2002
（カレビ・ビーク著「ヨーロッパ人達のルーツ」）
　言語を基準としてヨーロッパの諸民族のルーツを辿った研究。壮大な仮説であるが、スウェーデン人はもともとフィンランド語を話す民族であった、など刺激的である。

〈十字軍の時代〉

Risto Kari. Suomalaisten keskiaika : myytit ja todellisuus. WSOY 2004
（リスト・カリ著「フィンランド人の中世：神話と真実」）
　ヨーロッパ中世の時代のフィンランドについて。資料がほとんどないので、フィンランド人そのものについての記述はあまりない。スウェーデン国王とロシアの大公については、詳しい説明があり、当時の政治状況、つまり権力闘争の実態がよく分かる。

Jussi Nuorteva. Suomalaisten ulkomainen opinkäynti ennen Turun Akatemian perustamista 1640. Hakapaino 1999
（ユッシ・ヌオルテバ著「1640年のトゥルク大学設立以前の、フィンランド人の外国留学」
　十字軍によりフィンランドがローマ・カトリック世界に併合されてから、フィンランドに大学が設立されるまでの、外国留学を研究したもの。当初は有能な教会人を育成する目的であったのが、宗教改革後は、国王に使える「官僚」育成的なものに変質し、フィンランドの宗教戦争でもある「棍棒戦争（最初のフィンランド内戦）」がらみでは、留学生は政治に翻弄される。大学別の留学生名簿も記載されている。

Kari Tarkiainen. Sveriges Österland : Från forntiden till Gustav Vasa. Finlands

Svenska Historia 1. Atlantis 2008 （スウェーデン語）
（カリ・タルキアイネン著「フィンランド・スウェーデン人の歴史 第一巻 スウェーデンの東国：古代からグスタフ・バーサの時代」）
スウェーデンによるフィンランド進出をスウェーデン人の観点から検証したもの。ただし、著者はフィンランド語系学者で、原著はフィンランド語。同書の最初の半分は、スウェーデン人がフィンランドに移民してきた状況を、主に地名を基に検証している。同書全体にわたって、様々な研究者の異論を列挙し、文字による資料のない時代について、それぞれの研究者が、どのように「イメージを膨らませているか」を、公平に紹介している。通常の「愛国的」フィンランド史と一味違う書き方で興味深い。

〈宗教改革の時代〉

Petri Karonen. Pohjoinen suurvalta : Ruosi ja Suomi 1521-1809. WSOY 2001
（ペトリ・カロネン著「北の大国：スウェーデンとフィンランド 1521 年から 1809 年まで」）
グスタフ・バーサ王による、デンマークからの独立に始まり、スウェーデンは、バルト海の南岸にも領土を広げ、大帝国となる。この歴代スウェーデン国王による軍事的冒険の時期に、フィンランドは、社会全体がどのように「巻き込まれ」、変化していったかを包括的に解説。

Herman Lindqvist. När Finland var Sverige. ALBERT BONNIERS FÖRLAG 2013 （スウェーデン語）
（ヘルマン・リンドクビスト著「フィンランドがスウェーデンだった時」）
スウェーデンの歴史作家が書いたフィンランド史。範囲は、19 世紀初めのフィンランド戦争で、フィンランドがロシアに割譲されるまで。同人には、多くのスウェーデン史関連の著作がある。本著は、各時代の王侯貴族の「ゴシップ」「スキャンダル」も含めた人物描写が刺激的で、司馬遼太郎の小説を読んでいるような楽しさがある。

Mirkka Lappalainen. Susimessu : 1590-luvun sisällissota Ruotsissa ja Suomessa. SILTALA 2016
（ミルッカ・ラッパライネン著「狼ミサ：スウェーデンとフィンランドにおける 1590 年代の内戦」）

16世紀終わりのスウェーデンにおける、宗教戦争の形をとった、王位を巡る権力闘争の経緯について叙述。その際、フィンランドでは、「棍棒戦争」と呼ばれる「農民反乱」（第一次フィンランド内戦）が起きる。この権力闘争は、7世紀の日本で、皇位継承を巡り、天智天皇の弟である大海人皇子と天皇の長男である大友皇子が戦った「壬申の乱」に似ている。バーサ朝創設者であるグスタフ・バーサの四男カール（新教徒）は、三男ヨハンの息子で、ポーランド王のシギスムンド（旧教徒）がスウェーデン国王を兼務することを良しとせず、「反乱」を起こし、最終的には、カールがスウェーデン王位を簒奪する（カール九世）。

著書名「狼ミサ」は、プロテスタント側が、カトリックに対するプロパガンダとして流布させたパンフレットから取ったもの。プロテスタント国王の命を狙う暗殺者を、イエズス会の牧師が、教会ミサで祝福するという内容。プロテスタント化したフィンランドで広く認識された考え。

〈フランス革命以降〉

H. Arnold Barton. Scandinavia in the Revolutionary Era 1760-1815. University of Minnesota Press 1986

スウェーデンとデンマークを中心に、18世紀半ばからのヨーロッパでの覇権争いに始まり、フランス革命、ナポレオン戦争と続くなかで、両国がどう対応し、何に成功し、何に失敗したかを、外交・内政について、丁寧に説明している。現在の北欧4カ国の成立はナポレオン戦争の結果とその余韻によるものであるが、北欧諸国は、フランス革命のような国内的大動乱を経ずに、改革に成功していると指摘している。（英文の格調が高く、つまり、平易な単語で説明的に表現してくれればいいのに、難しい単語が多く、読むのに骨が折れる。例えば、「concomitant（難）→ naturally accompanying（易）」「inundation → flood」「inculcate → teach by persistent instruction」など）

Max Engman. Ett långt farväl : Finland mellan Sverige och Ryssland efter 1809. Atlantis 2009　（スウェーデン語）
（マックス・エングマン著「長いお別れ：スウェーデンとロシアの間における1809年以降のフィンランド」）

著者はスウェーデン語系フィンランド人。著書名は、アメリカの著名な推理作家レイモンド・チャンドラーの作品になぞらえたもの。フィンランドがロシアに併合されて、徐々にスウェーデンから離れていった過程を意味している。ロシア併合後の出来事を年代順に記述するのではなく、テーマ別に論じている。通常の史書ではあまり触れられない「フィンランドには歴史はあるか」、「フィンランドは、文化面でスウェーデンに感謝すべきか」について論述している。さらには、18世紀にロシアに併合された「旧フィンランド（南東部）」と19世紀に併合された「新フィンランド（フィンランド本土）」とのせめぎ合いなどについても言及している。

Osmo Jussila. Maakunnasta valtioksi. WSOY 1987
（オスモ・ユッシラ著「行政区から国家へ」）
　スウェーデンの東半分であったフィンランドが、ロシアに併合され自治国になってから、フィンランド知識人達が、いかにして、世界に「国家」として認めさせようと努力したか、その理論と情報戦についての研究。

Pertti Haapala（toim.）Talous, valta ja valtio : Tutkimuksia 1800-luvun Suomesta. Vastapaino 1992
（ペルッティ・ハーパラ編「経済、権力そして国家：19世紀のフィンランドについての研究」）
　19世紀フィンランドは身分制社会で、「途上国」でもあったが、そこから、どのように社会変革・変動が進んでいったかをテーマごとに分析。

Päiviö Tommila（päätoim.）Herää Suomi : suomalaisuusliikkeen historia. Kustannuskiila 1989
（パイビオ・トンミラ編「目覚めよフィンランド：フィンランド語の地位向上運動の歴史」）
　題名は日本語に訳しにくい言葉である。「フィンランド的なるもの」を、内容に沿って「フィンランド語の地位向上」と意訳した。フィンランド語が、スウェーデン語に代わって「国家語」としての地位を得ようと、どのように奮闘してきたかについて、詳細に追ったもの。両語間の、息をのむような熾烈な闘いは、日本人にはなかなか理解できない。かつて、日本に、英語やフランス語を国語にしろといった文化人がいたが、このような発想法は、フィンランド人からすれば、民族の根幹を否定する「国賊」ものである。言語間の争いが流血の民族抗争にならなかったのは奇跡的である。

Jyrki Loima. Myytit, uskomukset ja kansa : Johdanto moderniin nationalismiin Suomessa 1809-1918. YLIOPISTOPAINO 2006
（ユルキ・ロイマ著「神話、信じること、そして国民：1809年から1918年までの、フィンランドにおける近代ナショナリズムについての序論」）

E. J. ホブズボームなどの西欧のナショナリズム研究者の各理論を応用して、フィンランドのナショナリズムを分析。大衆運動としてではなく、少数の知識人による活動として始まり、ロシア皇帝に対しては宥和的であったなどの特徴がある。19 世末には、ロシアによるフィンランドのロシア化政策が強くなり、カレリア地方での両ナショナリズムがせめぎ合った。この点について、他の歴史書より詳しい解説があり、興味深い。

Marja Jalava. J.V.Snellman : Mies ja suurmies. Tammi 2006
（マルヤ・ヤラバ著「Ｊ．Ｖ．スネルマン：男、そして偉人」）
哲学研究者である著者が、スネルマンが、ヘーゲルの影響を受けつつ、いかに独自の思想を形成していったか、から説き起こし、その後、政治家としてどう行動したかを、背景となる政治信条から解明しつつ、丁寧に辿ったもの。単なる偉人の功績を礼賛するのではなく、彼の苦悩・苦闘を客観的に叙述。

Mikko Korhonen, Seppo Suhonen, Pertti Virtaranta. Sata vuotta suomen sukua tutkimassa. WEILIN + GÖÖS 1983
（ミッコ・コルホネン、セッポ・スホネン、ペルッティ・ビルタランタ著「フィンランド語の親戚民族を調査に出掛けて百年」）
感動の書である。フィンランドのフィン・ウゴル学会設立百周年を記念して出版された。19 世紀の終わりから 20 世紀の初めにかけて、近くはカレリア地方、遠くはウラル山脈の東まで、同学会の派遣により、親戚民族の言語調査にでかけた若き研究者達の物語である。シベリアのマイナス 50 度にも下がる極寒の地での調査は、南極大陸の探検に匹敵するすさまじいものである。「若き」フィンランドの情熱を感じさせる。

János Nagy, Jaakko Numminen（toim.）Ystävät, sukulaiset : Suomen ja Unkarin kulttuurisuhteet 1840-1984. SKS 1984
（ヤーノシ・ナジ、ヤーッコ・ヌンミネン編「友人、そして親戚：フィンランドとハンガリーの文化関係　1840 年から 1984 年」）
フィンランド・ハンガリー間で締結された文化協定の 25 周年を記念して出版された。フィン・ウゴル語族研究での協力を初め、ヨーロッパの言語的「孤児」同士が友好関係を深め、多方面で文化関係を発展させてきた経緯が記されている。筆者の印象であるが、現在では、両国間には、19 世紀のような友好関係への「熱気」はないように思える。フィンランド人からハンガリーについての話は、ほとんど聞いたことがない。

Vesa Vares, Kaisa Häkkinen. Sanan valta : E.N.Setälän poliittinen, yhteiskunnallinen ja tieteellinen toiminta. WSOY 2001
（ベサ・バレス、カイサ・ハッキネン著「言葉の権力：Ｅ．Ｎ．セタラの政治的、社会的そして学問的活動」）

学問、政治で大きな足跡を残したセタラの伝記である。フィンランド語史の研究では第一人者。フィン・ウゴル語学会の会長を長く務める。また、フィンランド自治大公国時代から、有力政治家として活動。国の独立後も、いくつかの閣僚を経験。また、国民連合党（右派系）の党首も務める。東カレリアのフィンランド統合を政治目標とした。

Hannes Sihvo. Karjalan löytäjät. Kirjayhtymä 1969
（ハンネス・シヒボ著「カレリアの発見者達」）

レンルートの東カレリア（ロシア・カレリア）での伝承歌謡収集とカレワラの創作に続き、多くのフィンランド人学者、芸術家などが、同地を訪れた。その足跡を追ったもの。彼らは、後に「カレワラ協会」を設立し、画家ガッレン＝カッレラによるカレワラを題材とした絵画作成支援や記念碑としての「カレワラ会館」の設置などを目標として活動。同書の後半はその活動の記録。活動の記述が詳細過ぎて、若干退屈ではある。「カレリア主義」とは何かについて示唆に富む。

William A. Wilson. Kalevala ja kansallisuusaate. Työväen Sivistysliitto 1985
（ウィリアム・Ａ・ウィルソン著「カレワラと民族思想」）

著者はアメリカ人。原著は英語。フィンランドの民族叙事詩であるカレワラが、当初は、民族意識の裏付けとなるものであったのが、ロシアからの独立後、東カレリア（ロシア・カレリア）併合のプロパガンダとして使われるようになった経緯について研究。この「大フィンランド構想」、つまり、ロシア領土の獲得行動は、フィンランド人の忘れたい歴史のページであるが、外国人であるアメリカ人が「容赦なく」追求した。

Helge Seppälä. Vuosisatainen taistelu Karjalasta. Taifuuni 1994
（ヘルゲ・セッパラ著「何世紀にも及ぶカレリアをめぐる戦い」）

著者は戦史家。題名の通り、ロシアとスウェーデン、そしてフィンランドの間の数々の戦争で戦場となり、また国境の移動で、多くの被害をうけたカレリア地域の歴史を辿ったもの。著者は、第二次世界大戦中、フィンランドが東カレリアを占領した際、ロシア人収容所の監視員を務めていたことを記しており、その人種差別的扱いについても、率直に書いている。一般の通史にはあまり書かれていない、東カレリア（ロシア・カレリア）併合の夢、つまり大フィンランド構想についても、当時のフィンランド側の行動を一方的に弁護するのではなく、中立的に記述している。

Sari Näre, Jenni Kirves (toim.) Luvattu maa : Suur-Suomen unelma ja unohdus. Johnny Kniga 2014
（サリ・ナレ、イェンニ・キルベス編「約束の地：大フィンランドの夢と忘却」）
「約束の地」とは、旧約聖書に出てくる、神がアブラハムとその子孫に約束したカナンの地を意味し、将来の繁栄を約束してくれる希望の地であるが、フィンランドになぞらえて、本書では、東カレリアを指す。第二次世界大戦で、第二次フィン・ソ戦争、つまり継続戦争の緒戦、フィンランドは、ソ連領である東カレリアの一部を占領したが、その思想的背景に「大フィンランド構想」があった。政治家の発言などの公式記録ではなく、同地に進軍した兵士や関係者達の日記や経験談（いわゆる「エゴ・ドキュメント」）などを中心に、彼らが、いかに、この「大フィンランド構想」に扇動され、また失望したかを研究したもの。

Tuomas Tepora, Aapo Roselius (toim.) Rikki revitty maa : Suomen sisällissodan kokemukset ja perintö. Gaudeamus 2018
（トゥオマス・テポラ、アーポ・ロセリウス編「引き裂かれた国：フィンランド内戦の経験と遺産」）
原著は The Finnish Civil War1918. Koninklijke Brill NV,The Netherlands 2014. フィンランド内戦勃発100周年を機にフィンランド語に翻訳・増訂された。著者達はフィンランドの学者。内戦そのものの経緯のみならず、その影響が、現在まで、社会的、文化的にどのように続いてきたか、また変化してきたかについて、右派と左派、双方の歴史認識および主張を基に研究。

Vesa Vares. Kuninkaan tekijät : Suomalainen monarkia 1917-1919 : Myytti ja todellisuus. WSOY 1998
（ベサ・バレス著「キングメーカー達：フィンランドの君主　1917年から1919年：神話と真実」）
フィンランド内戦後に、にわかに盛り上がった、ドイツ貴族のフィンランド国王擁立について、丹念に、その興隆と崩壊を追ったもの。歴史的には短期間のエピソードで終わったが、共和派が言いふらすほど、「茶番劇」ではなかったとの主張。

Aira Kemiläinen. Suomalaiset, outo Pohjolan kansa : Rotuteoriat ja kansallinen identiteetti. Suomen Historiallinen Seura 1993
（アイラ・ケミライネン著「フィンランド人、北欧の変わった民族：人種論と民族アイデンティティー」）
西ヨーロッパで流行した人種論の中で、フィンランド人がどう見られていたかを、多くの「理論」の例を丹念に挙げて、説明している。また「フィンランド人はモンゴル人論」に対するフィンランド人学者の実証研究の成果も提示。フィンランド人の民族的コンプレックスの検討を提示。

Mikko Korhonen. Finno-Ugrian Language Studies in Finland 1828-1918. Societas Scientiarum Fennica 1986

Kaisa Häkkinen. Agricolasta nykykieleen : Suomen kirjakielen historia. WSOY 1994
（カイサ・ハッキネン著「アグリコラから現代語へ：書き言葉フィンランド語の歴史」）
フィンランド語の歴史を包括的に解説したもの。語彙や統語法の歴史的変遷、公用語化への長い道のり、教育語としての地位向上、方言間の綱引き、さらに外来語との関係などを詳しく説明している。

Simo Heininen. Mikael Agricola : Elämä ja teokset. EDITA 2007
（シモ・ヘイニネン著「ミカエル・アグリコラ：その生涯と著作」）
フィンランド語文語の父と称えられるアグリコラについて、前半が伝記、後半がその著作についての解説である。アグリコラについての同時代的伝記は存在しているが、必ずしも、現代から見て知りたいことが詳しく書かれているわけではなく、例えば母親については全く記述がない。そのため、同書では、ドイツおよびスウェーデンでの宗教改革関連など、彼を取り巻く時代環境についての記述が多くを占めている。

〈ロシア〉

Timo Vihavainen（toim.）Venäjän kahdet kasvot : Venäjä-kuva suomalaisen identiteetin rakennuskivenä. Kleio 2004
（ティモ・ビハバイネン編「ロシアの二つの顔：フィンランド・アイデンティティーの建築石材としてのロシア像」）

500 ページ近い大作である。フィンランド人のロシア像を、自治大公国時代から現代に至るまで、人の交流から辿り、その変化を検証したもの。大公国時代のロシア語留学生から、演劇などのロシア芸術の影響、戦間期の反ロシア感情、戦後のロシアへの観光旅行、そしてロシアに関する歴史書の記述など、幅広く扱っている。フィンランド人の目には、ロシアには、時代により「強圧的な顔」と「宥和的な顔」の二つが認められるとし、フィンランドのアイデンティティーもそれにより変化したとしている。編者は、締めくくりの言葉として、「現在、フィンランドとロシアは空前の良好関係にあり、21 世紀には、フィンランド人は、自らのアイデンティティー構築のため、ロシアについてのネガティブな神話を持ち出す必要はないだろう」としている。同書が書かれた時期は、ロシアが経済困難から立ち直りかけたころ、つまり、まだ比較的弱いロシアが「宥和的な顔」を装っていた時の執筆なので、2022 年のウクライナ侵攻により、この予想は外れたと言える。フィンランドは、これをきっかけとしてＮＡＴＯ加盟申請という強い手段で、国家アイデンティティーを変換しようとした。とは言え、同書は、フィンランドにおけるロシア像の変遷について示唆の多い著作である。

Kimmo Rentola. Stalin ja Suomen kohtalo. Otava 2016
（キンモ・レントラ著「スターリンとフィンランドの運命」）
スターリンを中心として、冬戦争から同人の死去まで、フィンランドに対してどのような政策をとってきたかを検証したもの。フィンランドが独立を保てたのは、スターリンがフィンランドの「しぶとさ」を評価したからとの見解。

Kimmo Rentola. Kenen joukoissa seisot? Suomalainen kommunismi ja sota 1937-1945. WSOY 1994
（キンモ・レントラ著「誰の隊列に立つのか？　フィンランドの共産主義と戦争 1937 から 1945 年 」）
ソ連崩壊後、同国の公文書も駆使した 700 ページ近い労作である。第二次世界大戦前、戦中そして戦争直後の時期における共産主義者の活動を克明に追ったもの。重点は、党としてどう活動したかにではなく、多様な個人あるいはグループがどう考え、どう動いたかを丁寧に記している。非合法化された共産党員とそれを追跡する公安警察に関する記述は、さながらスパイ小説の感がある。ここでいう共産主義者とは、狭い意味での共産党員だけではなく、社民党の中の左派、つまり「隠れ」共産党員も含んでいる。

Jukka Tarkka. Hirmuinen asia : Sotasyyllisyys ja historian taito. WSOY 2009

（ユッカ・タルッカ著「酷い話：戦争犯罪と歴史の技量」）
フィンランドにおける戦争裁判を、大戦中に戦勝国間で行われた敗戦国の扱いについての「謀議」から始め、事後法の設置、裁判そして判決、「有罪者」の刑務所暮らし、さらには東京裁判についてまで、丹念に辿ったもの。戦争裁判への静かな「義憤」を感じさせる著作である。

Leonid Vlasov. Mannerheim Pietarissa 1887-1904. GUMMERUS 1994
（レオニード・ウラソフ著「ペテルブルクのマンネルヘイム 1887年から1904年」）
ロシア人による伝記のフィンランド語訳。若き日のマンネルヘイムについて、その足跡を追ったもの。ペテルブルクでの生活を丹念に追ったもの。馬術の名手であったので、特に、それについて詳しく述べている。

C.G.Mannerheim. Päiväkirja : Japanin sodasta 1904-1905 sekä rintamakirjeitä omaisille. Otava 1982
（グスタフ・マンネルヘイム著「日露戦争従軍記 1904年から1905年、および親族への前線からの手紙」）
マンネルヘイム自身による著作。スウェーデン語の原稿からフィンランド語に訳して出版された。

Johan Bächman (toim.) Entäs kun tulee se yhdestoista? Suomettumisen uusi historia. WSOY 2001
（ヨハン・ベックマン編「それで、その十一番目が来た時は？ フィンランド化の新しい歴史」）
著書名は、旧ソ連との継続戦争を描いた戦争小説、バイノ・リンナ作「無名戦士」に出てくる兵士達の会話である。「フィンランド兵は、一人で十人のロシア兵を相手にできる」と豪語する兵士に対し、もう一人が「十一番目が来たらどうする」と聞き返したくだりである。
第二次大戦後からソ連崩壊までのフィンランドは、ソ連に対して過度な気配りをしている、つまり「フィンランド化」していると、西側諸国から批判あるいは揶揄された。ソ連崩壊後10年経って、学者、政治家、軍人、ジャーナリストなど50人が、「フィンランド化」について、「怒り」「弁明」など、それぞれの「思い」を綴ったものである。700ページ近い大作であるが、ソ連という「恐怖」がなくなって、ようやく本音を言えるようになった開放感を感じさせる論文集である。

Pekka Hyvärinen. Suomen mies : Urho Kekkosen elamä.WSOY 2000

（ペッカ・ヒュバリネン著「フィンランドの男：ウルホ・ケッコネンの生涯」）
　刺激的な書である。通常の通史では書かれていない、ケッコネン大統領とソ連（ロシア）との関係、効果的な「言論統制」、女性関係を、ジャーナリストである著者が丹念に追ったものである。ケッコネン大統領の伝記は多々あるが、この本は、遠慮なく、ある意味偶像破壊的に、大統領のみならずフィンランド政界がソ連と「ずぶずぶ」の関係にあったこと、ジャーナリズムが批判的に機能していなかったことを遠慮なく記述している。ただし、いわゆる暴露本ではなく、この事実は、国民の多くが知っていた、あるいは、うすうす感じていたことで、同大統領の政治手法に批判的な研究者の協力の下、改めて、ソ連の公文書等に基づき、論証したものである。

Jukka Seppinen. Itsenäinen Suomi vakoilun maailmassa 1945-2018. DOCENDO 2018
（ユッカ・セッピネン著「諜報世界における独立後のフィンランド 1945 年から 2018 年」）
　第二次世界大戦後のフィンランドのおいて、政界のみならず社会全体に深く浸透したKGB（ソ連の諜報機関）の活動についての研究であるが、同時にソ連に同調した当時の政治家と政府高官に対する告発の書でもある。

Alpo Rusi. Tiitisen lista : Stasin vakoilu Suomessa 1960-1989. GUMMERUS 2011
（アルポ・ルシ著「ティーティネン・リスト：フィンランドにおけるシュタージの諜報活動　1960 年から 1989 年」）
　衝撃の書である。著者は、大統領の補佐官や大使を務めた元外交官。「ティーティネン・リスト」とは、東ドイツ消滅後、統一ドイツからフィンランドの公安警察に渡された、東ドイツ諜報機関シュタージに協力したフィンランド人のリストである。ティーティネンは当時のフィンランド公安局局長。このリストは、フィンランド大統領の判断で非公開となったが、著者は、あえてこの題名で、独自の調査結果を公表した。
　著者は、アメリカＣＩＡが入手した別の東ドイツ秘密文書が、ドイツ経由でフィンランド公安警察にわたされた際、東ドイツのスパイではないかと嫌疑をかけられ、数年にわたる裁判を経て、不起訴となった。著書は、その無実を証明するため、自ら、秘密文書を丹念に調べ上げものである。東ドイツの諜報機関に協力した複数のフィンランド要人についても言及している。

Inkeri Hirvensalo, Pekka Sutela. Rahat pois Bolševikeilta : Suomen kauppa

Neuvostoliiton kanssa. SILTALA 2017
（インケリ・ヒルベンサロ、ペッカ・ステラ著「ボルシェビキ（ソ連共産党）からふんだくれ：フィンランドの対ソ連貿易」）

フィンランドのソ連（ロシア）との貿易を、ロシア帝国内のフィンランド自治大公国時代から説き起こした労作である。フィンランド化と揶揄された冷戦期のフィンランドが、対ソ連貿易で、いかに大儲けをしたかについての丹念な研究である。

Reinhard Wittram. Russia and Europe. Thames and Hudson, London. 1973
松木栄三著「ロシア中世都市の政治世界〜都市国家ノヴゴロドの群像」彩流社 2002年
高田和夫著「ロシア帝国論〜19世紀ロシアの国家・民族・歴史」平凡社　2012年
ジョン・チャノン、ロバート・ハドソン共著「地図で読む世界の歴史：ロシア」河出書房新社　2014年（原著　1995年）
マーチン・ギルバート著「ロシア歴史地図：紀元前800年〜1993年」　東洋書林　1997年（原著　1993年）

〈スウェーデン〉

Tapani Suominen, Anders Björnsson (RED.) Det hotade landet och det skyddade: Sverige och Finland från 1500-talet till våra dagar : Historiska och säkerhets politiska betraktelser. Atlantis 1999 （スウェーデン語）
（タパニ・スオミネン,アンデシュ・ビョルンソン編「脅威にさらされる国と守られる国：スウェーデンとフィンランド、16世紀から現代まで：歴史的、安全保障政策的考察」）

フィンランドとスウェーデンの研究者による両国関係の展開についての論文集。忌憚なく執筆してもらったとの序文があるが、相手の国の政策についての露骨な批判は控えられている。19世紀の初めにスウェーデンはロシアにフィンランドを割譲し、それ以降は徹底した「中立」で国を守ってきたが、スウェーデンの研究者はその有用性を強調している。他方、フィンランドの研究者の方にも、ロシアからの脅威の前面に立ったフィンランドが、幾多の試練の際、スウェーデン政府から、同盟を含めた直接の軍事的支援がなかったことについて、恨みめいた論調はない。国家存亡の危機を乗り越え、ＥＵに加盟し、政治経済的にスウェーデンと対等の立場に立った現在、自信の現れであろう。

2022年ロシアのウクライナ侵攻で、両国は歩調を揃えて、ＮＡＴＯ加盟を申請した。これまで紆余曲折のあった両国安全保障問題が、一致した瞬間である。

Gabriel Bladh, Christer Kuvaja（toim.）Kahden puolen Pohjanlahtea Ⅰ：Ihmisiä, yhteisöjä ja aatteita Ruotsissa ja Suomessa 1500-luvulta 1900-luvulle. SKS 2006
（ガブリエル・ブラード、クリステル・クバヤ編「ボスニア湾の両側　第一巻：16世紀から20世紀にかけての、スウェーデンとフィンランドにおける人々、共同体そして思想」）

Marianne Junila, Charles Westin（toim.）Kahden puolen Pohjanlahtea Ⅱ：Enemmistöjen ja vähemmistöjen kesken. SKS 2007
（マリアンネ・ユニラ、チャールズ・ウエスティン編「ボスニア湾の両側　第二巻：多数派と少数派の間で」）
ボスニア湾の両側、つまりフィンランドとスウェーデンの人の交流を中心とした社会史。両言語話者の両国への移住や少数派言語問題についてインタビューを基にした調査、また宗教やサーメ人などをテーマとした論文集。政治史中心の歴史書とは違った切り口で、両国関係を分析。
スウェーデン語版が原著で（「フィンランドのスウェーデン的なるもの、スウェーデンのフィンランド的なるもの　Svenskt i Finland-Finskt i Sverige」）、全四巻のうち、第一巻と第二巻のフィンランド語訳。

Henrik Meinander. Kansallisvaltio: Ruotsalaisuus Suomessa 1922-2015. Suomen ruotsalainen historia 4. Svenska litteratursällskapet i Finland. 2017
（ヘンリク・メイナンデル著「フィンランド・スウェーデン人の歴史　第四巻　国民国家：1922年から2015年までのスウェーデン人的なるもの。原文はスウェーデン語で、そのフィンランド語訳）
フィンランドのスウェーデン語を母語とする「少数派」国民の20世紀における状況を、政治のみならず、地域社会、文化を含め包括的に提示。スウェーデン語系住民は、全人口の6％弱とされているが、バイリンガルを含めるともっと多いとの指摘は、目から鱗であった。フィンランドにおけるスウェーデン語の「運命」については、著者は、悲観的でもなく楽観的でもなく、フィンランド・スウェーデン語の生命力に注目しつつニュートラルに見ている。通常のフィンランド史の著作は、フィンランド人の成功物語となっているが、別のフィンランド人グループに焦点を当てているので、違ったフィンランドが見えてくる。

〈フィンランド社会〉

Jari Ojala, Jari Eloranta, Jukka Jalava（edit.）The Road to Prosperity：An Economic History of Finland. SKS 2006

1990年代のバブル崩壊から急速に回復し、フィンランド経済が絶好調の時期に書かれた、タイトルの通り、自賛の書である。産業構造、農業、金融、福祉、労働など各分野ごとに、その歴史的経緯を説明している。

Ilkka Ruostetsaari.Vallan sisäpiirissä.Vastapaino 2014.
（イルッカ・ルオステツァーリ著「権力の中心部で」）

エリートと呼ばれる、政界、経済界、学界、メディアの有力者に対し、広範囲なアンケート調査を行い、近年のエリート階層の入れ替わりや階層内で共有される認識などについての研究。

Johannes Kananen（toim.）Kilpailuvaltion kyydissä：Suomen hyvinvointimallin tulevaisuus. Gaudeamus 2017
（ヨハンネス・カナネン編「競争国家という自動車に乗って：フィンランド型社会福祉の将来」）

1990年代初めの大不況、そしてその後のＥＵ加盟により、政府は経済的競争力強化に舵を切った。法人税が引き下げられる一方で、政府の歳出は押さえられ、社会福祉も切り詰められている。この傾向への警鐘を鳴らしている。具体的対応策の一つとして、個人の主体性が高まって来た現在、従来型の分野別保障ではなく、個人の判断に任せる「ベーシック・インカム」などをあげている。

Timo Vihavainen, Marko Hamilo, Joonas Konstig（toim.）Mitä mieltä Suomessa saa olla：Suvaitsevaisto vs. arvokonservatiivit. Minerva 2015
（ティモ・ビハバイネン、マルコ・ハミロ、ヨーナス・コンスティグ編「フィンランドではどういう意見なら言っていいか：寛容派対品格保守派」）

北欧は、社会改革で最先端、あるいは実験国家でもある。保守派と自認する論客による、現在の思想潮流への懸念表明である。例えば、フェミニストである。日本でフェミニストというと、筆者の世代では女性に優しい人というニュアンスだったが、欧米では、女性の権利（権力？）拡大を目指す過激な運動を指す。女性参政権などかつてのフェミニスト運動は社会的に合理性があったが、現代のフェミニスト運動は、性の差別をなくす、つまり、男も女もなく、性の違いという概念そのものを否定しようとしている、これは、性的少数派（ＬＧＢＴ）運動などとともに、伝統的な社会の核となる家族を否定する、危険な考えであると指摘する。

また、もうひとつの論点として、移民の過度な許容政策への懸念がある。人道的な観点から、移民を受け入れることは、もっともなことであるが、移民が全人口の20%を超えると、彼らは、移住国への順応を止め、国家の融和と安定を脅かす存在になることが社会学的に証明されているとして、過度な受け入れに反対している。

論者達の指摘では、こうした「過激なイデオロギー」を推し進めているのは、1968年世代、つまり、日本で言えば全共闘世代で、伝統的な社会的モラル、フィンランドで言えば、福音派ルーテル教会の教えに対して敵対的考えを持っている人々、特に、社会のリーダー層を形成している左派インテリに多いとしている。

Kimmo Kääriäinen, Kati Niemelä, Kimmo Ketola. Religion in Finland : Decline, Change and Transformation of Finnish Religiosity. GUMMERUS 2005

アンケート調査を基に、フィンランド人の宗教意識を調査したもの。

Maria Lähteenmäki. Terra Ultima: A Short History of Finnish Lapland. Otava 2006

フィンランド北部、北極圏、つまりラップランドと呼ばれる地域の歴史である。サーメ人も含めた同地全体を扱っており、フィンランド内戦や第二次世界大戦における厳しい経験を経て、観光の地として発展しているとの記述。サーメ人の地に、フィンランド人が開拓者としてやってきて、ラップランドができたとしているが、サーメ人「抑圧」を強調する書き方にはなっていない。

Einhart Lorenz. Samefolket i historien. Pax Forlag A/S 1991
（アインハルト・ロレンツ著「歴史の中のサーメ民族」）（ノルウェー語）

著者はドイツ系ノルウェー人。告発の書である。フィンランドを含めたスカンジナビア半島の大部分は、かつてはサーメ人の居住地であった。そこに、ノルウェー人、スウェーデン人、さらにフィンランド人が「北上」していった。著者は、この北上を、イギリスやフランスの海外植民活動と同じとしている。「先住民」であるサーメ人は、19世紀に流行った進化論によって劣等民族と見なされ、諸々の権利を奪われた被害者であるとの観点である。

Matti Peltonen, Kaarina Kilpiö, Hanna Kuusi（toim.）Alkoholin vuosisata : suomalaisten alkoholiolojen käänteitä 1900-luvulla. SKS 2006

（マッティ・ペルトネン、カーリナ・キルピオ、ハンナ・クーシ編「アルコール飲料の百年：20 世紀におけるフィンランドのアルコール事情の変遷」）

火酒の過度の飲料による社会的弊害を防ぐため、フィンランドが、禁酒法、消費者監督制度を経て、ついにビールのスーパーでの販売へと政策を展開してきた経緯について。

〈アイデンティティー〉

(Toim.) Teppo Korhonen. Mitä on Suomalaisuus. GUMMERUS 1993
（テッポ・コルホネン編「フィンランド的なるもの、とは何か」）

フィンランド人類学協会による「フィンランド人論」である。かつてのフィンランド的な文化とは、農民文化で、それには、キリスト教到来以前の「原始信仰」も含まれていた。しかし、社会が工業化し、さらにはＥＵ加盟国となると、こうした農民文化は、国際的な評判の観点から好ましくなる。必然的に、フィンランド的なるものについての国民の認識は変わらざるを得ないとしている。本書は「変化が起きている」をテーマとしているが、何がどう変わりつつあるのか、具体例はほとんど挙げられていない。また、先の大戦でロシア（ソ連）に割譲したカレリア地域から、人口の 10％にあたる大量の避難民が、フィンランド全土に配置された。その「カレリア人」と現地住民との生活習慣の違いについて、詳しく説明しており、カレリア人は「フィンランド的なるもの」に「開放感」をもたらしたとしている。しかし、「フィンランド的なるもの」とは何かを論じるには物足りない気がする。

(Toim.) Pekka Laaksonen, Sirkka-Liisa Mettomäki. Olkaamme Siis Suomalaisia. SKS 1996
（ペッカ・ラークソネン、シルッカ＝リーサ・メットマキ編「ならば、フィンランド人になろう」）

フィンランドのＥＵ加盟を前にして、「フィンランド郷土協会」が創設 100 周年記念行事の一環として、「カレワラ協会」の協力の下、改めて「フィンランド人とは何か」について議論し論文集にまとめたものである。が、しかし、20 人ほどの寄稿にもかかわらず、いまいち隔靴掻痒の感がある。フィンランド人の特性、あるいはアイデンティティーを語るとき、どうしてもその「農民性」をめぐっての議論になるので、「胸を張ったもの」にはなりにくい。フィンランド・アイデンティティーの「理論」がいろいろ述べられているが、具体論になると、結局「陰気なフィンランド人」となってしまっている。

(Toim.) Hannes Sihvo. Toisten Suomi : Mitä meistä kerrotaan maailmalla. Atena 1995
(ハンネス・シヒボ編「他の人達のフィンランド：世界では私達について、何が語られているか」)

欧米の著作で、主に文学作品の中で、フィンランド人がどう描写されているかを集めたもの。外国政府の発言などは含まれていない。

大筋では、無口で勤勉、しかし酒癖が悪いというように、意外とフィンランド人の自画像と、それほどかけ離れていない。他方、フィンランド人は「魔法を使うモンゴル人」との偏見も、根強くあった。

Pekka Lähteenkorva, Jussi Pekkarinen. Idän etuvartio ? Suomi-kuva 1945-1981. WSOY 2008
(ペッカ・ラハテーンコルバ、ユッシ・ペッカリネン著「東側の前衛か？ 1945年から1981年までのフィンランド・イメージ)

第二次世界大戦後から約35年にわたる、フィンランド外務省によるイメージアップ戦略と活動についての詳細な記録である。筆者も、霞ヶ関勤務中、広報部門にいたので、その奮闘ぶりや内容が良く理解できる。

フィンランド外務省の最大の課題は「フィンランド化」への反論であったであろう。こうした本来の外交活動とは、直接関連しない厄介事のエピソードを、本書の中から紹介したい。あるアメリカ人ジャーナリスト夫妻が、フィンランド人の子供を題材として、アメリカ人向けの啓蒙的出版を企図し、フィンランドを訪問した。取材は順調に進んだが、夫がフィンランド人女性と不倫したため離婚し、出版はご破算となった。フィンランド外務省の支援は無駄になってしまった。総領事館というのは、外国に滞在する同胞を支援・保護するのが仕事である。ペテルブルク総領事館（当時はレニングラード）の仕事は少し違った。年々増大するフィンランド人の「ウオッカ旅行者」の「狼藉」、特に、安いウオッカの痛飲で泥酔した若年旅行者の「狼藉」への対応に困憊していた。多大な努力にもかかわらず事態は全く改善せず、ソ連崩壊後は、乱行の舞台はペテルブルクからエストニアのタリンに重心が移った。

Esko Salminen. SUOMI kuva : Venäjän ja EU:n lehdistössä 1990-2000. SKS 2000
(エスコ・サルミネン著「フィンランドのイメージ：1990年から2000年までのロシアとＥＵ諸国における新聞報道」)

ロシア、ドイツ、イギリス、フランスそして北欧諸国の有力紙の報道ぶりを検証し、ソ連の崩壊とそれに続くＥＵ加盟により、「フィンランド化」という汚名が払拭された、と結論づけた。他方で、一般市民の間では、いまだ、フィンランドについての深い認識は浸透していないとしている。また、フィンランドにおける「フィンランド化」の実態も検証している。

Vilho Harle, Sami Moisio. Missä on Suomi? Kansallisen identiteettipolitiikan historia ja geopolitiikka. Vastapaino 2000
（ビルホ・ハルレ、サミ・モイシオ著「フィンランドはどこに位置するか？　国家アイデンティティー政策の歴史と地政学」）
「アイデンティティー政策」を「諸民族、諸国家の中で、フィンランドの正しい位置を見つけること」と定義し、フィンランドの国家形成の歴史を辿ったもの。著者の主張によれば、フィンランドは、常に西欧の一員であろうとし、その東側の境界線を「文明」の国境線とするため、ロシアの脅威を強調してきた。また、言語的親戚民族問題に関しては、カレリアを「聖地」化する一方で、サーメ人（ラップ人）をフィンランド人とは違う民族と位置づけ排除してきた。著者は、他者を敵味方に分けるような国民国家維持のためのアイデンティティー政策を止めるべきとしている。本書が書かれたのは、20 年以上前で、ＥＵが勢いを増し、ロシアが力を弱めた時代であった。つまり、ロシアの民主化が期待でき、「世界市民」的理想を実現できるかもしれない時期であった。しかし、力を回復したロシアのウクライナ侵攻を機に、フィンランドは、著者が批判していた、強硬な反ロシア的アイデンティティー政策、つまりＮＡＴＯ加盟を実現している。

Ilkka Taipale（toim.）Sata Innovaatiota Suomesta : Kuinka Suomesta tuli Suomi - Poliittisia, sosiaalisia ja arkipäivän keksintöjä. Into 2017
（イルッカ・タイパレ編「フィンランドにおける 100 のイノベーション：いかにしてフィンランドはフィンランドになったか、政治的、社会的そして日常の発明）
書名のとおり、どのようにしてフィンランドは、世界に冠たる福祉国家を築いてきたか、また、諸問題にいかに取り組んできたか等々、社会全般に亘る諸々の創意・工夫を、100 のケースで示したもの。初版は、フィンランド国内では、日常的で当たり前のことなので、あまり反響を呼ばなかったが、むしろ外国で評価され、日本語を含む 30 程の言語に翻訳されている。

〈通史〉

フィンランドの通史に関しては、これまで、膨大な量が出版されている。フィンランド人は、大の歴史好きである。比較的近年に出版され、特に興味があると思われたもののみ記する。

Jouko Vahtola. Suomen Historia : Kivikaudesta 2000-luvulle. Otava 2017
（ヨウコ・バハトラ著「フィンランドの歴史：石器時代から21世紀へ」）
初版は2003年であるが、2017年に改訂版が出されており、よく読まれていると思われる。時代区分が、従来の「スウェーデン時代、ロシア時代、独立時代」ではなく、社会の変動を基に行われている。継続戦争時の東カレリア（ロシア・カレリア）侵攻を、間違いであるとする見解も述べられている。

Henrik Meinander. Suomen historia : Linjat rakenteet käännekohdat. WSOY 2006
（ヘンリク・メイナンデル著「フィンランドの歴史：輪郭、構造、転換点」）
著者はスウェーデン語系の歴史家で、スウェーデン語からフィンランド語に訳されたもの。250ページほどであるが、コンパクトで読みやすい。スウェーデン語系らしく、叙述は淡々として中立的な印象あり。

Tuomas M.S.Lehtonen（toim.）Suomi, outo pohjoinen maa? Nakökulmia Euroopan äären historiaan ja kulttuuriin. PS-KUSTANNUS 1999
（トゥオマスM.S.レヘトネン編「フィンランド、変わった北の国？ ヨーロッパ辺境の歴史と文化への視点」）
フィンランドがＥＵの議長国になる年を記念して、国内と外国に向けて、フィンランドという国を知らしめるために編纂されたもの。歴史的に孤立した国ではなく、西欧とのつながりがあったこと、また、貿易・建築・文化においては、森林、それに連なる木材・紙・農村が、フィンランドを形作るキーポイントの一つになっていることを指摘。

Osmo Jussila, Seppo Hentilä, Jukka Nevakivi. Suomen poliittinen historia 1809-2006. WSOY 2006
（オスモ・ユッシラ、セッポ・ヘンティラ、ユッカ・ネバキビ著「フィンランドの政治史1809年から2006年）
大学の教科書としても使われる定番のフィンランド史である。初版は1995年で、2006年に改訂された。

〈歴史地図〉

Pertti Haapala（päätoim.）Suomen historian kartasto. Karttakeskus 2007

（ペルッティ・ハーパラ編「フィンランド史の地図帳」）

Heikki Rantatupa, Matti Rautiainen, Jukka Jokinen. ATLAS Suomen historia. IS・VET 2008
（ヘイッキ・ランタトゥパ、マッティ・ラウティアイネン、ユッカ・ヨキネン著「アトラス：フィンランドの歴史」）

〈歴史理論〉

Heikki Ylikangas. Suomen historian solmukohdat. WSOY 2007
（ヘイッキ・ユリカンガス著「フィンランド史のもつれ目」）
フィンランド史の各時代ごとに、歴史家の見解が分かれる出来事についての著者の見方。

Heikki Ylikangas. Mitä on historia ja millaista sen tutkiminen. Art house 2015
（ヘイッキ・ユリカンガス著「歴史とは何か、そしてその研究とはいかなるものか」）
歴史上の事実とは、どのように特定されるのかについての方法論。また、近年、歴史家が、政治的に微妙な出来事について、評価の定まった見解ではない独自の意見を述べることに、及び腰の傾向が見られることを懸念。

Seppo Tiihomen, Paula Tiihonen. Suomen hallintohistoria. Valtion koulutuskeskus 1984
（セッポ・ティーホネン, パウラ・ティーホネン著「フィンランドの政治機構史」）
国王、貴族、商人、農民など各身分が、各時代に、どのように政治に関わり、身分制議会や行政機構がどのように作られ、また変革され、機能してきたかについて解説。

Seppo Tiihonen, Heikki Ylikangas. Virka Valta Kulttuuri : Suomalaisen hallintokulttuurin kehitys. Valtiohallinnon kehittämiskeskus 1992
（セッポ・ティーホネン、ヘイッキ・ユリカンガス著「公務、権力、文化：フィンランドの官僚文化の発展」）
17世紀から官僚機構が整備されていく過程で、高級貴族は高級官僚化し、自治大公国になってからは、独自に発展をとげる。官僚の身分的, 階級的特性を詳しく解説。

〈事典〉

Kaisu-Maija Nenonen, Ilkka Teerijoki. Historian Suursanakirja. WSOY 1998
（カイス＝マイヤ・ネノネン, イルッカ・テーリヨキ著「歴史大事典」）

2．ヨーロッパ史

ペリ・アンダーソン著「古代から封建へ」刀水書房　1984年（原著1974年）
ベルトラン・ランソン著「古代末期〜ローマ世界の変容」白水社　2013年（原著1997年）
レジーヌ・ル・ジャン著「メロヴィング朝」白水社　2009年（原著2006年）
増田四郎著「ヨーロッパ中世の社会史」岩波書店　1985年
堀越宏一他編「15のテーマで学ぶ中世ヨーロッパ史」ミネルヴァ書房　2013年
ノーマン・デイヴィス著「ヨーロッパ」第2巻 中世、第3巻 近世
共同通信社　2000年（原著1996年）
アグネ・ジェラール著「ヨーロッパ中世社会史事典」藤原書店　1991年（原著1986年）
岸本美緒編「1571年　銀の大流通と国家統合　歴史の転換期6」山川出版社　2019年
玉木俊明著「近代ヨーロッパの形成〜商人と国家の近代世界システム」創元社　2012年
ウルリヒ・イム・ホーフ著「啓蒙のヨーロッパ」平凡社　1998年（原著1993年）
アンヌ＝マリ・ティエス著「国民アイデンティティの創造、18〜19世紀のヨーロッパ」勁草書房　2013年（原著2001年）
イヴァン・T. ベレンド他著「ヨーロッパ周辺の近代1780〜1914」刀水書房　1991年（原著1982年）
谷川稔著「国民国家とナショナリズム」山川出版社　2011年
塩川伸明著「民族とネイション〜ナショナリズムという難問」岩波書店　2022年
ベネディクト・アンダーソン著「想像の共同体〜ナショナリズムの起源と流行」ＮＴＴ出版　2001年（原著1991年）
下田淳著「『棲み分け』の世界史〜欧米はなぜ覇権を握ったのか」ＮＨＫ出版　2014年
佐伯啓思著「西欧近代を問い直す〜人間は進歩してきたのか」ＰＨＰ研究所　2014年
山本雅男著「ヨーロッパ『近代』の終焉」講談社　1992年

倉山満著「国際法で読み解く世界史の真実」ＰＨＰ研究所　2016 年

３．各国史

〈ドイツ〉

阿部謹也著「物語　ドイツの歴史～ドイツ的とは何か」中央公論社　1998 年
坂井榮八郎著「ドイツ史 10 講」岩波書店　2003 年
菊池良生著「ドイツ 300 諸侯～一千年の興亡」河出書房新社　2017 年
セバスチァン・ハフナー著「図説プロイセンの歴史～伝説からの解放」東洋書林　2000 年（原著 1979 年）
菊池良生著「神聖ローマ帝国」講談社　2003 年
今野元著「ドイツ・ナショナリズム～『普遍』対『固有』の二千年史」中央公論社　2021 年
大木毅著「独ソ戦～絶滅戦争の惨禍」岩波書店　2019 年

〈フランス〉

佐藤賢一著「カペー朝～フランス王朝史１」、「ヴァロア朝～フランス王朝史２」、「ブルボン朝～フランス王朝史３」講談社　2009 年、2014 年、2019 年
篠沢秀夫著「フランス三昧」中央公論新社　2002 年
福井憲彦著「教養としての『フランス史』の読み方」ＰＨＰ研究所　2019 年

〈イギリス〉

玉木俊明著「逆転のイギリス史～衰退しない国家」日本経済新聞出版社　2019 年
Jeremy Paxman. The English. Penguin Books 2007

〈イタリア〉

藤沢道郎著「物語　イタリアの歴史～解体から統一まで」中央公論社　1991 年

〈オランダ〉

佐藤弘幸著「図説　オランダの歴史」河出書房新社　2019年

4．言語

ピーター・バーク著「近世ヨーロッパの言語と社会〜印刷の発明からフランス革命まで」岩波書店　2009年　(原著2004年)
クロード･アジェージュ著「共通語の世界史〜ヨーロッパ諸言語をめぐる地政学」白水社　2018年（原著2000年）
高田博行他著「言語の標準化を考える〜日中英独仏『対照言語史』の試み」大修館書店　2022年
田中克彦著「ことばは国家を超える〜日本語、ウラル･アルタイ語、ツラン主義」筑摩書房　2021年
風間喜代三著「印欧語の故郷を探る」岩波書店　1993年
W.B.ロックウッド著「比較言語学入門」大修館書店　1976年（原著1969年）
小倉孝保著「中世ラテン語の辞書を編む〜100年かけてやる仕事〜」KADOKAWA　2023年

5．宗教：思想

橋爪大三郎他著「ふしぎなキリスト教」講談社　2011年
山内進著「十字軍の思想」筑摩書房　2003年
山内進著「北の十字軍〜『ヨーロッパ』の北方拡大」講談社　2011年
小泉徹著「宗教改革とその時代」山川出版社　1996年
H.R.トレーヴァー＝ローパー著「宗教改革と社会変動」未来社　1978年（原著1972年）
深井智朗著「プロテスタンティズム〜宗教改革から現代政治まで」中央公論新社　2017年
竹下節子著「ローマ法王」KADOKAWA　2019年
三浦綾子著「新約聖書入門〜心の糧を求める人へ」光文社　1984年
筆者は、これまで二度ほど、聖書を読んだが、全く理解できなかった。旧約は多少物語性があるので、興味深い点もなくはなかったが、新約は、まさに「ちんぷんかんぷん」であった。で、この入門書を読んで、納得した。文章を「深読み」しないとだめなのである。新約聖書も、孔子の論語のように、解説訳をつければ

分かりやすいのに、と思うのだが。入門の解説を読むと、なるほど、イエス・キリストは「深く厳しい」教えを垂れているな、と感じる。この教えを実践できる人物は、どういう心境・人格の人なのであろう。他方、歴史書に出てくるキリスト教の高位者の行動は、上述の著書「ローマ法王」にもあるように、とてもキリストの教えを体現しているとは思えない。十字軍、宗教戦争、魔女裁判、スペイン王フェリペ二世による日本のカトリック化の陰謀、最近では、カナダにおけるカトリック系学校での先住民青少年への性的暴行などなど、あまりに悲惨な歴史である。聖書の立派な教えとどう折り合いをつければいいのか。

「リビング バイブル　新約」いのちのことば社　1975 年
マシュー・バンソン著「ローマ教皇事典」三公社　2000 年
中埜肇著「ヘーゲル～理性と現実」中央公論社　1968 年

6．テーマ別ヨーロッパ史

ジェイコブ・ソール著「帳簿の世界史」文藝春秋　2015 年（原著 2014 年）
マイケル・ハワード著「ヨーロッパ史における戦争」中央公論新社　2010 年（原著 2009 年）
ウィリアム・H・マクニール著「戦争の世界史～技術と軍隊と社会」（上）（下）中央公論新社　2014 年（原著 1982 年）
ポール・モーランド著「人口で語る世界史」文藝春秋　2019 年（原著 2019 年）
造事務所編「ヨーロッパの『王室』がよくわかる本～王朝の興亡、華麗なる系譜から玉座の行方まで」ＰＨＰ研究所　2008 年
時事通信社編「世界王室最新マップ」新潮社　2001 年
八幡和郎著「お世継ぎ～世界の王室・日本の皇室」文藝春秋　2007 年

7．世界史・文明史・歴史理論

鈴木董著「文字と組織の世界史～新しい『比較文明史』のスケッチ」山川出版社　2018 年
鈴木董、岡本隆司共著「歴史とはなにか～新しい『世界史』を求めて」山川出版社　2021 年
岡田英弘著「歴史とはなにか」文藝春秋　2001 年

長沼伸一郎著「世界史の構造的理解～現代の『見えない皇帝』と日本の武器」ＰＨＰ研究所　2022年
柄谷行人著「世界史の構造」岩波書店　2010年
柄谷行人著「帝国の構造～中心・周辺・亜周辺」青土社　2014年
エリック・ホブズボーム著「ホブズボーム歴史論」ミネルヴァ書房　2001年（原著1997年）
サミュエル・ハンチントン著「文明の衝突」集英社　1998年（原著1996年）
アーノルド　Ｊ・トインビー著「試練に立つ文明」社会思想社　1968年（原著1948年）
T. スコチポル編著「歴史社会学の構想と戦略」木鐸社　1995年（原著1991年）
下田淳著「『棲み分け』の世界史～欧米はなぜ覇権を握ったのか」ＮＨＫ出版　2014年
ジェイソン・Ｃ・シャーマン著「〈弱者〉の帝国～ヨーロッパ拡大の実態と新世界秩序の創造」中央公論新社　2021年（原著2019年）
I. ウォーラーステイン著「近代世界システム　Ｉ＆II～農業資本主義と『ヨーロッパ世界経済』の成立」岩波書店　1981年（原著1974年）

8．アジア（フィンランドと日本を比較する視点を持つため、示唆を受けた本）

〈日本〉

古田博司著「日本文明圏の覚醒」筑摩書房　2010年
網野善彦著「日本の歴史をよみなおす」「続・日本の歴史をよみなおす」　筑摩書房　1991年、1996年
孫崎享著「日本国の正体～『異国の眼』で見た真実の歴史」毎日新聞出版　2019年
猪瀬直樹、磯田道史共著「明治維新で変わらなかった日本の核心」ＰＨＰ研究所　2017年
本郷和人著「軍事の日本史～鎌倉・南北朝・室町・戦国時代のリアル」朝日新聞出版　2018年
本郷和人著「世襲の日本史～『階級社会』はいかに生まれたか」ＮＨＫ出版　2019年
大村大次郎著「『土地と財産』で読み解く日本史」ＰＨＰ研究所　2019年
田家康著「気候で読む日本史」日本経済新聞出版社　2019年
伊藤俊一著「荘園～墾田永年私財法から応仁の乱まで」中央公論新社　2021年

榎本秋著「将軍の日本史」エムディエヌコーポレーション　2021年
武光誠著「藩と日本人～現代に生きる〈お国柄〉」ＰＨＰ研究所　1999年
児玉幸多著「大名　日本史の社会集団４」小学館　1990年
義江彰夫著「神仏習合」岩波書店　1996年
片山杜秀著「皇国史観」文藝春秋　2020年
村上重良著「国家神道」岩波書店　1970年
畑中章宏著「廃仏毀釈～寺院・仏像破壊の真実」筑摩書房　2021年
福田和也著「日本の近代～教養としての歴史」（上）（下）新潮社　2008年、2009年
中西輝政著「日本人としてこれだけは知っておきたいこと」ＰＨＰ研究所　2006年
渡部昇一著「昭和史」ワック　2003年
渡部昇一、谷沢永一共著「こんな『歴史』に誰がした～日本史教科書を総点検する」文藝春秋　2000年
木元茂夫著「『アジア侵略』の100年～日清戦争からPKO派兵まで」社会評論社　1994年
笑ってしまうくらいの自虐史観である。
渡辺利夫著「アジアを救った近代日本史講義～戦前のグローバリズムと拓殖大学」ＰＨＰ研究所　2013年
半藤一利著「昭和史　1926－1945」平凡社　2004年
阿川弘之 他著「20世紀　日本の戦争」文藝春秋　2000年
保阪正康著「帝国軍人の弁明～エリート軍人の自伝・回想録を読む」筑摩書房　2017年
田原総一朗著「日本の戦争～なぜ、戦いに踏み切ったか？」小学館　2000年
ヘンリー・Ｓ・ストークス著「英国人記者が見た連合国戦勝史観の虚妄」祥伝社　2013年
細谷雄一著「歴史認識とは何か～日露戦争からアジア太平洋戦争まで」新潮社　2015年
井上寿一著「戦争調査会～幻の政府文書を読み解く」講談社　2017年
孫崎享著「日米開戦の正体～なぜ真珠湾攻撃という道を歩んだのか」祥伝社　2015年
加藤陽子著「それでも、日本人は『戦争』を選んだ」朝日出版社　2009年
江崎道朗著「日本は誰と戦ったのか～コミンテルンの秘密工作を追求するアメリカ」ＫＫベストセラーズ　2017年
平塚柾緒著「図説　東京裁判」河出書房新社　2017年
「別冊歴史読本　特集・東京裁判：Ａ級戦犯～戦勝国は日本をいかに裁いたか」